5-7, rue de l'Ecole-Polytechnique, 75005 Paris

www.editions-harmattan.fr

ISBN : 978-2-343-19332-8
EAN : 9782343193328

Chine - RD Congo

Chronique d'une colonisation choisie

Points de vue

Collection dirigée par Denis Pryen

Dernières parutions

SHANDA TONME, *Les nationalistes africains à l'épreuve. Stratégies et tactiques pour le pouvoir,* 2020.
André MBENG, *Tribalisme, idéologie et jeu politique au Cameroun de 1951 à 2018*, 2019.
SHANDA TONME, *Journal d'un citoyen ordinaire dans une République extraordinaire. Mémoire du temps présent*, 2019.
Raoul NKUITCHOU NKOUATCHET, *Le Cameroun contre sa diaspora,* 2019.
Rameau d'Olivier KODIO, *Dire le Tchad, Réflexion sur un pays embourbé*, 2019.
Stéphane B. ENGUÉLÉGUÉLÉ, *Gouverner l'urgence politique camerounaise*, 2019.
SAULET SURUNGBA Clotaire, *République centrafricaine : la parenthèse Séléka. Chroniques d'une coalition d'obédience musulmane au pouvoir*, 2019.
TOMPTE-TOM Enoch, *Comprendre la violence en République centrafricaine*, 2019.
SHANDA TONME, *Femme, maternité et préjudices sociétaux. Anthropologie des souffrances féminines. Segments d'autobiographie*, 2018.
Clotaire SAULET SURUNGBA, *La centrafricanité, antidote à la crise*, 2018.
Jean Clair MATONDO, *Congo. Toujours les mêmes*, 2018.
SHANDA TONME, SINDJOUN POKAM, Thomas TCHATCHOUA & Anselme NZOKO, *L'Université des Montagnes poursuit son chemin*, 2018.
SHANDA TONME, *L'obsession du complot bamiléké. Ma rencontre avec Jean Fochivé. Mémoire des années de braise au Cameroun. Fragments d'autobiographie politique,* 2018.
Salah EL GHARBI, *La « Cause palestinienne », cette malédiction arabe*, 2018.

Marcel Yabili

Chine - RD Congo

Chronique d'une colonisation choisie

L'Harmattan

Du même auteur

Droit

Code de la Zaïrianisation, Éditions Mwanga Hebdo, 1975.
État de droit : les contrôles de constitutionnalité par la Cour Constitutionnelle, les Cours et les Tribunaux, PUL, 2012.
Les Juridictions Judiciaires, Ed. M.Yabili, 2013.
Je crois en Droit, Ed Bahû-Bab, 2014.
50.000 taxes, Mediaspaul, 2016.
La fiscalité réglementaire, PUL, 2018.

Littérature et essais

Le géant d'Afrique, le géant d'Asie : histoire d'un combat méconnu. L'Harmattan, Paris, 2012.
Vraiment : Congo, une tribu, Mediaspaul, 2015.
Je connais mon visage, Mediaspaul, 2015.
Really ! Congo, a tribe, Mediaspaul, 2016.
Deux saisons sans la troisième république, Les Impliqués, Paris, 2017.

Arts

Un arbre sur la Lubumbashi, Musée Familial Yabili, 2017
175 millions ! en 2045, Musée Familial Yabili, 2018
Lubumbashi, carte architecturale du patrimoine, ULB, 2019

À Marvin, Irène et Sacha, Thomas et Nathalie,
fidèles à ces histoires de soirées autour du feu

Avant-propos

« Ce livre[1], je l'ai dévoré. C'est certainement l'œuvre congolaise la plus impressionnante que j'ai lue depuis des lustres. Les enquêtes, les réflexions ainsi que les informations chiffrées, référencées qui sont mises à la disposition du public permettent de mieux comprendre pour les uns, de découvrir pour les autres, la pénétration chinoise du continent africain sous le couvert de l'amitié. Après, personne ne pourra dire ne pas avoir su ! »

Albert Kisonga Mazakala[2]

Elle, elle avait quatre-vingts ans. Elle avait lu sans interruption. Presque effrayée, mais enthousiaste, elle en parla. Mais on lui objecta que le livre ne valait rien parce qu'un journal[3] l'avait décidé ainsi. Elle a légué son témoignage.

« C'est un livre tout à la fois captivant, percutant et consternant. La réalité exposée est imparable, car toutes les preuves y sont avancées avec une grande précision. Un vrai travail de bénédictin. La gravité des faits est néanmoins tempérée par un style alerte et un humour toujours présent. Le livre est surtout un appel à la clairvoyance des acteurs des relations entre la Chine et l'Afrique et, en particulier ceux de la tragédie congolaise. Il lance un appel à leur matière grise, « la vraie matière première de l'avenir ». Il affirme que l'Histoire n'est jamais linéaire, que du désordre

---

[1] Marcel Yabili, *Le géant d'Afrique, le géant d'Asie : histoire d'un combat méconnu,* L'Harmattan, Paris, 2012

[2] 1943-2016. Ancien ambassadeur de la RD Congo en Belgique.

[3] Marie-France Cros, Libre Belgique, 26.11.2012. Elle n'avait rien lu ; cela relèverait de la liberté de presse !.

d'aujourd'hui peut naître l'ordre de demain. C'est un message d'espoir. »

Béatrice Verdoodt[4]

Je suis toujours bouleversé par ceux nombreux que je bouleverse encore. Parfois, dans leurs vies ou ma propre vie !

Voici donc, en deux volumes, la suite de cette saga de la pénétration chinoise en Afrique dans son volet congolais. L'éditeur avait approuvé l'ensemble du manuscrit. Voici que les faits et les analyses d'époque sont demeurés intacts ! C'est à la fois étonnant et inquiétant. On devrait écrire davantage sur ce pays dont l'histoire mérite plus que le survol habituel, rapide et hautain de ses vastes étendues.

Ce sont de nombreuses rencontres et des montagnes de documentations qui ont fourni ces histoires extraordinaires. Ces récits inédits que j'ai parfois vécus, les garder pour soi aurait été de la dissimulation et de la falsification.

Je remercie les nombreux volontaires des comités de lecture successifs pour leur enthousiasme bienveillant et, plus particulièrement, David M. et Erik B. pour leur amitié, leur disponibilité permanente et leur bienveillante perspicacité. Car au-delà de l'inspiration et de l'écriture, la traque des coquilles reste une obsession bonne à partager.

Marcel Yabili

[4] 1932-2014.

Un pacte de sang, qui gicle toujours !

Septembre 2012. « Excellences, Messieurs les Ambassadeurs ! Cela dure depuis autant d'années ! Des années d'errance, de torture, de déstructuration de toute une société. Comment être fier d'appartenir à une nation sans défense, livrée à elle-même, pillée de toute part et impuissante devant ses filles violées et la mort de ses enfants, pendant aussi longtemps sans aucune perspective de solution durable ? On n'a pas besoin de plus de preuve ; on a besoin d'une action ; une action urgente pour arrêter les responsables de ces crimes contre l'humanité et les traduire devant la justice ».

Ainsi parla, à l'ONU à New York, un simple individu, de surcroît Africain et Noir[1] ! En cinq minutes chrono ! Les représentants de son pays avaient boycotté la séance, comme s'ils anticipaient qu'à son retour en Afrique, il échapperait à un attentat !

Le *lanceur d'alerte* infatigable[2] parcourra les tribunes du monde, accumulant les distinctions honorifiques, dont la plus grande : le Nobel de la Paix 2018.

Il parlait sans cesse du viol horrible et horrifiant des femmes qu'il qualifiait d'arme de guerre. Mais malgré son courage, il ne citait jamais les quatre chiffres du millésime depuis que « cela durait ». Une discrétion qui ne dévoilait pas les responsables d'un cycle infernal.

Quel était ce cataclysme ? Plus fatal qu'un violent tremblement de terre dévastateur. Plus long que les deux années de la grippe espagnole[3] ? Un fléau qui aurait balayé l'humanité et installé de l'animalité et de la bestialité dans

---

[1] Dr. Denis Mukwege.
[2] C. Braeckman, *l'homme qui répare les femmes*, Renaissance du livre, 2012.
[3] 1918-1919

une vaste région d'Afrique ? Qu'était-il arrivé « le jour où le loup entra dans la bergerie[4] » ? En 1996 ?

Depuis toujours. La dissection de macchabées[5] éduque les étudiants en médecine à surmonter le dégoût et l'horreur du sang. Dans les armées, on pratique des séances de tirs à balles réelles, juste au-dessus des têtes des recrues, effrayées et obligées de ramper à ras de terre, pour garder la vie sauve, avant de pouvoir la sacrifier un jour sur un champ de bataille. On appelle cela un baptême de feu. Dans les coutumes africaines, on soumet les adolescents à des rites d'initiation éprouvants par la faim, la douleur et la peur. Pour être considéré et se sentir « homme » !

Depuis toujours. On dit que seul Dieu donne la vie et que Dieu seul pourrait en disposer. Mais celui qui a déjà tué un autre homme s'est affranchi du respect de la vie. Ivre de sang, il se prend pour un dieu. Lorsqu'il s'est servi d'une arme à feu, il ressent la capacité de mettre fin, à distance et instantanément, à une vie humaine, de transpercer un corps et d'en faire échapper le souffle vital. Le temps d'un éclair, un homme, une femme avec tout ce qu'ils représentent d'humanité et de relations respectables et riches ne sont plus que de vulgaires poupées gonflables, de baudruches trouées et dégonflées, qui s'effondrent en des tas informes et méprisables, hideux ; rapidement en décomposition au milieu de puanteurs et de nuages de mouches. Le tueur d'hommes peut tout faire. Et s'il avait le pouvoir suprême, il pourrait même vendre un pays.

1996. Le 6 octobre. Un hôpital de 300 lits est attaqué ; une douzaine de femmes enceintes, plusieurs malades qui ne pouvaient pas se déplacer et des membres du corps médical

[4] Titre d'articles de croisette.org et lephareonline.net, mai 2013.
[5] Cadavres à la disposition des étudiants en médecine.

sont assassinés, à Lemera dans la région des Grands Lacs, à l'est de la RD Congo. Sans aucune justification.

Le 18 octobre, les assassins créent une organisation[6] qui s'empresse de signer, le 23 octobre, les « accords de Lemera »[7]. Un seul ouvrage[8], introuvable, aurait dévoilé deux aspects de l'arrangement : la cession d'une bande de 300 km aux pays voisins[9] et leur rétribution pour la prise de pouvoir à Kinshasa. Bref, un pacte de sang pour la vente d'un pays ! Leur porte-parole, puis chef, est le *Vieux*[10]

2009. Dix ans plus tard, il est confirmé[11] que les fameux *accords de Lemera* avaient donné l'accès aux ressources et aux structures politiques congolaises. En même temps, Sir Quett Ketumile Joni Masire[12] dit qu'« il y a du vrai ; c'était la tendance de tout promettre. Je pense que *Vieux* était machiavélique et je ne pense pas qu'*il* prenait des décisions honnêtes, comme à son habitude. *Il* ne faisait que parler sans être sûr de ce qu'*il* pensait réellement ».

1997. *Vieux* signe un accord *« d'encouragement et de protection mutuelle des investissements »* auréolé de la formule *gagnant-gagnant*, de *bénéfice mutuel*, dit « *hu hui dai kuan* ». De manière étrange, le premier prêt bénéfice à

---

[6] Alliance des forces démocratiques pour la libération du Congo (AFDL).
[7] Laurent Désiré Kabila dit Vieux (*PRP, Parti de la Révolution populaire)*, André Ngandu Kisase *(MNC/L-CNRD, Mouvement national congolais/ Lumumba - Conseil national de résistance pour la démocratie)*, Anselme Masasu *(MRLZ, Mouvement révolutionnaire pour la libération du Zaïre)*, Deogratias Bugera de l'*ADP (Alliance Démocratique des peuples),* et Bizima Karaha.
[8] Claudia Mc Elroy, *In search of the Power,* Penguin Books, London 1999 cité sur congonline.com/Forum1/Forum07/Sary03.htm.
[9] Ruanda, Ouganda et Burundi.
[10] En kiswahili : *Mzee*, l'appelation donnée à Laurent Désuré Kabila.
[11] Vithal Kamerhe, président de l'Assemblée nationale (parlement), interviewé par Colette Braeckman, blogs.lesoir.be.
[12] Négociateur des accords de paix de 2003, à Mmegi Alexander Von Paleske ttp ://www.mmegi.bw/index.php?sid=6&aid=34&dir=2008/November/

une entreprise chinoise qui participe ou accompagne la destruction des PTT et des filières coton et huile de palme.

1999. *Vieux* sort de sa coquille de costume sans cravate ni sous-vêtement[13], pour qualifier son alliance d'assassins de « conglomérat d'opportunistes et d'aventuriers assoiffés d'argent, foyer de médiocrité, enclins à la course effrénée, à l'enrichissement rapide, à la rapine, au pillage »[14].

2017. L'orateur à l'ONU répète que le sang gicle encore ! Il ne peut pas parler uniquement des femmes violentées qui ont horrifié le monde. Les Congolaises ne sont tout de même pas naïves ! Elles sont parmi les plus émancipées. Leur labeur leur aménage de l'indépendance économique, dans les couples. Sexuellement, elles ne sont ni voilées, ni excisées, ni infibulées ; elles continuent à se couvrir d'un pagne léger, déambulant sans escortes ni crainte d'être dévêtues et possédées par surprise. Les violences dénoncées par le Nobel sont devenues historiques. Mais elles avaient accompagné la violence armée qui accompagne encore l'exploitation des ressources naturelles laquelle s'accompagne de l'impunité et de la mauvaise gouvernance qui ont la même origine et qui perdurent depuis 1996.

2007. Dix années auparavant, c'était dix ans après la restitution de Hong Kong qui symbolisait une Chine équitable. Dix années après, Kinshasa apporte à la Chine de bien plus grandes richesses naturelles[15] par un nouveau pacte !

---

[13] Saharienne congolaise dit abacost.

[14] Journal prorégime l' Avenir, in congoforum.be/fr/nieuwsdetail.asp ? subitem = 1 & newsid = 157448 & Actualiteit = selected

[15] Cuivre, cobalt, argent, uranium, plomb, zinc, cadmium, diamant, or, étain, tungstène, manganèse, coltan, lithium, bauxite, fer, pétrole. Des réserves évaluées à 24.000 milliards USD, New African, avril 2010.

Vieux

Face à face avec la cravate rouge

Début 2002. Pékin. Un échangeur routier déploie des ponts superposés reliant l'autoroute urbaine du Deuxième Ring à l'avenue Chaoyangmen Nandajie. Trois voies mènent à l'Inner North Street et deux autres, à l'Outer South Street. Ce vaste espace ouvert est rehaussé par l'élégant building de verre de la *China Offshore Oil Corporation.*

En face et lointain, l'immense masse grise du Ministère des Affaires étrangères. Sur un mât géant flotte le drapeau rouge aux cinq étoiles. La construction avait obtenu la médaille d'argent du prix d'architecture de 1999. Mais, typiquement chinoise, elle manque d'élégance et d'audace, malgré sa haute façade d'angle, incurvée et convexe, striée de quinze colonnes de baies vitrées. Elle ressemble plutôt à un *oiseau sans tête* : ses annexes latérales sont comme de petites ailes déplumées, déployées sur un mince cordon de verdure, le long des voies automobiles rapides.

À l'intérieur, nulle trace de l'agitation et des pollutions sonores, visuelles et respiratoires de la capitale tentaculaire. Mais celle de ruche et de fourmilière. Ils sont des centaines à se croiser sans se heurter ni se bousculer, pareils à des chauves-souris munies de sonars, comme dans un désordre programmé, voire chorégraphié. Personne non plus ne se perd dans'les dizaines de départements ministériels qui ont chacun sa direction générale. C'est là qu'on découvre la perception étrange que la Chine a du continent noir. Les pays de l'Afrique du Nord sont intégrés à *l'Asie occidentale*. Les autres pays, dont la RD Congo, relèvent des *Affaires africaines*.

Les bonnes relations avaient débuté en 1972, au lendemain de la rupture avec Taiwan, par un communiqué conjoint de normalisation. S'en étaient suivis des accords de commerce en 1973 et 1988, de coopération culturelle en 1980, puis d'éducation supérieure et recherche scientifique en 1989. Et par cinq voyages présidentiels d'État[1].

En ce début de 2002, quelques réalisations chinoises de l'époque de Mobutu[2] étaient encore visibles, sans y inclure la Cité de la Nsele et sa pagode, réalisées auparavant, par la Chine de Taiwan.

En 1979, Pékin avait livré le *Palais du Peuple* de 18.000 mètres carrés ; le lieu n'a pas changé ce nom, synonyme trompeur de démocratie. Ensuite, le *Stade Kamanyola* de 80.000 places livré le 14 octobre 1994, jour anniversaire de Mobutu, au retour de son dernier voyage officiel. L'ouvrage, réalisé par la *China State Construction Engineering Corporation (CSCEC)* en cinq années de travaux, a été rebaptisé *Stade des Martyrs de la Pentecôte.* La Chine avait aussi aménagé un pavillon sino-congolais à la *Foire internationale de Kinshasa (FIKIN).*

Mais beaucoup d'autres réalisations de Pékin n'étaient plus visibles. L'usine de raffinage de sucre de Lotokila, près de Kisangani, avait été pillée. Il ne restait rien de l'atelier d'usinage de matériel agricole ni de la *« division Kamanyola »* des *Forces Armées Zaïroises.* Il ne restait rien non plus de l'hôpital chinois de Kintambo, un quartier populaire de Kinshasa, qui avait fait découvrir la médecine des plantes et l'acupuncture. Les blouses jaunes avaient déserté sur l'ordre brutal de Pékin d'un réel embargo humanitaire, en temps de guerre civile.

Le potager chinois de Lubumbashi avait aussi disparu ; le champ avait permis d'introduire avec succès le *must* des engrais « bio », à savoir les déjections humaines portées à maturation dans des fosses septiques. Pour la petite histoire,

---

[1] Mobutu Sese, en 1973,1974, 1980, 1982 et 1994.

[2] Au pouvoir de 1965 à 1997. Mort de cancer 4 mois après avoir été renversé.

les *Lushois*, qui avaient fini par remarquer que les Chinois ne touchaient pas aux femmes, pensaient qu'on faisait aux ouvriers agricoles des injections spéciales pour qu'ils gardent aplatis le devant et le creux des pantalons !

La précédente visite remontait à décembre 1997. L'encre n'avait pas entièrement séché sur les fameux *accords de Lemera*, cet acte fondateur d'une dynastie et d'une perversion qui allaient durer.

Avec les Chinois, le *septième visiteur* [3]conclut un accord sur la protection et l'encouragement des investissements. Un autre, pour implanter *ZTE (Zhongxing Telecommunication Equipment Company).*

C'était ambigu, car à l'époque, son esprit bourdonnait encore le « conglomérat d'opportunistes et d'aventuriers ».

Il y eut aussi des malentendus ! Il faisait froid à Pékin. Mais le *septième visiteur* n'avait pas amené de manteau, par une imprudence d'ignorant.

Il se faisait appeler « Vieux ». Il avait été qualifié de *paléorévolutionnaire*. Se voulant plus maoïste que Mao, il portait un safari kaki à col ouvert[4]. Et il s'enrhuma[5].

Mais Jiang Zemin, le président d'une Chine, qui avait tourné la page du maoïsme, portait un costume à l'occidentale. Avec une cravate rouge !

---

[3] Laurent-Désiré Kabila (1997-2001). Assassiné dans son bureau à Kinshasa.

[4] Cette tenue sera coulée dans le bronze d'une statue *maoïste* de 4 tonnes et 6,5 mètres de haut, réalisée par des Nord-Coréens

[5] Lieve Joris, *Sur les ailes du dragon*, Actes Sud 2014, p 142

Se prendre en charge

Kinshasa. La plupart des rivières congolaises mènent à cette ville qui doit son existence et son expansion aux cataractes qui en font le terminus des cours d'eau navigables. Un lieu de rupture des charges pour poursuivre le transport des personnes et des biens par voie terrestre ou ferroviaire jusqu'au port maritime de Matadi. Un lieu de toutes les convergences, depuis que la cité est devenue la capitale du pays, en 1929.

L'homme qui s'installa en 1997 eut à lever un pied plus haut que le trône de Mobutu, déboulonné par des foules naïves et enthousiastes. Plus haut encore, en passant du statut de porte-parole du mouvement insurrectionnel, créé par le Rwanda, à celui de chef d'État.

Plus tard, un proche collaborateur soupira que « c'est pénible ; il n'a pas la notion de l'État ! » Ancien petit commerçant habitué à compter ses sous, il n'élaborera aucun budget national pendant les quatre exercices de son règne. Son pouvoir était personnel. Autocratique, moins par idéologie, que par impulsions.

Il n'avait pas eu le temps d'apprendre par essais et erreurs.

Il avait recruté et utilisé des enfants soldats, *kadogo*, au moment où on qualifiait cela de crime contre l'humanité !

Il remplaça la monnaie Zaïre par le *franc*, au moment où Paris abandonnait ce nom identitaire de la France et de ses colonies, pour l'Euro !

De simples choses de son pays lui échappaient aussi. Il remplaça « République du Zaïre » par « République

Démocratique du Congo », avec le drapeau à sept étoiles de 1960 qui avait déjà été remplacé en 1964[6].

Dans son discours d'investiture dans un stade qui ne cessait de le railler, il avait annoncé la pose de pipelines pour ravitailler tout le pays en carburant… importé. On n'en vit jamais le premier mètre.

"Il légua le slogan de *« se prendre en charge »*."

Cette vision avait créé les *« Mai-mai »*[7], encouragés à « défendre la patrie » avec toutes les armes : matérielles et fétichistes. Ils essaimèrent en milices d'autodéfense incontrôlées et criminelles. D'une barbarie au-delà de l'inhumanité, d'une époque révolue et retardant d'autant la reconstruction du pays et des communautés. Les ONG[8] le dénonceront [9] :

« Tshinja Tshinja (égorgeur) tuait, mangeait et faisait des colliers avec ses victimes ; il préférait les seins des femmes à la viande de tortue ou d'antilope. Kyungu Mutanga Gédéon[10] a tué 103 personnes, certaines charcutées et mangées. Makabe, circulait avec un bébé séché autour du cou. Bakanda Bakoka arrachait les organes génitaux avec des ciseaux… »

Se prendre en charge, c'était prendre de l'argent cash !

---

[6] La régularisation n'interviendra qu'en 2006, avec une nouvelle constitution.

[7] « Eau-Eau » : par fétichisme, les balles ennemies devenaient de l'eau !

[8] *ACIDH et Asadhokat.*

[9] Certains poursuivront longtemps leurs sévices, dont Makabe en juin 2018 !

[10] Condamné à mort, puis évadé ; ses hommes pénétreront la ville de Lubumbashi en 2013 et 2019. Il sera gracié sans texte et adhérera au groupement politique présidentiel.

« Chaque semaine, il recevait au moins 4 millions de *dollars américains* (USD) des sociétés minières qui le lui amenaient dans des malles ».[11]

Se prendre en charge, c'était surtout la *culture du caillou*[12]. Or, diamant et même uranium ! La cueillette de tout ce qui peut trouver acheteur et qu'on pouvait prélever avec des outils rudimentaires. Tout le pays abandonnera les champs, les activités productives et même les écoles pour devenir un immense gruyère fourmillant de millions d'artisans, avec des femmes et des enfants, réduits à des conditions d'esclaves par des marchands et leurs intermédiaires. On parlera de *minerais de sang.* Il y aura des déboisements massifs ; on videra et on polluera les rivières. Les ballasts des voies ferrées seront enlevés et revendus comme agrégats ; des câbles électriques et des rails, comme mitrailles.

Se prendre en charge, c'était piller ; il en avait la paternité !

« L'exploitation illégale des ressources du pays par des étrangers avec la participation de Congolais a commencé avec la première « guerre de libération » en 1996. Les rebelles de l'*Alliance des forces démocratiques pour la libération du Congo-Zaïre (AFDL)*, appuyés par des militaires rwandais, ougandais et angolais se sont emparés des régions est et sud-est du Zaïre. Au fur et à mesure de leur progression, l'homme à la tête de l'*AFDL*, signa des contrats avec un certain nombre de sociétés étrangères. De nombreux récits et documents indiquent que dès 1997, une première vague de « nouveaux hommes d'affaires » parlant uniquement anglais, kinyarwanda et kiswahili étaient déjà en activité dans l'est de la RD Congo. C'est alors qu'on a commencé à signaler de fréquents vols de bétail, de café en grains, etc. Au moment où éclata la guerre de 1998, Ougandais

---

[11] Oscar Mudiayi in Tom Burgis, *The Looting Machine,* William Collins, 2016.

[12] Exploitation par cueillette, ramassage, de minerais

et Rwandais (les officiers supérieurs et leurs associés) connaissaient parfaitement le potentiel des ressources naturelles de l'est du pays et savaient où les trouver[13] ».

L'économie sociale du marché

Lubumbashi. Une cheminée haute de 150 mètres domine la seconde ville du pays, surnommée « capitale du cuivre ». La *Gécamines (GCM)*, entreprise de l'État depuis 1967, produisait le métal rouge et du cobalt raffinés, alimentant près de 40 % du budget public et jusqu'à 75 % des ressources en devises fortes. Une vache à lait !

"On dit que nul n'est prophète en son pays. Et particulièrement en RD Congo. Aucun spécialiste n'a jamais vu venir les grands bouleversements. Depuis 1996, des personnages sont sortis de l'ombre. Certains sont sous les projecteurs, mais d'autres, comme derrière la scène d'un théâtre, sont des souffleurs des grandes orientations. Ou au spectacle de marionnettes, des tireurs de ficelles. Personne n'aurait parié que la cheminée de Lubumbashi cesserait de fumer un jour. Mais cela arriva…"

En 1997, l'entreprise avait périclité. Mais elle était loin de la faillite avec ses 32.000 Km^2 de gisements à fortes teneurs, et très bien identifiés par 90 ans de recherches géologiques. Cette seule documentation valait de l'or. Aux gîtes s'ajoutaient des remblais de minerais extraits et des rejets des productions antérieures où se retrouvaient des restes de cuivre, de cobalt, de germanium, de zinc. Autant de mines pour une seconde vie très prospère. Des joyaux à marchander au prix fort. Ou à brader !

Les conquérants du pouvoir avaient dans leurs bagages, une prétendue idéologie de développement, maladroitement

---

[13] Premier rapport du Panel des Nations Unies Nr S/2001/357.

empruntée[14], d'*« économie sociale du marché »*, mais sans rapport avec la vraie social-démocratie qu'explique Évariste Mabi[15] :

« L'économie sociale de marché est une recherche permanente de la combinaison la plus efficace entre la performance optimale du mécanisme du marché et la sécurité et la justice sociale… Ces deux dernières ne sont pas concevables à long terme, en l'absence d'une performance économique ou croissance satisfaisante ».

L'« économie sociale du marché »[16] de Vieux signifiait platement que les investisseurs sont les bienvenus[17] ; ils peuvent tout obtenir et tout prendre, à condition de *donner quelque chose* aux populations : en écoles, en médicaments. Etc. Ce profil bas a fait du *bradage* une vision.

Un nid pour les prédateurs. Un lit pour la Chine…

Au lendemain de la prise de Lubumbashi avec l'aide de troupes rwandaises, un investisseur avait versé un *pas-de-porte* à la *Gécamines (GCM)* qui fut détourné sur Kigali.

---

[14] De l'« économie socialiste de marché » du chinois Deng Xiaoping, associant une économie ouverte sur le monde à l'économie de marché, avec une volonté de financement du développement social, 1978.

[15] Ancien Premier ministre, Colloque international, Kinshasa, juin 2006.

[16] « L'État privilégie la concentration sociale dans le processus des initiatives utiles au développement, de la base au sommet, pour libérer les efforts endogènes qui sommeillent parmi les forces sociales et politiques. Il faut, en effet, les conduire très vite, mais avec méthode, devant tous leurs droits et devoirs d'entreprendre. La tâche est historique ». Gaétan Kakudji, *Gouvernance et développement*, AFDL, janvier 1997.

[17] « Les investisseurs peuvent prendre toutes les richesses ; on leur demande seulement de laisser par-ci par-là des écoles et des hôpitaux » Yerodia Dombasi, 27.06.2006 sur le site Kamoto.

« Vieux nous a obligés à signer, moi et Michel, mon directeur financier, un transfert de 25 millions[18] USD à Kigali, à la *Banque de commerce, de développement et d'industrie (BCDI)* qui venait d'être créée fin 1996 ».

Une autre tranche servit à créer une banque commerciale.

«Ce deuxième paiement de 25 millions USD a servi à créer à Kinshasa la *Banque de commerce et du développement (BCD)*, une association entre la *COMIEX* de L-D Kabila et, côté rwandais, *Tristar*, Alfred Khalissa et le *Front Patriotique Rwandais (FPR)* de Paul Kagame. Les entreprises étatiques et privées importantes furent obligées à y ouvrir des comptes. Des petits épargnants suivirent. Mais la *BCD* fit faillite à cause des proches du pouvoir qui avaient ponctionné des crédits non remboursés. L'affaire renaîtra sous des couleurs famililales en *BGFI bank.* »

Ces détournements de fonds l'affaiblirent aux yeux de l'investisseur et il s'obligea à lui faire un cadeau inespéré.

« Lundin Mining était plus spéculateur que minier, comme la guerre civile avait été relancée en 1998, l'entreprise ne put lever les capitaux et le projet se trouva en panne totale et en contravention avec la convention de 1996. Pour s'exonérer de toute faute contractuelle, elle fut gratifiée d'un décret complaisant qui proclamait l'état de guerre dans une région où il n'y avait jamais eu de bataille, ni même de menaces. Grâce à cela, Lundin Mining recycla sa convention, la céda aux Américains en raflant, au passage, des parts qui appartenaient à Gécamines. »

---

[18] Ambroise Mbaka, alors PDG *Gécamines*, a demandé à l'auteur de le citer. Une deuxième tranche de 25 millions USD atterrit à la nouvelle *Banque de commerce et de développement (BCD)*, une affaire personnelle et d'amis qui fera faillite, mais sera relancée sous le couvert de la gabonaise *BGFI Bank* dirigée par Francis, un demi-frère de Junior, portant le même nom de Mtwale.

En 1997, Vieux avait souscrit des hypothèques en faveur de ceux qui l'avaient porté au pouvoir par les armes. Ceux-ci ayant opté pour la langue anglaise, il avait boycotté le sommet de la *Francophonie* à Saïgon[19]. Puis il dribbla les USA pour se rendre en Chine au lendemain de la visite à Kinshasa de la secrétaire d'État américaine.

La ruse ne paya pas : Kigali, Washington et Pékin l'abandonnèrent, plongeant l'Afrique centrale dans le conflit le plus meurtrier depuis 1945. La « première guerre mondiale africaine » avec des troupes angolaises, burundaises, ougandaises, rwandaises, tchadiennes et zimbabwéennes.

En RDC, les batailles ne se font pas comme dans l'histoire ou ailleurs, autour de places fortes qui résistent et pour lesquelles on se bat rue par rue, maison par maison. Ici, dès qu'un front est enfoncé, la voie est ouverte sur des centaines de kilomètres par une sorte d'effet domino que les stratèges n'ont pas encore véritablement décrit et exploité. La guerre sans un véritable front ni un vainqueur sera la seconde nature du pays.

Il est mort ? Dieu soit loué !

Il était difficile de franchir la ligne de front, mais les familles séparées avaient appris à la contourner. Les trafiquants aussi. La même monnaie circulant de part et d'autre, on s'aperçut que le cours du dollar était plus avantageux à Bukavu et Kisangani qu'à Kinshasa. Des camions passaient par le Congo-Brazza et remontaient par la Centrafrique, pendant que d'autres se faufilaient par la Zambie, la Tanzanie, le Kenya et l'Ouganda. Quelques bateaux continuaient à naviguer entre Bujumbura, au Burundi, Kigoma en Tanzanie et Kasaba Bay en Zambie.

---

[19] En 2018, le Rwanda, qui avait combattu la langue française, obtiendra la direction de la même Francophonie…

Le 16 janvier 2001, il y avait peu de nuages de saison de pluie sur le lac Tanganyika ; le bateau filait doucement vers le sud entre deux rangées de montagnes à l'horizon. Albert qui venait de s'installer à Lubumbashi avait arrangé d'exfiltrer sa famille de Bukavu. Kapinga, sa femme, mit des semaines pour quitter l'ancienne ville paradisiaque au bord du lac Kivu et camper à Bujumbura avant de trouver une place sur ce bateau pour Kasaba Bay, à l'extrémité septentrionale de cette mer intérieure, en Zambie. Le pont et les soutes débordaient de marchandises et de passagers. Kapinga avait trouvé un espace sur le pont supérieur par l'avantage d'avoir avec elle ses enfants, et sans se douter que le capitaine se rinçait l'œil sur ses beaux restes, malgré plusieurs maternités. Il devait être midi, par la position du soleil, lorsque le capitaine sortit la tête de l'ouverture de sa cabine de commande. Il criait, très excité. « Le radio vient de capter un message comme quoi Vieux est mort. On vient de tirer sur lui à Kinshasa ! »

La veille, le 15 janvier, un officier supérieur de l'armée congolaise téléphone de Kinshasa à une amie. Conversation. « Comment ça va là-bas ? Et la famille ? Est-ce que tout est calme ? » - « Oui, c'est calme ! Pourquoi ? » - « Parce que demain il va se passer quelque chose. Ce ne sera pas grave. Surtout, gardez votre calme. Tout s'arrangera très vite ! N'oubliez surtout pas : gardez votre calme ! » Le lendemain, effectivement, il y eut des bruits sur des incidents au palais présidentiel. Fin de journée, un général passa à la radiotélévision pour annoncer qu'on avait tiré sur le Vieux et qu'il avait été blessé.

Le lendemain 17 janvier, un évêque se souvenait du *car-jacking* dont il avait été victime dans les premiers jours de l'arrivée de Vieux et de ses hommes qui avaient marché depuis les Grands Lacs. Le 4X4 volé fila tout droit vers l'enclos de *sa* résidence. Quelques jours plus tard, Vieux réunit les opérateurs économiques pour leur tenir des propos directement inspirés par les notes écrites qui étaient à bord du véhicule volé. C'était bel et bien un « conglomérat d'opportunistes et d'aventuriers ». Mais l'archevêque avait compati avec le peuple, écrasé pendant des années par les dérapages et les perversions de Mobutu. Il n'avait pas lu le Péruvien Gustavo Guttierez dont il ne partageait pas l'obédience chrétienne, mais il vivait aussi la « théologie de la libération ». La foi en Dieu est comme du ciment : sur de l'humidité, il ne prend pas. Le religieux ne pouvait prêcher à des ventres vides, à des fidèles écrasés par les injustices et l'inhumanité. Pour cela, l'homme d'Église pardonna le gangstérisme du « conglomérat » quoiqu'il en ait personnellement souffert. C'était sans commune mesure avec les années de dérapages et de perversions de Mobutu. Comme d'autres, il pensait que « rien n'arriverait de pire à ce qui était déjà arrivé ! » Les bandits étaient des sauveteurs de tous les sacrifices et de toutes les patiences. L'espoir en une vie meilleure, même ici-bas, n'était pas vain. Il applaudit le radicalisme du nouveau pouvoir qui rejetait tout dialogue avec les Satans du passé. Dieu lui-même n'aurait pas tendu la main au Diable ! Mais après quelques mois d'enthousiasme, l'usurpation et l'escroquerie des libérateurs commencèrent à être suspectées, puis à se dévoiler. Le religieux frottait tour à tour ses yeux et sa barbe blanche, refusant de croire la triste et pénible évidence. Mais dans toute situation où le seuil d'expectation est trop élevé, le retour aux réalités est une chute brutale et douloureuse. Ses sentiments de religieux chrétien furent retournés comme une crêpe. Il maudit le Vieux. Il lui en voulait à mort, lui reprochant d'avoir commis le plus grand des crimes : « il avait enlevé l'espoir au peuple ! » Le 17 janvier 2001, le religieux était aux soins dans une clinique lorsqu'on brisa son isolement pour lui livrer l'information du jour. « Nous avons une terrible nouvelle, Monseigneur » - « Quoi ? Il se passe encore des choses terribles ? » - « Oui, Monseigneur ! On a tiré sur Vieux. *Il* est mort ! » L'évêque sursauta dans son lit de malade, arrachant presque les fils des électrodes et les tuyauteries des perfusions. Il s'écria « Dieu soit loué ! »

La parole qui a force de loi !

L'accident d'un personnage important ou d'une célébrité n'est jamais naturel, encore moins sa mort. Les gens aiment le mystère. Qu'il s'agisse de Dag Hjalmar Agne Carl Hammarskjöld, mort dans un crash d'avion, ou de John Fitzgerald Kennedy, assassiné, ou de Diana Frances Spencer20, morte dans un crash de voiture. Déjà à Lumumba, on lui préfère un complot international d'autant qu'il n'a pas eu une tombe dans laquelle il pourrait se retourner en cas de contre-vérités. De même pour Vieux, un lumumbiste !

C'est comme si la vie publique du *paléorévolutionnaire* avait été bien programmée : débutée par un pèlerinage au pays de Mao, elle devait finir par un tour chez Fidel Castro. En 1998, Vieux n'avait pas de regard pour les immenses portraits de Che Guevarra. L'icône au béret et au cigare avait visité son maquis, mais avait conclu à son manque de sérieux et à l'échec de son mouvement révolutionnaire[21]. Vieux abrégea son séjour à La Havane. Il déboula à Kinshasa pour rompre avec ses mentors des Accords de Lemera.

« Mais sans véritablement rompre avec l'esprit du "conglomérat d'opportunistes et d'aventuriers" »

Pendant les années de guerre, il prit l'habitude de s'enfermer en hauteur sur une colline où un grand hélicoptère blanc

[20] Dite Lady Di.
[21] Che Guevara (Ernesto), *Journal du Congo : souvenirs de la guerre révolutionnaire,* Éditions Mille et une nuits.

stationnait pour s'enfuir, en cas de besoin. Ce *Palais de Marbre* était invisible de la route en contrebas. Sur le côté, une ruelle d'accès avait été condamnée par de lourdes portes, plus hautes que celles d'une prison, peintes en bleu, la couleur du drapeau national. Toutes les villas à l'intérieur de la concession avaient été réquisitionnées. Des enfants-soldats, *kadogos*, filtraient l'entrée latérale en passant tout le monde à la fouille corporelle. Mais à la sortie, ils demandaient de l'argent ! La pourriture hantait le palais. Les visiteurs s'entassaient à la « Maison Bleue », une villa saisie, aux meubles percés. Dans la cour, l'épave d'un blindé envahi par des herbes. Seul le silence disait qu'on se trouvait dans l'entourage du grand maître de la RD Congo.

Dans ses derniers jours, Vieux recevait entouré de collaborateurs aussi immobiles que des moines bouddhistes. Pour chaque décision, il leur demandait, le visage impassible et sans même les regarder : « Vous avez bien pris note ? ». Puis il concluait : « Car la parole du chef de l'État a force de loi ! Hein ? » Puis il ricanait. Tout seul. Tel un fou.

Son comportement n'était pas surprenant pour l'ancien grand prêtre du « conglomérat d'opportunistes et d'aventuriers assoiffés d'argent ». Vieux n'avait pas payé les fournitures d'un industriel congolais. Un jour, il demanda s'il y avait du stock. Il achèterait tout.

« Vieux était culotté. Il avait avoué son « conglomérat d'opportunistes et d'aventuriers assoiffés d'argent » pour aussitôt passer à la postérité comme « le libérateur des libérateurs de 1997 », se permettait tout. Il avait même fait fabriquer des bombes artisanales dont l'explosion accidentelle détruisit une bonne partie de l'aérogare de Kinshasa. Impulsif, il se croyait aussi grand stratège que Jules César ou Napoléon. Fin 2000, il s'attaqua à la coalition rwandaise sur le front sud-est, dans les Marungus, en direction du lac Tanganyika. Il pensait qu'il pourrait y aller seul. »

Maintenant, Vieux envoyait des troupes si fraîches et impréparées qu'elles n'étaient pas chaussées. Le fabricant remit une offre écrite qui mentionnait les impayés. Il accepterait une nouvelle vente, mais au comptant et aussi dans un relevé qui montrerait l'argent que Vieux devait déjà. Lisant cela, Vieux exigea de supprimer toute référence aux arriérés. Ensuite, comme le prix était en USD, Vieux convertit le montant en francs, au taux officiel de change, ce qui entraînait une décote de 180 %.

« Celui qui avait d'abord volé de la marchandise sans payer récidivait pour voler au moyen d'une vente à perte ! »

S'exprimant à haute voix en kiswahili, Vieux parla à Nelly, sa secrétaire métisse, qui tenait le téléphone. Il lui cria : « dites-lui que ce sera payé en francs au taux officiel ! Ou rien ! Je ne traite pas avec des voleurs ! » Le fournisseur répondit qu'il y réfléchirait. Mais il ne donna pas de réponse. Et Vieux n'insista pas.

Le lendemain, Vieux envoya au front les troupes pieds nus. Mais le même jour, le même Vieux donna des ordres pour qu'on loue à un Blanc une moissonneuse pour récolter le maïs que le Zimbabwéen Wessel Rautenbach lui avait planté à Mangombo. Il accepta le prix de la location en USD, mais payable en francs. Miracle ! Pour son propre maïs, Vieux n'appliqua plus du tout le taux officiel, mais une surcote avantageuse de 260 %. Une différence de 440 points entre le Congolais et le Blanc. Vieux a dû ricaner lorsque ses troupes furent décimées à Pweto. Il a dû dire à son entourage : « Où seraient encore toutes les bottes en cuir ? Et nous aurions gaspillé l'argent, auprès de ce voleur-là ! Holala ! »

La défaite de Pweto marqua la fin de la guerre du Vieux, et sans doute aussi de sa vie. La cité lacustre, avait été négociée avec les Britanniques pour figurer dans les limites territoriales congolaises et non zambiennes.

En 1909, le Prince belge Albert, neveu de Léopold II, avait visité le lac Moëro, et plus spécialement Lukonzolwa, qui était la capitale économique et le siège de la *Compagnie Spéciale du Katanga*, qui administrait les précieuses des terres katangaises dont l'étendue englobait le Kasaï- Oriental. Le futur roi belge s'était rendu à Kilwa où il aurait planté un palmier qui y serait encore, mais aurait plus probablement survécu par ses noyaux.

À Kilwa menait une route des esclaves où l'herbe, comme maudite, ne pousse plus jamais[22]. La cité lacustre abrite des restes d'un imposant fortin d'Arabes esclavagistes qui relayaient la marchandise vers Bagamoyo et Zanzibar.

« Qui leur livrait les esclaves ? Sinon Ngelengwa (M'siri), d'une cruauté redoutable avec les autochtones. Au point d'avoir transmis à la postérité des noms aussi terrorisant que « mukanda bantu, celui qui épluche les peaux, à vif ».

Les historiens ne parlent guère des gens qu'il aurait réduits à l'esclavage comme porteurs ou bois d'ébène dans les caravanes des Bihenos, ses relais vers l'Océan Indien."

La malédiction du lieu n'était pas éternelle. Quelque chose peut en naître. La même cité de Pweto qui scella la fin de Vieux qui était le village d'origine de Frangin (Fra) fut aussi le lieu de naissance d'une relation nouvelle. Dans

[22] La malédiction explosera lors des massacres de Kilwa en 2004.

l'apocalypse de la défaite, Fra réussit à exfiltrer Junior de Pweto. Fra, le sauveteur, deviendra l'obligé du rescapé[23].

Quelques semaines plus tard, Vieux, qui avait ouvert la boîte de Pandore la referma sur lui-même. Il avait fini par embarrasser et éloigner tout le monde. Même la vie. Sa mort en janvier 2001 débloqua tout ce qu'il avait bloqué.

Désormais, place aux jeunes !

Place aux jeunes

Qu'est-il resté de Vieux ? L'homme surgi des ombres ?

De l'ombre du maquisard-trafiquant et de la « politique de domination géostratégique »[24] rwandaise ? Des âmes sensibles effacent le passé d'un assassin lorsqu'il a été lui-même assassiné. D'autres citeraient l'Évangile et le « qui a tué par l'épée périra par l'épée ». Ou la mort violente du dernier colonisateur[25], avant le traité de Berlin de 1885, dans le Sud-est de la RD Congo : il avait « péri de mort violente, lui dont la vie n'avait été qu'une succession de crimes et de cruauté »[26].

Ce potentat-là n'avait pas uniquement reçu au cœur la balle d'un Belge, les gens de sa propre escorte, à l'exemple du meurtrier-garde de corps de 2001, lui avaient tranché la tête. Vieux laissa une progéniture d'une demi-centaine d'enfants

---

[23] Fra sera lui-même sauvé de la maladie par Bro qui deviendra ainsi son frère !

[24] Selon le juge espagnol Fernando Andreu Merelles, 2008.

[25] M'siri, venu de l'Unyamwezi, actuelle Tanzanie ; 20 ans de règne.

[26] Daniel Crawford, missionnaire anglais, et témoin des événements, à propos de l'assassinat de M'siri le 20 décembre 1891 cité par Frédérick S. Arnot, *Bihe and Garenganze,* Wentworth Press, 2016.

issus de dizaines de compagnes, dont trois considérées comme « officielles »[27]. Une dynastie !

Junior remplaça Vieux au pouvoir. Une nuit tombée sur l'aéroport international de Dar es Salaam, atterrit un biturbo-propulseur ATR de la compagnie *Precision Air*, en provenance de Nairobi via Zanzibar. Les Congolais qui débarquent sont retardés par le remplissage d'une fiche et le paiement du visa d'entrée. Découvrant leurs passeports, les agents de l'immigration tanzanienne se réveillent de l'assoupissement qui pouvait les menacer. Ils accueillent les voyageurs par un « comment va le "petit"? ». Et de préciser : « nous parlons de "notre petit »! Celui qu'on vous a donné comme chef d'État ! » Ils étaient comme les Kenyans qui se vantent publiquement d'avoir donné aux États-Unis leur président Barak Obama.

Junior portait son nom réel et légal[28] dans la cité portuaire, son quartier et son marché Karikoo. À la fin de ses études, il avait effectué le service militaire ou civique réservé aux nationaux tanzaniens. Sa sœur confirmera au parlement, sous les caméras de la télévision congolaise : « j'avais servi la *nation*, dans le service national de Tanzanie ».[29]

On peut avoir la nationalité, mais la personne qui n'a pas vécu dans son pays a des difficultés dans sa perception de l'univers national, de ses problèmes et des solutions.

« Actuellement, les handicapés physiques sont respectés, voire protégés, mais on tient compte de leurs insuffisances avec des postes de travail ou des rampes d'accès adaptés. »

Junior avait des handicaps. Tout d'abord, la toute première fois de sa vie consciente qu'il avait connu son pays fut dans

[27] La polygamie est interdite en RD Congo (lois de 1950 et 1987.
[28] Hypolite Kabange Mtwale. Erik Kennes, Le Soir, mai 2005.
[29] Septembre 2019, sur youtube.com/watch?v=BX92AcVmWHM

la suite directe du « pacte de sang de Lemera ». Il devait avoir le fusil à la main, pointé avec méfiance et agressivité vers ceux qu'il apercevrait : ses concitoyens.

Ensuite, sa vie antérieure était un vide sidéral.

"Qu'avait-il à cacher ? La nature qui a horreur du vide, comme on dit, alimenta les rumeurs les plus folles."

Un jour, *son* CV[30] distribué dans l'avion du ministre belge des Affaires étrangères[31] évoqua la contestation de *ses* origines congolaises. *Il* serait d'ascendance rwandaise. Mais c'était encore sa faute.

« Le 16 mars 1997, l'AFDL[32] avait organisé une rencontre avec des notables de Kisangani. Le commandant de l'AFDL parlait en swahili et expliquait que c'était fini avec la démocratie. Une des personnes présentes interrogea le commandant sur ses traits tutsis. Celui-ci répondit que c'était sa mère qui était Tutsi. C'est plus tard qu'on découvrit que ce commandant-là était bien Junior ! »[33]

Son élocution avait les contorsions aristocratiques rwando-burundaise de l'*ubgenge* ou *ubwenge.*

« Elle se voulait intelligente, par ruse et débrouillardise, avec la capacité de mentir sans se faire prendre.[34] L'*ubwenge* est aussi un « langage oblique » ; plutôt que de répondre directement, on réagit en posant la même question. »

---

[30] Curriculum vitae.

[31] Karel De Gucht, dans l'avion l'amenant à Kinshasa, 2008.

[32] Groupe de rébellion ayant renversé Mobutu.

[33] Notes inédites de Roberto Garreton, avocat et rapporteur spécial sur les droits de l'homme en RDC de 1994 à 2001, collectées par des chercheurs du Haut-Commissariat des Nations Unies aux Droits de l'Homme, *Rapport mapping sur les Violations des Droits de l'Homme en RDC*, 2010.

[34] Des lobbyistes Tutsis rwandais ont poursuivi en justice (avec relaxe) Pierre Péan, journaliste français d'investigation (*Noires fureurs, blancs menteurs,* Fayard, 2005), qui qualifiait l'ubwenge de dissimulation et de mensonge.

Junior parlait à la manière *ubwenge*. À une journaliste qui lui demanda : « pensez-vous présenter votre candidature à la présidence ? », il avait répondu : « est-ce que je pense me présenter à la présidence ? »

« Ces histoires de parentés importaient peu. Le seul élément valable était de savoir s'il avait hérité du *Vieux* l'esprit de pacte de sang et de « conglomérat d'opportunistes et d'aventuriers », devenu « État parallèle »."

Il y avait deux groupes d'héritiers de Vieux.

D'un côté, la dynastie avec Junior. Celui-ci proclama aussitôt qu'on ne se battrait plus. Selon lui, la crise serait réglée par des voies pacifiques !

De l'autre côté, et plus discrètement, il y avait deux héritiers non biologiques. Jeunes aussi. Frangin (Fra), Noir et Congolais. Et Brother (Bro), Blanc et Israélien.

Les deux « frères » avaient appris et appliqué le *business de guerre* au temps du « conglomérat d'opportunistes et d'aventuriers ». Une période où la vie n'avait aucun prix. Où s'installèrent la vision et l'usage de tout marchander et céder sans contrepartie ou profit équitable pour le pays, ses populations et leur devenir. Mais bien pour des partenaires, amis et « frères » en affaires. Et sans limites !

Fra, l'architecte

Kinshasa. Le ciel est rarement bleu. Il est plutôt *belge*, comme au pays de l'ancien colonisateur, et couvert de nuages gris. Il y fait chaud. Une forte humidité imprègne tout, et par voie de conséquence, on ne se passe pas de la climatisation. Les multiples et incessants passages de l'intérieur à l'air libre sont stressants et exaspèrent la mégapole et les esprits des gens.

En ce début de 2002, le pays était à la recherche de la paix par d'interminables et difficiles négociations à Sun City. Frangin (Fra) faisait la navette entre la capitale du Congo et la cité sud-africaine des loisirs. Il avait été parachuté d'Afrique du Sud[35] dans les couloirs du pouvoir en guerre. Pour défendre des intérêts sud-africains[36].

Hissé à des fonctions officielles dans la province minière du Katanga, il se trouva en première ligne du *business de guerre*, au détriment de la fameuse entreprise minière nationale, la *Gécamines* (*GCM*). Et du pays.

Discret, il ne payait pas de mine. Il avait les apparences d'un homme maladroit, sans stature ; aucun costume ne tenait sur des épaules tombantes. Il se décrit lui-même[37] :

« petit, la voix basse, bégayant par moments, levant rarement, voire jamais, la tête pour regarder l'auditoire ou interagir avec lui… »

La province bénéficia, de manière exceptionnelle, du tiers des recettes budgétaires en violation, selon le FMI[38], des principes de la comptabilité publique et du suivi de l'exécution des dépenses y afférentes. C'est ainsi que Fra trouva à son arrivée 25 millions USD auxquels s'ajoutèrent les recettes des années suivantes, gérées à la discrétion de Vieux. Puis vint une saisie de cobalt avec l'aide du Sud-Africain Frans Rootman. Une affaire qui fera long feu. Il y eut d'autres affaires *affairistes* ! Plusieurs !

La guerre multiplia les opérations commerciales et financières atypiques qui furent décriées comme facteurs de

[35] Des immigrés, comme lui, avaient obtenu la nationalité sud-africaine.
[36] Délégué par *HSBC Equator*.
[37] Augustin Katumba Mwanke, *Ma Vérité*, EPI, Nice, 2013.
[38] Fonds Monétaire International, fin 1997.

belligérance. La Communauté internationale s'en émut. Fra fut exposé. Au point de détester à jamais la lumière.

Entre 2001 et 2003, le Conseil de Sécurité des Nations Unies avait enquêté sur le pillage des ressources naturelles. L'ONU appliquait les mêmes articles, et les mêmes termes, de deux pactes internationaux[39] :

« le droit de souveraineté permanente des peuples et des nations sur leurs richesses et leurs ressources naturelles doit s'exercer dans l'intérêt du développement national et du bien-être de la population ».

C'est pourquoi cet affairisme fut nommé *pillage*[40]. On l'imputa à un « réseau des élites ». Au nombre desquels Fra fut cité :

« Au cours de trois années, ce réseau a transféré des actifs représentant au moins 5 milliards USD du secteur minier public à des entreprises privées qu'il contrôle, sans verser aucune indemnité ni prestation au Trésor public de la République démocratique du Congo ».

Plus tard, la *Commission parlementaire Lutundula*[41] poursuivra les enquêtes et pointera directement Fra.[42] :

« Il avait pris la décision du 7 août 2000 donnant mandat à la *GCM* de monter, pour le compte de la République, une structure chargée d'acheter les minerais bruts issus de

[39] Pacte international relatif aux droits civils et politiques de 1966. Pacte international relatif aux droits économiques, sociaux et culturels de 1966.
[40] Rapport 2002 du Panel de l'ONU sur le pillage en RD Congo.
[41] Parlement de transition. Résolution N° AN/P/COM.SP/03/04 du 24 avril 2004, créant la « Commission Spéciale chargée de l'examen de la validité des conventions à caractère économique et financier conclues pendant les guerres de 1996-1997 et de 1998 ».
[42] http ://www.scribd.com/doc/36297008/Rapport-de-Lutundula-Pages-164-217

l'exploitation artisanale, de les traiter, les commercialiser et rétribuer les différents intervenants ».

La structure était la *Nouvelle Compagnie (NOUCO)*, exploitant, sans frais ni coûts, les gisements de *GCM*.

Toutes les charges étaient supportées par la société étatique. Ces ponctions étaient qualifiées de « dépenses de souveraineté ». *NOUCO* achetait, en échange de cobalt, des armes à la *China North Industries Corporation*[43] *(NORINCO)*[44].

Ce business de guerre fit de la Chine le seul grand pays directement impliqué dans le pillage des ressources naturelles du Congo. Cet affairisme de première heure, et en temps de guerre, rapporta à Fra le titre d'architecte de la connexion chinoise. Lui-même s'en attribuera la paternité.

Puis, il consolida cet édifice monumental avec son Brother (Bro), l'Israélien :

« À côté de Kansuki confiée à la joint-venture avec les Chinois, les deux autres polygones libres tombèrent dans l'escarcelle de Bro. qui nous aide à nous connecter à la *China Development Bank (CDB)* »[45]. La banque était « une arme politique d'investissement massif à l'étranger : le bras de l'internationalisation des groupes chinois. Elle leur fournit des liquidités sur tous les terrains stratégiques[46]. »

Frangin (Fra) sera associé à bien d'autres opérations. Toutes, de l'ombre[47]. Il dira de lui-même qu'il était :

---

[43] RAID *Chinese Mining Operations in Katanga,* 2009.
http ://www.raid-uk.org/docs/ChinaAfrica/DRCCHINA%20report.pdf
[44] *NORENKO* ; dans *Ma vérité,* on avait oublié le nom exact de l'allié chinois.
[45] Katumba, Op.cit.
[46] http ://www.lesechos.fr/255660.htm
[47] Tom Burgis, Op.cit.

« chargé de toutes sortes de missions : négociations, défense, finances, maison civile, directeur de cabinet, secrétaire de cabinet[3] ».

Fra se présentait comme le *chien fidèle*, attaché aux basques et intérêts de ses maîtres successifs, père et fils :

« Que suis-je par rapport au Président ? Je ne vis pas pour moi, je vis pour lui, rien que pour lui[48]… »

Des observateurs s'interrogèrent :

« Est-ce qu'agir sans casquette ni titre officiel, en dehors de tout mandat et formalisme étatiques, tourner en roue libre, ignorer les lignes rouges et les franchir était compatible avec la gestion moderne, avec un État et une Nation, avec le vécu et le devenir de millions de gens, dans des moments clés qui engageaient plusieurs générations ? »

D'autres affirmèrent que :

« l'État était devenu la propriété de quelques individus. Le travail de Fra consista à créer un *État parallèle*[49] ».

À sa mort, Fra sera glorifié, comme la référence, la *bible* de la classe politique congolaise. Lui-même s'assuma :

« Machiavel a dû se retourner, heureux, dans sa tombe, trouvant (en moi) un bel exemple du principe selon lequel la fin justifie les moyens[50] ! »

Frangin (Fra) était d'une arrogance insoutenable et que seuls des Chinois auraient eue !

---

[48] *Le Soft* http ://www.lesoftonline.net/phil.php?id=1168

[49] Olivier Kamitatu cité par Tom Burgis, *The Looting Machine,* William Collins, 2016. De son côté, Vital Kamerhe, président du parlement (2007-2009) a soutenu qu'on avait reconnu publiquement ce dédoublement de l'État.

[50] *Ma Vérité,* Op.cit.

Bro, le fils unique

Israël. Nr 28 Daniel Street, à Bnei Brak[51], à l'est de Tel-Aviv. Un jeune juif orthodoxe, de famille fortunée, est domicilié dans cette cité des plus pauvres et des plus peuplées d'Israël. Parce que les histoires individuelles sont de véritables romans avec des personnages, des traits de caractère, des intrigues, des épisodes. Lui, il est fils unique. Une sorte de chauffard qui roule en double file pour dépasser tous ses aînés en âge et en affaires.

À 23 ans, Bro créa l'entreprise *Dan Gertler International* (DGI). L'année suivante, il flirta avec les *diamants de sang* au Libéria et en Sierra Leone[52]. À 26 ans il débarqua à Kinshasa. Il y gagna le gros lot.

″ Il avait obtenu, en promettant 20 millions USD, le monopole des diamants valant un marché annuel de 600 millions USD. Finalement, il ne paya que 3 millions ! Des clauses secrètes avaient impliqué des officiers supérieurs israéliens pour la fourniture d'armes[53]″.

Yossi Kamisa demanda, en justice, une prime sur cette opération juteuse :

« Nous nous étions rendus à Kinshasa avec Avigdor Ben Gal et Meir Dagan. Bro avait promis de demander au Ministère israélien de l'Industrie militaire des autorisations d'exporter des armes légères pour entraîner la garde présidentielle congolaise. Mais au procès, Bro dit aux juges que le marché visait à améliorer la sécurité dans les mines de diamants congolaises. Ce qui n'a jamais été réalisé ! »[54]

---

[51] Plus tard, il aura des bureaux cossus à Ramat Gan où est accolée Bnei Brak.
[52] Asbl Dialogue des peuples, 2016, Nr 12.
[53] Rapport des experts des Nations Unies sur le pillage du Congo.
[54] V. Ngoy, *Un demi-milliard,* congoforum.be/fr/nieuwsdetail.asp?subitem=1...

Le monopole[55] avait mécontenté des diamantaires libanais[56], en sorte qu'on cite Bro parmi les causes de l'assassinat du Vieux. En avril 2001, le contrat fut annulé sous la pression du *Fonds Monétaire International* et de la *Banque Mondiale*, opposés à des situations de monopole.

« Bro tenta d'attaquer la RD Congo en justice, mais les pilleurs bénéficiaient d'une arme redoutable : le chantage des clauses confidentielles qui mettent à nu les intérêts cachés des dirigeants. À cause de cela, les affaires sont relancées. Et Fra installera Bro dans la société de diamants *MIBA*. »

Le rabbin de la communauté Habad-Loubavitch à Kinshasa présenta Bro à Junior : un jeune comme lui, de deux années son aîné. Le Centre juif Chabad House lui fournissait ses repas. Il ne mangeait que *casher*[57], voyageant parfois avec ses propres casseroles.

Au procès, Yossi Kamisa révéla Bro :

« Sa méthode était de distribuer de très grosses sommes d'argent pour obtenir un entretien avec le chef de l'État, ou des conditions favorables aux contrats qu'il négociait ».

Kamisa rapporta ces propos de Bro, *petit raciste* :

« lorsqu'un Noir veut obtenir quelque chose, il s'assied sur ta tête. Un Nègre aime parler et faire promesse sur promesse. Du bla-bla-bla ! Et si jamais je ne sais pas voir le père, ce serait à cause du fils. Etc. Moi, je comprends la mentalité des Nègres ![58] »

---

[55] Société *IDI (Israël Diamond Industries).*
[56] Bilal Héritier, réfugié en RSA, selon Mwenze Kongolo, RFI juin 2013.
[57] Nourriture préparée selon des prescrits religieux du judaïsme.
[58] Gidi Weitz, Uri Blau et Yotam Feldman dans Haaretz du 02.07.2009.

De son côté, un journaliste israélien demanda au rabbin personnel de Bro, comment il calmerait la voracité en affaires de ce jeune juif orthodoxe :

« Qu'est-ce que la *Torah* dit de l'exploitation des hommes avec de grands bénéfices pendant que d'autres ont faim et meurent tout autour ? Y a-t-il une hiérarchie dans la Torah qui suggère, par exemple, que les Noirs ou les Africains sont des êtres inférieurs qui ne méritent pas de préoccupation réelle lorsqu'on réalise des profits ? »

Comme Rabbi Bentolila ne lui avait pas répondu, le journaliste conclut :

« En fait, la Torah dit qu'un Juif peut garder un esclave, mais un Juif maintenu en esclavage doit être échangé. Voilà comment la religion peut fausser la spiritualité et justifier la folie d'exploiter d'innocentes gens ! »[59]

On dit aussi que « la fortune sourit aux audacieux[60] » !

En ce début 2002, les comptes étaient bons. Malgré la perte de monopole, Bro avait réalisé, en 2001, 50 % des exportations congolaises de diamants ; un volume de 5,5 millions de carats valant 99,9 millions USD[61]. La même année, Bro fut nommé, à 27 ans, consul honoraire du Congo à Tel-Aviv. Il trouva en N. un *frère congolais*[62]. Il était diamantaire, et les diamants sont éternels !

L'argentier de la pauvreté

Washington. H. St NW, numéro 1818. À quelques blocs de la Constitution Avenue qui borde la série des musées

---

[59] Keith Harmon Snow - *Gertler's Bling Bang Torah Gang* http ://dissidentvoice.org/2008/02/gertlers-bling-bang-torah-gang/

[60] Virgile, *l'Enéide.*

[61] *Jerusalem Post.*

[62] Katumba, Op.cit

nationaux et la perspective du National Mall surplombée par l'obélisque du Washington Monument, un énorme bloc de béton déclare sur une immense façade l'ambition de la *Banque Mondiale (BM)* : END POVERTY[63].

La pauvreté ? Une terminologie naturellement inappropriée pour la RD Congo qui est le synonyme de *pays de l'abondance*. En nombre, en richesse et en diversité de ressources naturelles minérales, agricoles, climatologiques, hydroélectriques. Pour les minerais, on parle de « scandale géologique ». Mais malheureusement aussi du *syndrome hollandais* qui fait ériger des *éléphants blancs*, improductifs. Ou de la *malédiction des matières premières*, avec les *minerais de sang*. Un siècle après *le sang sur les lianes*[64].

Pour comble de paradoxes, le pays enchaînait des drames et des traumatismes individuels et collectifs. Incessants depuis le pacte de sang et le massacre du 6 octobre 1996, à l'hôpital de Lemera.

Et les Congolais étaient, et sont encore, parmi les cinq populations les plus pauvres au monde, en termes de PIB par habitant. Sans les valeurs universelles d'humanisme et d'État de Droit, cet abonnement à l'impuissance et au gâchis aurait déjà rallumé des théories et des préjugés racistes du genre :

« Voyez ! On n'aurait pas dû accorder l'indépendance ! »

Une bonne gouvernance ferait du Congo une grande puissance. Sans erreur possible ! Avec ses ressources et sa population jeune, et potentiellement travailleuse. Le pays partagerait le *leadership* africain avec le Nigeria et la nouvelle Afrique du Sud, démocratisée. Il aurait rêvé,

---

[63] Mettre fin à la pauvreté.

[64] Titre de l'ouvrage de Daniel Vangroenweghe (Editions Aden), le premier du XXe siècle à fustiger l'exploitation intensive du caoutchouc sous Léopold II.

comme les deux autres, d'un siège permanent au Conseil de Sécurité de l'ONU.

Mais en 2002, le pays était en difficultés. Il était pauvre. Et la pauvreté était toujours la raison sociale de la *BM.*

« Depuis sa création en 1945, l'institution de Bretton Woods[65] s'occupe de l'aide aux pays en difficulté. Elle y consacre une palette d'expertises, de formules d'assistance et de financements, en déployant cinq bras : *la Banque internationale pour la reconstruction et le développement (BIRD), l'Association internationale de développement (AID), la Société financière internationale (IFC)*[66]*, l'Agence multilatérale de garantie des investissements (AMGI)* et *le Centre international pour le règlement des différends relatifs aux investissements (CIRDI). »*

Très tôt, alors que le Congo était encore une colonie belge, la *BM* avait financé, entre 1951 et 1960, cinq projets d'un Plan de Développement du pays totalisant 120 millions USD[67]. Dans l'agriculture, les routes, le transport, les voies fluviales et les ports.

Après l'indépendance, la BM avait, entre autres, octroyé six financements pour les infrastructures routières. Les trois derniers (1979, 1982 et 1985), totalisaient 124,5 millions USD[68] en faveur de l'*Office des Routes (OR)* pour la réfection et l'entretien d'un réseau de 40.900 km de routes nationales et provinciales, de ponts et bacs, réalisés par des entreprises locales. Mais, rapidement, il ne subsista rien de ces travaux herculéens. Et l'*OR* fut surnommé *Office des Trous.* Parce qu'il ne suffit pas de construire des routes ; elles se dégradent vite, et il faut les entretenir. Édifiée, la BM

[65] La *BM* est issue, avec le *Fonds Monétaire International*, des accords du 22 juillet 1944 à Bretton Woods (USA) pour gérer l'après 2è guerre mondiale.
[66] Pourvoyeuse de fonds à la congolaise *SOFIDE*, pour des investissements.
[67] 1,218 milliard USD de 2017.
[68] 534 millions USD de 2017.

voudra, dans les années 2000, que tout nouveau contrat routier comporte quelques années d'entretien.

Mobutu profita des mannes financières internationales, jusqu'au surendettement. Ayant mal pris le tournant de la démocratisation, il fut mis au banc des pestiférés de la Communauté internationale. En 1991, la Banque Mondiale accorda au pays une ultime allocation de 16,7 millions USD[69] pour la *National Agricultural Research Project*[70].

Suivirent dix années de rupture avec les Bailleurs extérieurs. Dix années supplémentaires d'impaiements et d'intérêts cumulés qui alimentent encore le fonds de commerce des *néo-tiers-mondistes*[71] infatigables à dénoncer la *« dette odieuse »,* contractée par des régimes corrompus, et sans bénéfice pour les populations.

En 1997-1998, les « Occidentaux » et autres argentiers internationaux accoururent au lendemain du renversement de Mobutu. Ils accordaient à Vieux, son remplaçant, une place dans le club des *nouveaux leaders d'Afrique*[72].

Mais ils se trompaient.

Le nouveau maître des lieux venait d'un autre monde. Et y était resté. Moins de deux années auparavant, sur les berges du lac Tanganyika, il avait pris en otage de jeunes Américains qu'il avait libérés contre rançon. Il y enseignait encore *le petit livre rouge* de Mao alors que la Chine avait balayé le maoïsme pour partir à la conquête capitaliste du monde !

---

[69] 31 millions en dollars de 2017.
[70] Projet national pour la recherche agricole.
[71] *CADTM (Comité pour l'annulation de la dette du Tiers monde, rebaptisé en Comité pour l'Abolition des Dettes illégiTiMes).*
[72] En anglais : « new breed of African leadership ».

Il ne savait pas que les « Occidentaux » avaient changé.

« Dès 1996, les bailleurs de fonds avaient rectifié leurs tirs à la suite des échecs des *politiques de réajustement structurels*[73] et de l'accumulation de dettes que les pays ne sauraient pas payer. En 1997, le sommet du G7 à Lyon lança l'« initiative PPTE » en vue de ramener les dettes à des niveaux tolérables, moyennant la « bonne gouvernance » de *Pays Pauvres Très Endettés.* Les annuités sont rendues « soutenables » pour que le pays les honore, par discipline budgétaire. À la suite d'une décision du sommet du G8 en 2005, l'*iADM* (initiative d'allégement de la dette multilatérale) a effacé la totalité des dettes auprès du *FMI*, *BM* et *FAD* (Fonds africain de développement). Désormais, au lieu de payer l'extérieur, les remboursements resteraient dans le pays pour bénéficier aux populations dans des projets visant à réduire la pauvreté[74] et à favoriser la croissance ! Les montants, objectifs et programmes des remboursements sont répertoriés dans un *Document de Stratégie de la Croissance et la Réduction de la Pauvreté (DSCRP)*, élaboré après « des consultations participatives des populations ». ″

Hors du temps, Vieux rejeta la formule. C'est ainsi que la RD Congo n'était pas devenue l'un des premiers bénéficiaires de l'*iPPTE* et de l'*iADM*[75].

Après l'assassinat[76] de Vieux, en janvier 2001, les Bailleurs de fonds multilatéraux accoururent à nouveau à Kinshasa. Les interventions de la *BM* reprirent résolument en juillet 2001, avec la perspective d'injections de milliards de dollars. Une manne à capter. Entre autres, par la Chine.

---

[73] Ces programmes, décriés pour les pays en voie de développement referont surface dans les années 2010 pour s'appliquer même à des pays industrialisés, dont la Grèce.

[74] M. Yabili, Op.cit.

[75] L'Ouganda et la Bolivie ont été les premiers éligibles à l'*iPPTE*, en 1998. Et 19 pays avaient bénéficié les premiers de l'*iADM* en 2006.

[76] Tué dans son bureau par son garde de corps, ancien enfant soldat.

Le septième voyage

La Chine n'était plus Mao

Pékin, building de *l'Oiseau sans Tête*. Pas la peine de regarder par les fenêtres : la ville disparaît dans un nuage de pollution multicolore. Et toxique. La Chine s'était éloignée de la RD Congo au moment le plus dramatique de la Première Guerre mondiale africaine.

« Incroyable ! Moins d'une année après *la sixième visite* en Chine, la Grande Guerre civile éclata. Pékin rappela tout son personnel médical, et maintint ce *boycott humanitaire* pendant neuf ans ! »

Pékin n'avait pas de cœur ? La Chine comptait ses sous. Elle poursuivait son financement de 1997 dans les télécommunications et dans les palmeraies à biocarburants. Les textiles chinois étranglaient mortellement la filière coton ; l'*« or blanc »* avait occupé des centaines de milliers de familles dans des plantations et usines d'égrenage, de filature, de tissage et d'impression du *pagne*, cet emblème de l'élégance féminine.

Mais la Chine adhéra aussi au *« business de guerre »*, à des partenariats avec des *réseaux des élites*[1]. Ces Congolais qui s'appropriaient les attributs financiers et économiques de la souveraineté de l'État, en « conglomérat d'opportunistes et d'aventuriers ».

De son côté, l'entreprise étatique chinoise *NORINCO* fut décriée par les experts de l'ONU :

« Le gouvernement de la RDC a signé, pour se procurer du matériel militaire, un contrat de plusieurs millions de dollars avec le gouvernement chinois. Une coentreprise unissant une

[1] Ainsi nommés par *le Panel* de l'ONU sur le pillage de la RDC.

société chinoise et une entreprise semi-publique congolaise reçut une concession minière[2] ».

On pense à 1995 et à la création de l'*Organisation mondiale du Commerce.* On sait moins que ce fut l'année de la découverte de la première *exoplanète*[3]. En 1995, aussi, le Parti communiste chinois avait ordonné le *going global :* d'aller à la conquête du monde. La Chine avait complètement changé. Plus que la chrysalide du *Bombyx du mûrier* qui produit le ver à soie. Elle n'avait plus rien du révolutionnaire Mao Tsé Toung aux discours tiers-mondistes, teintés de solidarité et de générosité. Ce tournant soulèvera de l'admiration, mais aussi des interrogations :

« les conquêtes fulgurantes de la Chine reposent, à l'intérieur, sur la restriction des libertés et la répression violente et, à l'extérieur, sur la rafle des matières premières et des brevets et technologies. C'était effrayant. »

Pour la première fois dans l'histoire de l'humanité, une domination planétaire était en expansion, mais sans être porteuse de valeur universelle, qu'elle provienne de son propre passé ou des autres peuples et continents. On peut se le demander, en effet ! L'expansion chinoise est boostée par la mondialisation et l'accès illimité aux marchés extérieurs rendus possibles par des principes de souveraineté, d'équité et de justice internationale. À la fin du XXe siècle, on ne tolère plus la loi de la jungle. Il n'y a plus d'impérialisme sauvage : les plus forts doivent épargner les plus faibles (ou faire semblant), jusqu'à leur verser une aumône imposée par les Nations unies comme *Aide Publique au Développement (APD).*

Hormis le mercantilisme, Pékin, c'est quelle idéologie ? Quels droits humains, quelle lutte contre la pauvreté, quel programme

---

[2] Paragraphe 167 du Rapport du Groupe d'experts, avril 2001.
[3] Prix Nobel de Physique 2019.

social ou sanitaire ? Quelle éducation, quel développement durable ? Comment la culture de la sauvegarde des Pandas chez elle ne l'amène pas à freiner la consommation de défenses des rhinos et d'éléphants ou de bois précieux ?

Oublié le *TAZARA*[4]. Pour l'Afrique, les infrastructures ne sont plus des dons. À l'exemple de ses usines qui exportent des fournitures, la Chine se fait de l'argent dans la construction, à la faveur des reconstructions et, par la suite, des « nouvelles routes de la Soie ». Elle a des entreprises étatiques de génie civil parmi les plus importantes et les plus riches de la planète. Dans un continent où tout est à faire ou à refaire, le marché est énorme, et à accaparer ! Les entreprises chinoises du *BTP* font fortune sur le sol africain. Et en marge des travaux, la Chine double la mise en vendant des équipements, en exportant des marchandises et de la main-d'œuvre. Finalement, les chantiers chinois d'Afrique sont avant tout un moteur de croissance pour la Chine[5] !"

Sa soif des matières propulse les prix au bénéfice des pays pauvres, mais la rend maîtresse absolue des cours mondiaux. Jusqu'à quel point elle acceptera de payer très cher, plutôt que de faire chuter les prix et d'étendre davantage son emprise ? En clair, qu'est-ce que la Chine a en partage avec le destin des plus faibles ? Résiste-t-elle à la corruption ? À la tentation d'un colonialisme nouveau qui serait, non plus imposé, mais *choisi* par des nations faibles et mal gouvernées ? Et si des Chinois étaient pris en otage, Pékin enverrait-il des légionnaires *sauter sur Kolwezi*[6]?

---

[4] Chemin de fer Tanzanie-Zambie de 1860 km ; construit à l'époque de Mao Tsé-Toung. La façade de la gare de Dar es Salam proclame toujours « Tazara : le monument de l'amitié sino-africaine »

[5] M. Yabili, Op.cit.

[6] Opération française de sauvetage en 1978.

Désormais, le retour de la *BM* au Congo signifiait des financements pour la reconstruction du pays. De l'argent à gagner. Beaucoup d'argent !

Et Pékin sauta, dans le train international vers Kinshasa.

L'offensive de 2001 se réalisa en moins d'une année, et en six initiatives chronométrées, comme par un prodigieux horloger suisse.

Acte I : Yang Wenchang, vice-ministre chinois des Affaires étrangères vint à Kinshasa en avril 2001. Il y conclut un accord de coopération, resté secret[7]. Puis le ministre congolais She Okitundu, se rendit en Chine, en décembre 2001, et en ramena un autre accord de coopération[2].

Acte II : Pour la première fois, Pékin participa à une mission de maintien de la paix. La Chine envoya des *bérets bleus* à la *Mission des Nations Unies au Congo* (MONUC).

Ces *milobs*[8], dont quelques-uns seront surpris comme espions[9], furent rejoints par un régiment de génie militaire chinois.

Acte III : Pékin chercha à se positionner dans les aides financières internationales en annonçant l'effacement de 100 millions USD représentant la totalité de la dette congolaise provenant de la construction du Palais du Peuple, du Stade des Martyrs et de la Sucrière de Lotokila. Mais l'annonce bruyante était inexacte : la facture du Palais avait été effacée en 1983 ; les remises de dette, en six années, ne dépasseront pas 65 millions !

---

[7] On l'apprendra dans le préambule du « contrat du siècle » de 2007 qui mentionnera les accords de coopération du 3 avril 2001 et du 7 décembre 2001.
[8] Military Observers.
[9] M. Yabili, Op.cit.

Acte IV : Pékin injecta ses deux catégories supérieures d'entreprises, en plus de la *troisième classe* constituée d'individus en quête de leurs propres destins. Pékin ne s'occupait pas de ces *électrons libres*.

La *deuxième classe* regroupait des entrepreneurs d'un *going global,* pour conquérir le monde, investir en Afrique, y créer des *joint-ventures* et, même, y *délocaliser*. Ils bénéficiaient de prêts étatiques sans intérêts.

La *première classe* regroupait des entreprises étatiques, parmi les plus importantes au monde, dans des secteurs sensibles et stratégiques : techniques de l'information, sécurité, matières premières (pétrole et minerais), énergie et infrastructures.

Acte V : Premier marchandage de « troc »[10] (ou RFI[11]) infrastructures-minerais[12]. On parla de *« win-win »*[13]*,* de *« gagnant-gagnant »*.

Le 24 octobre 2001, Monsieur Yang Shushan arriva de la province chinoise de Liáoníng. Il créa à Kinshasa l'entreprise éponyme *Nouvelle Société de Bois Yang Shushan Sprl* d'exploitation forestière, de production et commercialisation de bois et produits dérivés.

Le 31 octobre, la société étatique *China Yuanwang Group Corporation (CYC)*, filiale de *China Aerospace Science and Technology Corporation* signa un protocole d'accord avec l'*Office des Routes* pour la construction de 515 km de routes

---

[10] Le « troc » est une compensation par « échange de marchandises sans transfert financier ni mention de la valeur de la transaction » (Wikipedia).

[11] En anglais : Resource Financed Infrastructure.

[12] La deuxième proposition de troc sera formulée en 2002 par les Allemands de Siemens. En échange de diamants, 960 millions USD restauration de l' hydroélectricité à Inga et 39 millions pour des compteurs prépayés. Sans suite.

[13] Guide pour investisseur potentiel animé d'esprit de "win-win ». http ://www .miningcongo.cd/pdf_divers/Guide_Investisseur02.pdf

bitumées Kananga-Mbuji-Mayi (200 km), Boma-Banana (115 km) et Tshela-Luozi (200 km). Les Chinois allaient prendre en charge le coût des études techniques, d'acquisition et d'acheminement sur site des engins et équipements. Ils demandaient 30 % d'avance en espèces ; le solde de 70 % serait payé par le Congo au moyen de « prestations en nature ».

Ce projet n'a pas été réalisé. Mais il articulait déjà trois *formats* chinois.

Tout d'abord, *CYC* avait tablé sur le *troc*, avec l'échange des infrastructures contre des ressources naturelles.

Ensuite, les promoteurs chinois n'étaient pas toujours intègres ; Li Zhenyuan, directeur général de *CYC* sera condamné à 20 ans de prison et à 167.000 USD d'amende pour détournement et corruption[14], en Chine !

Enfin, *CYC* avait proposé que le matériel chinois revienne aux Congolais, à la fin des travaux ; une liquidation opaque et génératrice d'opportunités de corruption[15] ; en sorte qu'on trouvera en amont et en aval des gros contrats avec Pékin, des proches amis et acolytes des acteurs congolais de la connexion chinoise !

Acte VI : Des accords de coopération presque secrets furent signés le 3 avril et le 7 décembre 2001[16].

---

[14] Selon le *Bureau de l'Audit National (CNAO).*
http ://www.cnao.gov.cn/main/articleshow_ArtID_1115.htm

[15]Kinshasa bruissera de rumeurs selon lesquelles du matériel de génie civil chinois était en location au profit d'hommes au pouvoir. Même d'autres investisseurs promettront à des comparses congolais de leur céder des biens immeubles, à la fin de l'exploitation.

[16] La coopération avec la Chine consistait en fournitures de cobalt pour son industrie d'armement, considérées comme du pillage par un Panel de l'ONU.

Des raisons d'inviter et d'y aller !

Pékin. Affaires étrangères. Le drapeau arborant la façade est véritablement immense. Dans les salles, il y a des cartes géographiques qui placent l'Asie au milieu de la Terre, avec l'Amérique à l'Est et l'Afrique à l'Ouest. Ici, le Congo est un pays occidental du Sud. Une terre éloignée. Ses guerres et ses atrocités étaient peu visibles.

Subitement, des images congolaises, impressionnantes, avaient envahi la planète entière. En janvier 2002, le volcan Nyirangongo avait vomi sa lave dont les coulées fumantes dévoraient imperturbablement une partie de la ville de Goma. Des traînées rougeoyantes terminaient leur course dans les eaux paradisiaques du lac Kivu. Ce *tsunami* fut aperçu à Pékin.

Quatre jours plus tard, il y eut cinq *répliques* de vagues d'images saisissantes et insoutenables. Les premières de la guerre silencieuse au Congo.

Le reporter Ted Koppel de la chaîne américaine *ABCNews* avait d'abord programmé le lancement d'une nouvelle série télévisée pour le 11 septembre 2001. Mais les attentats de Ben Laden avaient accaparé et gardé les écrans télé pendant cinq mois. En janvier 2002, c'est la colère du volcan qui servit d'introduction aux cinq épisodes d'*Au Cœur des Ténèbres*[17]. Cela exaspéra une autre colère de Ted :

« Au cœur du continent, un petit pays avait subi le génocide, mais ce génocide qui a horrifié le Monde a plongé dans le chaos un pays 100 fois plus étendu. Il a causé plus de morts que toutes les autres guerres combinées. Le 11 septembre (2001),

[17] *Au Cœur des ténèbres* (1902) de Joseph Conrad est le roman du continent noir le plus lu et le plus commenté, selon Stephen Smith, *Carnets de voyage au Congo*, chroniques Le monde, été 2002.

3.000 personnes sont mortes dans les tours du World Trade Center. Mais au Congo, presque autant de personnes meurent chaque jour ! »

Les Américains, ébahis, découvraient les drames congolais. Telle la veuve M'Sevumba, 42 ans et dix orphelins à nourrir, dévalant les pentes montagneuses de Bukavu, courbée sous une charge de 100 kilos portée sur le dos et retenue par un bandeau ceinturant et écrasant le front.

C'était bouleversant ! Mais une aubaine pour Pékin. Car la compassion de Ted Koppel sera aussi chinoise. Et Pékin se dépêcha d'envoyer une septième invitation à Kinshasa.

À l'époque, tous avaient perdu la guerre, pour avoir été des pupilles de *petits* pays voisins.

« Impuissant et culpabilisé, l'homme politique se réfugiait et se ressourçait dans la ruse. Il se dépouillait de toute volonté politique. Même de guerre lasse, il se hâtait lentement. Il ne traînait pas seulement les pieds ; il freinait des deux pieds ! »

Il y avait trois groupes de belligérants, adossés à Luanda et Harare pour Kinshasa, à Kampala, pour Beni-Gemena et à Kigali, pour Goma. Kinshasa s'élargit de milices, parfois cannibales, jusqu'à leur faire attribuer le gouvernorat de la riche province minière du Katanga.

« Ils avaient été placés sous la médiation de l'ancien président botswanais Sir Quett Ketumile Joni Masire. Celui-ci piloterait *le dialogue intercongolais* à Sun City, ce temple des jeux et de loisirs en Afrique du Sud. Mais personne ne voulut voir que le médiateur venait de présider l'enquête africaine sur le génocide rwandais et qu'il était formaté pour ménager les préoccupations et les intérêts des *survivants*. Ceux du Rwanda, le véritable auteur et responsable du conflit, d'hécatombes et de traumatismes importants et durables. Autant de crimes qui passeront *à perte et profits.* »

En janvier 2002, une *Table ronde* réunit à Bruxelles 85 délégués congolais issus de la société civile et de l'opposition politique non armée. Ils promirent de parler un autre langage que celui des belligérants.

La réunion de Bruxelles fut relayée et amplifiée, en février, par « la voix de la paix »[18] : la nouvelle Radio Okapi, lancée par les Nations Unies. Elle révélera le professionnalisme des journalistes et chroniqueurs congolais.

Toujours à l'époque, la capitale exposait au pouvoir, qui s'y abritait, une population nombreuse et indisciplinée, qui empêche, et qu'on empêche aussi, de dormir… Mais la mégapole, qui pourrait abriter toute la population du Rwanda et plusieurs fois celle du Congo-Brazzaville, avait aussi quelques avantages : l'auréole du prestige, les meilleures communications, les sièges des institutions et des représentations diplomatiques. Dont la Chinoise ! Et le monopole des invitations de Pékin.

À Kinshasa, au mois de mars 2002, la perspective d'être invité à Pékin fit rhabiller en toute hâte la connexion chinoise, décriée par les experts de l'ONU sur le pillage !

« *NOUCO*, dotée d'une concession minière de 39.606 hectares, devint *Congolaise des Mines pour le Développement (COMIDE)*, dont 20 % revenaient à *GCM*, 39 % à l'État et 41 % à *Congo Investment Corporation (CICO)*. »

En ce même mois de mars 2002, le Congo était ensanglanté avec des affrontements armés, un peu partout sur le territoire.

---

[18] Radio Okapi.

Mais, à Sun City, on ne s'en souciait pas : tous spéculaient la désignation du futur chef de l'État.

Trois[19] candidats s'étaient annoncés. Ils avaient en commun d'avoir pactisé à un moment ou à un autre avec Kigali. Depuis 1997, le Rwanda recherchait un dirigeant congolais, même complaisant, mais qui pourrait le rassurer et permettre la continuité de sa « politique de domination géostratégique »[20].

Deux[21] postulants étaient d'un âge avancé et auraient pu être le père du troisième. Junior avait dix à quinze années de moins que l'âge habituel de 40 ans pour être éligible.

L'un était ancien Premier ministre charismatique, mais par trois fois précaire et retors. Il avait lutté pour le système d'un chef de gouvernement fort qui tiendrait tête à un président de la République. Maintenant, il avait changé de credo et se disait partisan d'un régime avec « un président qui est, en même temps, chef de gouvernement ».

Surnommé « le Sphinx », il avait couru rencontrer Kagame à Kigali et manqua une parade militaire à Kisangani où venaient d'avoir lieu des massacres[22] de civils congolais. L'ambitieux minimisa ses propres *trahisons* :

« Le Rwanda est un petit pays, qui a besoin de sécurité. Durant des années, j'ai combattu Mobutu, l'un des plus grands dictateurs d'Afrique. Pourquoi aurais-je peur de Kagame ? »

[19] Il y eut un 4e prétendant de l'opposition extérieure.
[20] Juge espagnol Fernando A. Merelles, 2008. In *Le Géant*, op. cit p. 194.
[21] Ils formeront un tandem qui a flirté avec Kigali et qui s'opposera aux accords de Sun City. En 2005, ils s'autoproclameront président et Premier ministre. En 2016, ils s'uniront à Genval, en Belgique, pour remplacer le plus jeune, Junior, qui fera 17 ans au pouvoir.
[22] Colette Braeckman, *Le Soir,* juillet 2002

Le deuxième prétendant était un homme d'affaires : poissonnier industriel, éloigné du Congo à cause d'une condamnation à la suite de la mort violente d'un sujet grec. Après dix années prospères en Zambie, il devait fuir ce pays d'asile, depuis que son allié avait perdu les élections présidentielles. Il cherchait à rentrer au Congo par la grande porte ; celle du sommet, tapissé d'opportunités d'affaires et d'immunités judiciaires…

Pour cela, il se pointa à toutes les négociations préparatoires de la paix : à Gaborone au Botswana, à Addis-Abeba en Éthiopie, puis en Afrique du Sud. Il avait rallié le mouvement pro rwandais qui lui accordera sa vice-présidence et un siège de sénateur de la transition.

Il se voulait rassurant et ratissait large en prétendant que :

« la conduite de la transition devra être confiée à une personnalité neutre, politiquement vierge, qui n'aurait pas l'ambition de se présenter aux élections et qui serait un bon gestionnaire, crédible et au-dessus de la mêlée ».

Il s'introduisait en politique avec une marque de famille. Un triptyque fait d'une fortune *bling-bling* aux origines impossibles à retracer au travers des feuilles d'impôts, de la direction d'une grande équipe de football national qui attire et confédère des supporters et alliés politiques subliminaux, et de démagogie.

Il était aidé, et il sera imité, par son demi-frère, Mos[23], plus jeune de vingt ans, et qu'il nommait « mon fils ». Mos qui était le *cousin ethnique* de Fra, battit campagne auprès des délégués, dans les chambres de Sun City. Pendant ce temps, au pays, sa fondation voulut rafraîchir les murs d'une

[23] Moïse Katumbi, futur gouverneur de la province minière du Katanga.

université et distribuer gratuitement des sacs de farine de maïs[24]. Ses partisans furent arrêtés.

Kinshasa se méfiait de cet homme d'affaires. Il avait été l'allié de Fréderic Chiluba, le président zambien. Un fin manipulateur qui avait porté assistance aux deux invasions rwandaises de 1997 et 1998, puis concocté la conférence de paix de Lusaka, en 1999.

En ce début 2002, la Zambie avait un nouveau président : Levy Mwananasa. Voilà que cet adversaire et tombeur de Fréderic faisait du Chiluba. Il avait convoqué des chefs d'État d'Afrique centrale en vue de relancer les pourparlers de Sun City. Pour Kinshasa, cela était suspect.

Le sommet devait se tenir le 22 mars ? Lusaka pouvait attendre. Junior, le *septième visiteur* surprit tout le monde en arrivant à Pékin, la veille. Le 21 mars.

Le brevet de l'Académie

2002 ! L'année chinoise du Cheval de l'Eau, synonyme de retrouvailles, de festivités et de renouveau. Mais se rendre à Pékin le jeudi 21 mars 2002 ? Quelle idée !

Ce n'était même pas le début de la saison de printemps dans l'hémisphère nord ! À cette date, la météo pékinoise est sèche et ensoleillée, mais la température dépasse rarement zéro degré. Un sale temps pour la septième *visite d'État* congolaise en Chine[25]. Mais c'était obligé…

Pékin avait le même président, Jiang Zemin, qu'en 1997.

---

[24] Aliment de base dans la province du Katanga

[25] Chefs d'État invités : Joseph D. Mobutu en 1973,1974,1980, 1982,1994 ; Laurent-D. Kabila en 1997 ; Joseph Kabila en 2002 et 2005, pour ce récit.

Le vendredi après-midi de l'arrivée, il affirma, sans *rire jaune*, qu'ils avaient toujours été préoccupés par la recherche de la paix au Congo.

Puis, essuyant une larme de crocodile, il assura qu'il compatissait aux souffrances du peuple congolais et aux lourdes pertes subies au cours du conflit. Puis, il insista :

« La souveraineté et l'intégrité territoriale du Congo doivent être respectées. Les armées étrangères doivent quitter le pays ! »

Les Chinois sont, avec les Nord-Coréens, les champions du monde des mises en scènes politiques, grandioses, chorégraphiées et colorées. Ils firent un portrait officiel du jeune visiteur :

« Debout, au pied du *drapeau rouge aux 5 étoiles*, dont la plus grande pointait sa tête rase, comme la langue de feu du Saint-Esprit qui avait irradié les apôtres de Jésus ! La bordure de l'emblème affichait en mandarin et en caractères noirs sur fond blanc : *« Université de la Défense Nationale »*. »

La mise en scène fut parfaite. Pour toute formation, Junior n'avait effectué en 1998 qu'un séjour académique éclair de trois mois[26] seulement. La photo remplacera le brevet de formation militaire[27] à Changping, près de Pékin.

« Bien entendu, les Chinois connaissent cette absence de formation et ils ne la mentionnent pas dans les bilans de leur coopération. Car Vieux avait une fausse idée du nationalisme et de reconstruire l'État ; il avait demandé, insisté et supplié qu'une seule personne soit admise à Changping plutôt qu'un groupe d'officiers ou que la Chine forme des troupes d'une

[26] Colette Braeckman - *Le Soir* - mars 2001

[27] En 1997, Vieux avait demandé aux Chinois une formation militaire, non pas pour l'armée et des officiers congolais, mais pour Junior !

armée républicaine[28]. Il avait en tête l'installation d'une dynastie. De son côté, Junior avait peut-être cru que trois mois suffisaient pour valoir Sandhurst ou Westpoint ou qu'un portrait remplacerait un vrai diplôme ! Par naïveté ou fascination pour la Chine ! »

À Pékin, des investisseurs privés accoururent auprès des membres de la délégation congolaise. On assista à des scènes surréalistes :

« Deux Australiens, promoteurs de projets, avaient obtenu un rendez-vous avec le ministre de l'Agriculture, Pêche et Élevage. Il les reçut, chaussé de tongs, dans sa chambre d'hôtel et les installa sur son propre lit. Il leur demanda s'ils étaient *solides* ; s'ils lui versaient une commission ![29] »

Après la signature de quelques accords, ce fut le retour. L'escale technique à Dubaï permit la visite du fameux *Jebel Ali port terminal.* L'étoffe de chef d'État était dans les bagages. Une étoffe chinoise :

« Ainsi, Pékin intervenait dans l'arène politique congolaise, en donnant à Junior une stature d'homme d'État, au moment où les Congolais devaient désigner un dirigeant. Ils l'ont fait pour 2003, ils le feront avec des promesses d'infrastructures en 2006, 2011 et même 2018. »

Le débriefing

Kinshasa, avril 2002. La Présidence de la RD Congo est installée au Palais de la Nation, premier siège du parlement. C'est là que Lumumba fit un doigt d'honneur au roi des Belges qui était pourtant dans ses meubles. C'est pour ce monarque qu'on avait bâti le palace. Avec un abri antiatomique. Lors de la Deuxième Guerre mondiale, le

---

[28] M. Yabili, op.cit. p 160

[29] Lieve Joris, op.cit. p 142

gouvernement de Bruxelles s'était réfugié à Londres. Mais avec la guerre froide, le Congo était devenu une zone de repli stratégique de l'*OTAN* avec des bases militaires à Kamina et à Kitona. Kinshasa reçut une piste d'aviation de 4.694 m ; à l'époque, la plus longue du monde ; elle sera choisie par la *NASA* comme aire de secours aux lancements des Navettes Spaciales. C'est dans l'ancien palais royal qu'on éplucha les quatre fruits de Chine.

À tout seigneur tout honneur, Frangin (Fra) fut promu ministre délégué à la Présidence de la République. Il reçut la charge des entreprises étatiques dont il sélectionnera et assujettira les dirigeants à ses directives.

Il sera vite ébranlé par les rapports du Panel des Nations Unies sur le pillage. Ces accusations le feront quitter le gouvernement, et la lumière.

« Il deviendra un homme de l'ombre. Dans une obscurité qui lui autorisera tout ! »

Plus tard, Fra émergera comme secrétaire général du gouvernement de transition.

Puis, ambassadeur itinérant. Il en gardera le nom !

Ensuite, Brother (Bro), son *frère*, et un autre diamantaire israélien, Chaim Leibowitz, furent désignés pour représenter la présidence de la RD Congo auprès de l'administration américaine. Ils rencontreront Condoleezza Rice et son assistant Jendayi Frazer, chargé de l'Afrique.

Les Israéliens se vanteront d'avoir obtenu la rencontre au sommet de Junior avec George Bush, en novembre 2003.

Par ailleurs, la connexion minière chinoise dans l'ex-*NOUCO* fut *reliftée.* On créa *CICO* qui absorba les 39 % de l'État et totalisa 80 % de *COMIDE*. Les autres actionnaires étaient des inconnus, avec, parmi eux, des Chinois.

La *Commission Lutundula* dénoncera les dirigeants de *COMIDE* qui « s'adonnent à l'exploitation artisanale à leur guise et à leur profit ».

Enfin, la Chine fit une entrée fracassante dans les infrastructures.

Les premiers chèques totalisent 110 millions

La Nationale Nr 1 prend naissance à Moanda[30], au bord de l'Atlantique. Mais elle commence utilement à Matadi qu'elle relie à Kinshasa. En 1893, des Chinois, *coolies*[31], avaient participé à la pose de premiers rails, parce que « sans chemin de fer, le Congo ne vaut pas un penny ».

Maintenant, la voie terrestre était plus importante que la voie ferrée de Stanley, défaillante et à faible capacité. Mais la route bitumée était dégradée.

La RN1 avait d'abord été réparée, à Mitendi, avec l'aide du Koweït[32].

En 1998, l'Union européenne (UE) finança le tronçon Mitendi-Inkisi dans l'enveloppe de 90 millions EUR du *programme d'appui à la réhabilitation (CE/PAR)*[33].

Suivirent trois années de guerre avec suspension des aides.

En 2001, l'UE paya 20 millions EUR à des entreprises locales[34], pour reconstruire 67 km de la Nationale Nr 1, entre

[30] Le bitumage du tronçon Moanda-Matadi sera réalisé pour 2020.
[31] Nom des ouvriers chinois du rail à l'époque, parfois synonyme d'esclave.
[32] Le Fonds Koweïtien refera surface en mars 2008 avec 13 millions de dollars pour le bitumage d'une avenue à Kinshasa, le premier des « cinq chantiers ».
[33] Programme de 1995. L'UE intervint aussi à Bankana (Kinshasa-Kikwit).

Kinshasa et Mbanza-Ngungu. L'inauguration partielle aura lieu, discrètement, en juillet 2002.

En avril 2002, une grande cérémonie marqua le triomphe du septième voyage en Chine. On entrait dans la nouvelle ère de la reconstruction du pays. Avec les Chinois ! Avec le lancement de 193 kilomètres du restant de la route, entre Mbanza-Ngungu et le Pont Mpozo, près de Matadi.

Ce chantier fut perçu comme une retombée directe du voyage en Chine, mais il s'agissait d'un programme de la *Banque Mondiale (BM)*.

Ce qu'il y avait de chinois, c'était la *China National Water Resources and Hydropower Engineering Corporation* (CWEC), une filiale de la société étatique *Sinohydro Corporation* qui avait remporté le marché financé par la *BM.*

Par la suite, le contrat avec l'institution de Washington fut étendu à la construction de 3 ponts et à 18 millions USD.

Mais la réalisation chinoise ne sera pas satisfaisante, à cause, notamment, du poids des véhicules et de leurs cargaisons. Il en coûtera la bonne réputation des Chinois[35].

« Les grandes entreprises d'État chinoises raflent les contrats… elles acceptent, par exemple, un chantier d'un million USD et le cèdent pour 800.000 USD à une entreprise plus petite, qui le cède à son tour et ainsi de suite, jusqu'à ce que l'entreprise qui, in fine, exécute les travaux n'a pas assez d'argent pour terminer le projet…[36] »

---

[34] Entreprises *Safricas, Parigec, Afritec, Isari, Eti-Betec.*
[35] Il se remarqua que les Japonais bâtissaient mieux les routes et avenues.
[36] Lieve Joris, Op. Cit p143

Petit à petit, les Chinois obtinrent presque tous les marchés routiers financés par les *Bailleurs Internationaux* : *Banque Mondiale* et *Banque Africaine de Développement (BAD*).

Sinohydro gagnera les derniers 8,4 kilomètres de la route Kinshasa-Matadi, puis la liaison Masimanimba-Kikwit-Basthamba et 29 millions USD pour la route Beni-Niania.

La *Compagnie Nationale Chinoise des Travaux des Ponts et Chaussées (CNTCPC)* gagnera 21,6 millions USD pour 486 km de la route Bukavu-Kasongo.

En 2002, les Chinois de *Sinohydro* et de *CNCTPC* avaient obtenu un pactole de 110 millions USD de travaux. Avec des bénéfices commerciaux juteux, car ce sont des entreprises commerciales de génie civil…

On ne parlera plus guère de l'Union européenne ou de la Banque Mondiale, ni des nombreux autres contributeurs à la reconstruction du Congo. Les Chinois s'étaient incrustés dans le paysage et dans l'imaginaire, comme les bâtisseurs des infrastructures. Les bâtisseurs de la RD Congo.

En réalité, ils construisaient, en recourant à des sous-traitants dont les qualifications étaient variables.

« En 2016, les investissements chinois en Afrique représenteront 1,2 pour cent[37] seulement du total de l'investissement direct à l'extérieur (IDE) de la Chine à l'échelle mondiale. Avec le risque que le degré de qualité des constructions chinoises en Afrique soit faible ! Mais, dans la pratique, les Chinois étaient capables de construire n'importe comment, selon la qualité qu'on leur exigeait[38]. »

---

[37] International Centre for Trade and Sustainable Development.

[38] Thierry Pairault, spécialiste français de la Chine-Afrique.

Presque toujours, avec de l'argent des *« Occidentaux »*[39] !

L'afflux des « électrons libres »

La visite d'État de 2002 avait été courte. Malgré cela, la rumeur se répandit sur les 10 millions de kilomètres carrés[40] de l'ancien Empire du Milieu : les Chinois étaient les bienvenus en RD Congo. Un pays de cocagne ! le nouvel Eldorado pour la *troisième classe* : la catégorie d'individus, des électrons libres en quête d'améliorer leurs vécus.

Depuis de nombreuses années, le Nr 6 de l'avenue Dong Wu Jie n'avait plus hébergé d'ambassadeur congolais. On n'y disposait même pas de connexion internet. De simples conseillers réglaient les affaires courantes, dans un quartier prestigieux qui abritait aussi la représentation du Cameroun, le Centre des Expositions Nationales de l'Agriculture et l'hôtel Sheraton Grande Muraille.

Les candidats à l'émigration en RD Congo commencèrent à affluer. Ils arrivaient à la représentation congolaise par l'une des seize lignes de bus, ou par le Métro numéro 10.

Là, des diplomates impayés se montraient fort serviables pour satisfaire toutes les sollicitations. Ils se mirent à monnayer de vrais-faux visas. Même des passeports congolais furent remis à des Chinois[41]. Leur afflux irrésistible trouva à l'arrivée, un *comité d'accueil* congolais :

---

[39] Vu de la RD Congo, la Chine appartient bel et bien au camp des *« Occidentaux »*. Pékin est un des 186 actionnaires de la *Banque Mondiale (BM)*. C'est à tort qu'on l'a prise comme une institution des « Occidentaux », opposés à la collaboration Sud-Sud. D'ailleurs, entre 2008 et 2012, le Chinois Lin Yifu fut le premier vice-président de la *BM*. Un autre Chinois, Shaolin Yang, a été « Managing Director and World Bank Group Chief Administrative Officer ».

[40] 9.641.144 kilomètres carrés, hors Taiwan.

[41] Dans *Katanga Business*, un film documentaire de Thierry Michel.

« Quelle que soit la température, ils sont engoncés dans des vestons qui leur donnent l'air emprunté. Les plus aisés portent des lunettes dorées, parfois des Ray-Ban et lorsqu'ils n'apostrophent pas les visiteurs avec arrogance, réclamant carnet de vaccination et permis de circuler, ils prennent un air hypocrite et souffreteux, qui donne envie de leur jeter quelques francs pour s'en débarrasser[42]. »

Aux complaisances au départ de Pékin s'ajoutant, en aval, des coups de fil des *zotorités*[43] enjoignant de laisser entrer les Chinois, les *cerbères* locaux et autres chiens renifleurs à l'arrivée, se mirent à marchander des visas et des permis de séjour. Les clandestins chinois deviendront une source de revenus pour les réseaux de trafic d'influence et de corruption. N'étant pas toujours en règle, ils étaient d'abord rançonnés, puis protégés avec de l'impunité.

Comme ils restaient invisibles dans les registres des frontières, nul ne saura jamais exactement combien de Chinois avaient débarqué au Congo.

C'était tout le contraire auprès des services de l'immigration de la Zambie voisine ; ils compteront jusqu'à 80.000 nouveaux résidents chinois. L'Angola sera même plus précis avec 241 visas de travail en 2004, 1.970 en 2005, 14.322 en 2006 et 22.100 (dont 57 dépendants)[44] en 2007[45].

Au Congo, on estimera qu'en à peine deux années, le nombre de Chinois au Katanga minier aurait bondi de 42 à 4.000 personnes, puis à 5.000 l'année suivante. À la fin de la décennie, ils seront près de 6.000, rien qu'à Kinshasa. La plus forte concentration aura lieu dans la zone minière de

---

[42] Colette Braeckman, *Congo : Plongée dans un pays en guerre (3)*, Le Soir.
[43] Autorités.
[44] Conjoints ou parents à charge
[45] Indira Campos et Alex Vines - *Angola and China, a pragmatic partnership* - CSIS- 2008. En 2010, il y aura 70.000 Chinois.

Kolwezi, faisant présager l'implantation d'une véritable province chinoise. En douceur. Une sorte de colonisation *choisie*[46] par les Congolais !

Les Chinois s'étaient incrustés dans le paysage. On parlait de « frères chinois », bientôt identifiés comme des apparentés d'une nouvelle tribu locale : celle des *ba*-Chinois, aux côtés des *ba*-Suku, des *ba*-Hoyo, des *ba*-lala et des autres ethnies congolaises.

On les voyait partout, sur les routes, ponts, hôpitaux, dans le commerce. Dans les grandes villes et dans les coins les plus reculés, et même dans les mines d'or de Niania, une des zones les plus dangereuses de l'Ituri[47]. Ils apprenaient rapidement les langues locales[48].

Cela inquiétait certains Congolais :

« Nous aussi, nous avons le droit de mettre en compétition le faible coût de notre main d'œuvre. On laisse les Asiatiques nous envahir avec leurs cultures et aptitudes : ils sont plus travailleurs, moins rouspéteurs ; ils ont le sens de la souffrance, du sacrifice suprême et de la profondeur du long terme. Ils écrasent la main-d'œuvre locale. Libéraux, ils créent des réseaux commerciaux pour écouler leurs propres produits. »

Il y aura même de vraies prostituées, dont un groupe venu du Setchouan[49]. *La Triade*[50] leur avait promis du travail en France. Elles se retrouveront à faire des passes à 100 USD dans des bars de karaoké de Kinshasa. Ces femmes

---

[46] Parodie de Nicolas Sarkozy, alors ministre de l'Intérieur, qui voulait passer d'une "immigration subie" à une "immigration choisie", 2006.

[47] Dans l'extrême Nord-est du Congo, en pleine forêt équatoriale.

[48] Solange Ayanone, Baudry Aluma, Alphonse Nekwa Makwala, *Syfia* http : //syfia-grands-lacs.info/index.php5 ? view = articles & action = voir & idArticle = 1694²par

[49] M. Yabili, Op.cit.

[50] Mafia chinoise.

refuseront d'être rapatriées par la police chinoise, accourue pour les libérer. Selon elles, travailler au Congo était plus profitable. « Nous gardons pour nous la moitié des gains ! » Elles ne seront pas non plus expulsées[51].

Car, mêmes filles de joie, tous ceux qui venaient de Chine étaient des « investisseurs », et bienvenus au Congo !

Spécial bonbons chinois

Les *électrons libres* amenaient des masses de produits chinois[52] : vêtements, électroménagers, articles de traite, bibelots démarqués, médicaments et matériels médicaux. Même des produits alimentaires : poulets, abats de volaille, riz, boîtes de conserve. Jusqu'à des tilapias, alors que les 86.000 km^2 de plans d'eau fourniraient 750.000 tonnes de poissons, pour seulement 200 à 250.000 tonnes produits annuellement. De nombreux articles étaient contrefaits : des appareils marqués *NOKAI* pour *NOKIA* ou *PHLHPS* pour *PHILIPS.* Les Congolaises tressaient moins les cheveux naturels crépus, pour consommer jusqu'à 3 tonnes par an de cheveux naturels venant de Chine[53], désormais la plus grande exportatrice de perruques, postiches, mèches et extensions, grâce à un parc de 200 usines spécialisées. Cela, malgré la concurrence de cheveux indiens et brésiliens. Ils vendaient tout, absolument de tout !

« Les Chinois ont introduit des films pornos et des articles apparentés que des enfants colportent dans les rues en plein jour… Ils pensent que les Congolais, ayant plusieurs femmes, en ont sûrement besoin. [54] »

---

[51] Convention sur la traite des êtres humains et la prostitution. Quinze prostituées furent secourues ; deux proxénètes chinois, arrêtés (AP).

[52] J. Marcel Mbuyi – *L'Avenir.*

[53] En 2002. Contre 2 tonnes pour le Nigéria, mais 10,2 tonnes pour les USA.

[54] Lieve Joris, Op.cit p 146.

Des aphrodisiaques chinois avaient rejoint des *tangawishi* le gingembre congolais. Outre le ginseng, il se vendait dans les rues des *Spécial Bonbons chinois* en pommades, poudres ou comprimés réputés traiter en quelques jours « la faiblesse sexuelle ou l'éjaculation précoce, ainsi que les hémorroïdes, les rhumatismes et les maux de reins »[55]. Ils écoulaient des mouchoirs imprégnés d'aphrodisiaques appelés *« truquer le match »* [3].

Mais rapidement, des médicaments chinois seront interdits parce qu'ils provoqueraient des blocages de reins[56] et même des décès. À l'exception remarquable des ACT[57], ces nouvelles combinaisons d'antipaludéens qui triomphaient des souches résistantes de la malaria. Grâce à une molécule tirée d'une plante d'origine chinoise[58] : *l'artemisia annua.*

René Dumont

L'irrésistible invasion des marchandises chinoises était *soft* et indolore. Cela dans toute l'Afrique. Tellement elles étaient bon marché !

Les bas prix chinois apportaient, par eux-mêmes, une sorte d'augmentation du pouvoir d'achat. On pouvait acquérir davantage de biens. Par exemple, acheter deux motos pour la moitié du prix, rouler avec l'une et affecter l'autre aux pièces de rechange pour la première. Ensuite, les pannes fournissaient de l'emploi et des revenus aux revendeurs pour les remplacer, et aux artisans, pour les réparer.

---

[55] *Le Potentiel* – 2002.

[56] Ministère de la Santé et Cliniques Universitaires de Kinshasa, janvier 2007.

[57] Artemisinin Combination Therapies.

[58] Qui rapportera le prix Nobel de médecine 2015 à Tu Youyou.

L'équation semblait *gagnant-gagnant*. Ce serait du « développement », tolérable pour des populations peu exigeantes du *rapport qualité-prix*.

Néanmoins, on signalait déjà qu'en 2002 :

« les électroménagers fabriqués en Chine, tombent très vite en panne, contraignant à en racheter plusieurs fois dans l'année, et au final, ils coûtent plus cher. »[59]

Les téléphones mobiles chinois avaient une durée de vie moyenne de deux mois seulement. La plomberie asiatique ne survivait pas davantage.

Les pagnes chinois perdaient les couleurs ou raccourcissaient au premier lavage. Les notices des produits étaient en chinois ; les appareils électroniques affichaient des menus en caractères chinois ; les prescriptions des médecins chinois étaient en mandarin. Etc.

Cette exploitation des consommateurs n'était pas nouvelle.

En 1949, René Dumont avait voulu acheter un réveille-matin chez un boutiquier grec qui le lui arracha des mains parce que c'était « un article de traite[60] ; il ne marche que quelques jours ! » La camelote n'était vendue qu'à des Noirs, enthousiastes et naïfs.

De manière paradoxale, René Dumont a eu une mauvaise réputation. Auprès de ceux qui ne l'avaient pas lu. Qui ne lisaient guère et pour lesquels le seul titre de son livre célèbre *l'Afrique noire est mal partie* aurait clamé que le continent ne s'en sortirait pas ! Mais c'était le contraire du contenu de

---

[59] www.beltrade-congo.be/index2.php?page=5706&PHPSESSID=6610cc. 72047d35b705447a8c1cd7f5d2.

[60] Marchandise de faible valeur servant au troc, à l'échange d'autres produits.

l'ouvrage, et de l'homme ! En réalité, René Dumont[61], agronome et géographe fut un grand militant tiers-mondiste. Un pionnier de l'écologie politique.

Dumont avait aussi rencontré des commerçants chinois :

« Ils achetaient du « café avec une boîte vide de lait concentré. Il leur suffisait d'entourer le haut de la boîte d'une large main… pour accroître de 20 % le volume de grain nécessaire à la remplir… Le mois d'après, les Chinois recommençaient à voler sur le poids, sur la multiplication du poids par le prix, sur la masse des petits billets délivrés sur le comptoir et qu'on n'a pas le temps de vérifier. Sans compter les surbénéfices sur la vente d'articles de traite[2] ».

L'auteur raconte l'histoire de ce roi africain qui avait cédé son territoire en échange, notamment, de six pièces d'eau-de-vie de 200 litres et de quatre caisses de liqueurs[62].

René Dumont signale à ses lecteurs européens :

« On ne peut refaire l'histoire, et la nôtre ne s'inscrit pas en échanges fructueux pour les deux parties. En contrepartie des esclaves, de la gomme, de l'ivoire, de l'or et d'autres « vraies richesses », l'Europe introduisit en Afrique surtout la pacotille et la verroterie, les pagnes, bijoux et tabac, la poudre et les armes à feu, et l'alcool. »

En ce début de XXIe siècle, il n'y avait plus d'*esclavisations*, mais il y avait toujours des richesses naturelles. Il n'y avait plus de verroterie, mais une gamme de produits faisant miroiter un statut social. Il n'y avait plus d'Européens, mais des Chinois.

---

[61] Mort le 18 juin 2001.

[62] René Dumont, *L'Afrique noire est mal partie*, Éditions du Seuil, 1962.

Dans la mythologie grecque, les commerçants étaient dans la même catégorie que les voleurs sur lesquels veillait le même dieu Hermès ![63]

« Et les Chinois auraient le commerce dans le sang ! »

Le premier « martyr » des Chinois

Les produits chinois, de qualité acceptable, vont dans les pays qui en surveillent la qualité. Malheur aux populations vivant sous le seuil de pauvreté[64] ; elles sont désarmées à la vue de marchandises attractives, mais de piètre qualité ou de grande fréquence de remplacement, non pas par *obsolescence programmée*, mais par malfaçons. Des produits insalubres, dangereux ou incommodes à l'usage.

Pour les économistes, le mauvais rapport qualité-prix des produits chinois constituait une réelle baisse du pouvoir d'achat et entretenait la pauvreté. Pour des juristes, cette tromperie sur la marchandise était un problème d'ordre public, exposant à des sanctions pénales. Pour des idéologues, un défi au patriotisme et à la souveraineté.

Dans tous les cas, les populations avaient besoin de protection, de la part de ses dirigeants. Mais pour la première fois dans l'histoire des jeunes nations indépendantes[65] d'Afrique, des dirigeants prenaient le parti des exploiteurs du vécu quotidien des gens. Ils réincarnaient les chefs traditionnels qui avaient collaboré avec les *esclavisations*[66].

« Ce laxisme et cette trahison venaient de l'absence de transparence dans les relations avec les Chinois, et, en général,

---

[63] Ces abus étaient commis par d'autres étrangers, et même des Congolais.
[64] 1,25 USD par jour. Le cas pour la moitié des populations d'Afrique.
[65] Les pratiques marchandes des chefs traditionnels avaient été au cœur de la traite d'esclaves et de la pénétration coloniale.
[66] Néologisme des traites d'esclaves, selon Catherine Coquery-Vidrovitch.

avec la Chine elle-même. On ne savait pas ce qu'on avait reçu, donné ou promis. D'où des paradoxes. »

Les Chinois se plaignaient de l'absence d'État de droit et de la corruption alors qu'ils s'étaient asservis à des gens qui les protégeaient et les couvraient d'impunité[67].

Il arrivait que des Chinois disjonctent. Le week-end du 1er au 2 mars 2003, à Kinshasa, un Congolais avait tenté de restituer une marchandise impropre, qu'un Chinois lui avait vendue. Le commerçant lui répéta que « les produits vendus ne sont ni repris ni échangés ». Comme le Congolais insistait, le Chinois lui enfonça un couteau dans la poitrine ![68] Ce fut le premier *martyr* des Chinois.

Une année à peine, après *le septième voyage.*

---

[67] Les étrangers emprisonnés étaient essentiellement des Chinois (2007).
[68] Un employé, congédié et réclamant ses indemnités de départ, sera poignardé. Comme un ouvrier refusait de forer, le contremaître chinois lui brûlera les parties génitales.

Une indifférence insolente

La transition politique

2005. Déjà vingt mois de transition politique avec un gouvernement de cohabitation, coiffé par un président assisté de quatre vice-présidents[1]. La gouvernance du pays était polluée par la tentation de passer directement du statut de belligérants à celui de gouvernants élus et celle d'arracher par les urnes la victoire absolue d'une guerre qu'aucun n'avait gagnée. Les mauvaises habitudes et les calculs allaient faire le nid d'un *État sauvage*. Une nouvelle ère d'absence d'État !

La priorité revenait à la survie personnelle, avant tout financière. Plusieurs n'étaient pas sevrés du pillage ; ils avaient excellé à tout donner, vendre ou brader ; à tout mettre en jeu sans limites, même raisonnables :

« comme ces femmes en couches qui pleurent et poussent des lamentations assourdissantes, pouvant atteindre le niveau de 120 décibels des marteaux-piqueurs et dépasser le seuil de cris de douleur. À ce stade aussi, des parturientes griffent et mordent leur entourage ; même essoufflées, elles poussent encore avec toutes leurs dernières énergies pour expulser bébés et placentas. Comme ces mères épuisées et étourdies, les politiciens congolais balanceraient tout, même les richesses naturelles et collectives du pays. C'est ainsi qu'ils ont vendu le pays ! »

En réalité, les fameuses richesses de la RD Congo, comme toutes les matières premières au monde, sont liées à l'Histoire des relations internationales. Au Kasaï, on ignorait totalement le diamant. Au Katanga[2], on ignorait le cobalt. De plus, aucun carat de diamant, aucun gramme de cobalt n'est consommé localement. Il a toujours fallu échanger les biens et services avec de lointains étrangers.

---

[1] Appelé « gouvernement 1+4 » : un président et quatre vice-présidents.

[2] Même les premiers exploitants belges ignoraient le Cobalt.

« La colonisation avait ponctionné 260 millions de carats de diamants, mais de l'indépendance à 2007, on en avait extrait 430 millions. Pour le cuivre on avait prélevé 4.900.000 tonnes[3] en 52 ans de colonisation et autant en 37 ans d'indépendance. Et, 72.000 tonnes de cobalt contre 165.000 après 1960. Seule la production de l'or avait diminué de 248 à 103 tonnes.[4] »

Fin 2002, les pourparlers de paix avaient abouti à un *Accord Global et Inclusif*[5] et à une transition de deux ans, portée à trois ans en 2006.

C'était à Sun City. Seul Kinshasa avoua le crime d'avoir conclu des contrats sur les ressources naturelles. Ils seraient examinés par le parlement de transition. À cet effet, la *commission parlementaire Lutundula* reçut des fonds de la Banque Mondiale[6]. Mais elle ne pourra ni présenter son rapport ni recommander des annulations ou des régularisations de contrats.

Heureusement, il y eut des fuites[7]. Malheureusement, les rentes de pillage, décriées par le Panel de l'ONU, survivront sans corrections ni réparations véritables.

« la *Commission Lutundula* avait siégé de 2004 à juin 2005, échéance de la période de transition, mais sans avoir allongé ses assises avec la prolongation de la transition à 2006, et sans jamais rendre publiques ses constatations et recommandations. Puis, en septembre 2005, les plus grands contrats miniers avaient été ratifiés dans la précipitation par le pouvoir sortant. L'enjeu de la Commission avait été bloqué, annihilé. Par qui ?

[3] Dans les années 2010, la production du cuivre (NB de plusieurs grades de qualités et incluant de simples concentrés) dépassera un million de tonnes. Nominalement, quatre années représenteront tout le prélèvement colonial.

[4] Kalala Budimbwa, ingénieur des mines.

[5] Pretoria, 16 décembre 2002

[6] 443.000 USD (293.000 USD août 2004, et 150.000 USD janvier 2005).

[7] Rapport complet sur http://congomines.org/system/attachments/assets /000/000/209/original/Lutundula-2006-ReportComplet.pdf?1430928066

Aux négociations de paix à Sun City, en Afrique du Sud, les rebelles avaient déclaré qu'ils n'avaient pas conclu de contrats miniers ou commerciaux qui leur survivraient. C'est la délégation de Kinshasa qui avait demandé un répit et proposé que les conventions soient examinées par le Parlement de transition. C'est ce même pouvoir qui avait survécu à Kinshasa ; impliqué et intéressé, il avait fait verser le rapport Lutundula dans les oubliettes de l'Histoire. Et Lutundula lui-même rejoignit les rangs du pouvoir… »

Le 1er juillet 2002, la Cour Pénale internationale (CPI) entra en fonction. Cela incita le secrétaire général de l'ONU, Koffi Annan, à avertir publiquement les chefs de guerre congolais qu'ils s'exposeraient désormais à des poursuites pour crimes de guerre et crimes contre l'humanité.

Le tout premier condamné[8] sera Congolais[9].

« Les Africains seront hostiles à cette juridiction, parce qu'elle les poursuivra en premier. En fait, la CPI intervient en seconde ligne, en cas de défaillance des États. Le 3 mars 2004, Kinshasa s'estimant incapable d'enquêter et de poursuivre ses criminels, écrivit à la CPI pour qu'elle se saisisse directement des affaires congolaises de sa compétence.

Ainsi la meilleure façon de ne pas faire intervenir la CPI serait que les tribunaux africains jugent eux-mêmes les crimes commis sur le continent. L'autre limitation de la CPI sera budgétaire ; avec une moyenne de 25 millions USD de frais par dossier, le tribunal n'en examinera guère.

La véritable critique envers la CPI est qu'elle n'impressionnera pas réellement ; les crimes se poursuivront sans « la peur du

---

[8] Jim Freedman, *A conviction in question: the first trial at the ICC*, University of Toronto press, 2017.

[9] Thomas Lubanga, en 2012. J.P.Bemba fut poursuivi, condamné puis acquitté pour des actes commis en République Centrafricaine, dont la Cour se déclara incapable de juger.

gendarme international ». Au Kenya, par exemple, les poursuites exemplaires engagées contre Uhuru Kenyatta[10] et les mises en garde pour le scrutin de 2017, n'empêcheront pas de nouvelles violences et victimes des joutes électorales, bien qu'en nombre réduit. De même, la condamnation de Jean-Pierre Bemba[11] pour « responsabilité du commandant » n'incitera pas des chefs d'État et chefs des armées à la retenue. Des hommes affectés à leur garde rapprochée continueront à commettre des crimes. Ce n'est qu'en 2017 que la RD Congo quittera la liste des pays utilisant des enfants soldats, etc. »

Le temps des parrains

L'Histoire n'est jamais linéaire. Et selon la théorie de *l'entropie*, tout peut arriver, dans la mesure où « *des désordres d'aujourd'hui pourrait naître l'ordre de demain* » ! Des événements imprévus peuvent survenir, opérer des inflexions, des retournements, voire des reculs.

Même dans l'obscurantisme, ou avec horreur. Dans les deux cas, il n'y a pas de fatalité, mais des regrets, des prix élevés à payer, des malheurs et la nécessité d'appréhender la quintessence des événements, leurs ramifications, implications et conséquences, et les remèdes indispensables.

« Sans apprentissage, l'humain reste dans l'animalité. »

Les Congolais avaient pensé qu'après Mobutu, il n'y aurait pas de pire dictature ! Mais c'est une pluie de météorites incendiaires qui s'étaient abattus sur tous les secteurs. Le pays pouvait évoluer, mais avec fragilité. La population ne totalisait pas autant de générations éduquées et intégrées à la vie moderne que les doigts d'une main. Les changements durables pouvaient être aussi aléatoires que des constructions

[10] Poursuites abandonnées en 2016 et qui portaient sur les violences électorales qui avaient fait 1.300 morts lors de la présidentielle de 2007.
[11] Condamné à 18 ans de prison en 2016, mais acquitté en appel, en 2018.

dans la grande forêt : la nature sauvage reprend vite ses droits et submerge tout.

Avant de se rendre en Chine, en 2002, *le septième visiteur* avait été chouchouté par l'Occident. Au lendemain de son investiture, il avait été reçu à Paris par le président français, avant de traverser l'Atlantique pour le « petit-déjeuner de prière »[12] où participaient 4.000 invités, dont le nouveau président élu, George W. Bush[13].

« On venait de fort loin. Au début du conflit de 1998, Kinshasa n'avait pas la bonne cote auprès de la Communauté internationale. Il a fallu attendre le 9 avril 1999 pour que le Conseil de Sécurité des Nations Unies exige l'arrêt immédiat des hostilités. Et le 6 août 1999, pour le déploiement des premiers observateurs militaires. »

Il a fallu ensuite toute la détermination de quelques personnalités : Jean-David Levitte, l'ambassadeur et représentant français à l'ONU, ainsi que le Premier ministre belge, Guy Verhofstadt, et son ministre des affaires étrangères, Louis Michel.

L'Occident disait vouloir aider les Congolais à résoudre leurs problèmes. Mais à leur propre rythme ; par consensus, voire par des compromissions.

Kinshasa signa toutes les réformes

Kinshasa 1996. Des banderoles suspendues en travers des rues principales proclament « Kengo, il faut *auditer* ! ». Le Premier ministre avait convoqué les chefs des entreprises publiques et les avait rudoyés :

---

[12] « Prayer breakfast », organisé chaque année par le Congrès américain.

[13] Il y rencontra Paul Kagame. La rencontre avec Bush aura lieu en 2003.

« Vous êtes des mandataires, mais vous vous comportez comme si les biens et les revenus de l'État vous appartiennent. Cela va finir ! »

L'audit révéla une gangrène généralisée. Puante et sale. C'est cette déliquescence qui facilitera, en fin d'année, la rapide invasion rwandaise et la chute de Mobutu, l'année suivante. Elle renaîtra, comme un cancer !

Kinshasa 2001, après cinq ans. Il fallait réformer l'État :

« En ce moment où j'accède aux hautes charges de la République, je lance un appel solennel et pathétique à la jeunesse congolaise pour la défense des intérêts vitaux de la Nation et pour assumer notre destin[14] ».

À 29 ans, l'orateur était devenu le plus jeune chef d'État en exercice. Mais dans l'histoire, il sera sans doute celui qui n'avait jamais été préparé, même pas par lui-même, à la fonction. Il aurait pu, s'il l'avait voulu, capitaliser le bénéfice du doute et redresser le destin de son pays. Par exemple, il s'était opposé au culte de la personnalité[15]. Et lorsqu'on lui demanda[16] : « nulle part on ne voit d'affiches vous représentant. Vous n'avez toujours pas de portrait officiel. Pourquoi cette discrétion ? », il avait répondu sèchement :

« Je connais mon visage ! Cela ne m'intéresse pas d'en avoir le reflet ailleurs que sur mon miroir ! »

Oui ! Il est parfois bon d'être novice. Il fit semblant d'accepter les réformes suggérées dans l'*Emergency Early Recovery Project* de la Banque Mondiale, et il promulgua, à un rythme soutenu, des lois majeures :

---

[14] Discours d'investiture du 26 janvier 2001.
[15] Marcel Yabili, *Je connais mon visage* , Mediaspaul, 2015.
[16] *Jeune Afrique*, 30 juillet 2001.

« les tribunaux de commerce (3 juillet 2001), les associations sans but lucratif (20 juillet 2001), l'organisation de l'armée et de la police (26 janvier 2002), le code des investissements (21 février 2002), la banque centrale (7 mai 2002), le code forestier (29 août 2002), le code de conduite de l'agent public imposant la déclaration des patrimoines (3 octobre 2002), les télécommunications et la poste, et le Code du travail (16 octobre 2002) le code de justice et le Code pénal militaire (18 novembre 2002), l'agence nationale de renseignement (11 janvier 2003), la réforme des procédures fiscales (13 mars 2003), le règlement minier (26 mars 2003). Ainsi que la constitution de la transition (4 avril 2003). »

La réforme phare fut incontestablement le Code Minier (11 juillet 2002). Un exercice osé, en période de guerre. Le texte, qui allait régenter les années à venir ne réussira même pas à assainir le secteur ni à stopper le pillage. Il restera orphelin d'une double lacune de jeunesse : l'absence de perspicacité et de volonté politique.

« Pour des juristes, outre des aspects inconstitutionnels, le texte, rédigé à l'anglo-saxonne, était illisible dans un pays appartenant au système des droits napoléoniens dont les règles reposent sur des notions, davantage que sur des énumérations. Le code minier est le plus mauvais texte ! »

Toutes ces lois ne seront pas ratifiées sous le régime constitutionnel, alors qu'elles avaient été votées unilatéralement par l'*Assemblée constituante et législative-Parlement de Transition (ACL-PT)*, celle d'une seule branche belligérante qui siégeait à Lubumbashi, la seconde ville du pays.

De son côté, la *Communauté internationale*, déterminée à avancer et à aboutir, avait présumé que tous les autres emboîteraient les grands pas de Junior, au départ de la capitale Kinshasa qui était sa favorite, par inertie.

Pour rendre populaires les dirigeants et convaincre les Congolais des bienfaits de la paix, elle réalisa de nombreux chantiers à *« impact visible et immédiat sur les populations*[17] *»* dont la réhabilitation de routes, écoles, hôpitaux. D'abord dans la zone gouvernementale, sur un arc de 2000 km allant de Matadi au sud-ouest à Lubumbashi au sud-est. La partie Nord et Est, occupée par la rébellion, fut servie après la réunification du pays et sous la présidence du locataire de la capitale, ce qui lui rapporta des dividendes politiques supplémentaires.

Junior, le Kinois, avait un avantage certain sur les autres protagonistes. C'était lui qui signait toutes les lois nouvelles et présumées réformatrices.

Il pouvait, s'il l'avait voulu, garantir les réformes et en revêtir l'habit de lumière pour l'Histoire, faisant à jamais de l'ombre aux autres prétendants à la direction du pays : ces derniers les trouveraient et s'y soumettraient.

Les aides publiques au développement

Kinshasa. Les informations circulent davantage par la « radio-trottoir ». De bouche-à-oreille. On se méfie de l'objectivité ; le copier-coller et la recherche du sensationnel alimentent l'imagination fertile, parfois nauséabonde, avec des *infox*[18]. C'est le cas des aides internationales :

« Sur les réseaux sociaux, on dit qu'on ne donne rien pour rien, que les aides rapportent davantage aux donateurs. Mobutu avait interpellé avec un « qui aide qui » ? On parle de « l'idiot utile », des Occidentaux qui endorment la population au bénéfice de ceux avec qui ont des intérêts. »

---

[17] Voirie urbaine, transport, alimentation en énergie électrique, agriculture, hydraulique rurale, infrastructures de la santé et de l'éducation.
[18] « Fake news » (commission d'enrichissement de la langue française, 2018).

Cela exclut plusieurs éléments d'appréciation. Ces aides sont-elles toutes de même format ? Jamais elles n'ont absolument rien apporté à ces pays ? L'intérêt des uns exclut-il toujours celui des autres ? Les aides sont-elles de *l'opium du peuple*, visant à subjuguer les assistés ?

En réalité, ces donateurs-prédateurs y sont obligés...

Depuis 1970, l'ONU demande aux pays développés d'affecter 0,7 % de leur produit national brut à l'*Aide Publique au Développement (APD)*[19].

Les *APD* sont soit des dons soit des prêts (assortis de conditions de faveur avec une libéralité d'au moins 25 %) ou de l'assistance technique[20], à l'exclusion de volets militaires. Les *APD* vont dans des pays et des secteurs ciblés, mais leur volume est en deçà du taux[21] de performance ; des pays font du tapage, d'autres n'en parlent guère. Les résultats sont mitigés.

L'aide au développement a été critiquée par Dambisa Moyo[22]. Pour la Zambienne, les pays aidés sont moins motivés, tandis que ceux qui reçoivent peu d'assistance sont plus déterminés à s'en sortir. Moyo exprimait le syndrome hollandais, la malédiction des matières premières. Mais :

″La RDC est devenue en 2003, le pays le plus assisté au monde, détrônant le Pakistan[23]. ″

Les aides[24] à la RD Congo échouèrent[25]. Presque toutes !

---

[19] De 2008 à 2012 les *APD* à la RDC ont été de 16,5 milliards en USD constants, dont 7,3 mds provenant de l'UE et 2,3 mds, des USA.
[20] www.ocde.org et *Wikipedia*.
[21] 0,42% du PIB en moyenne pour l'UE en 2014.
[22] Dambisa Moyo, *L'aide fatale*, JC Lattès, 2009.
[23] Chris Dakua in www.congoindependant février 2005.

Les donateurs étaient entravés dans des idées fausses et des stéréotypes sur la pauvreté, les souhaits et les besoins réels des gens, sans pouvoir comprendre, par exemple, que des pauvres trouvent que « la télévision est plus importante que la nourriture »[26] ! Ils ne percevront pas le *manque de volonté politique* des Congolais, pour qui « ruser est la force du pauvre contre le riche[27] ». Que Moyo appellerait *syndrome congolais*.

Autre *infox*[28] : « Aucun pays n'a jamais été développé avec l'aide de la *Banque Mondiale*[29] ou le *Fonds Monétaire international* ! » Cela est vrai, puisque les pays ne sont pas placés sous leurs tutelles. Mais on ne peut nier le fameux *Plan Marshall* qui a relancé seize pays d'Europe. De plus, c'étaient des aides *liées,* obligeant à se fournir aux USA, et à faire tourner l'économie américaine. Bref, à aider les USA à aider l'Europe !

On devrait dire plutôt :

« On n'a jamais vu un pays se développer sans bonne gouvernance ou lutte contre la pauvreté. Des conditions, non pas *occidentales,* mais universelles ».

De même, les programmes de la *BM* sont élaborés par des experts, des agents ponctuels, recrutés par appels d'offres.

---

[24] Théodore Trefon, *Réforme au Congo, attentes et désillusions*, L'Harmattan, 2009, *Congo la mascarade de l'aide au développement,* L'Harmattan, 2013.

[25] En 2013, la *Cour des comptes européenne* a critiqué les aides au Congo de 2003 à 2011 pour l'organisation des élections de 2006 et 2011, les réformes de la justice et de la police, la refonte des finances publiques et le processus de décentralisation. Cette aide s'élevait à 1,9 milliard EUR dont 72% attribués à des projets de développement, le reste se répartissant entre l'aide humanitaire et la coopération en matière de sécurité et de politique - *Radio Okapi.*

[26] Abhijit Banerjee, Nobel d'économie 2019, à Die Welt, lesoir.be, 15.10.2019.

[27] S. Melmot - *Échec de la réforme du secteur de sécurité*– IFRI – 2008.

[28] Ou « fake news »

[29] La *Banque Africaine de Développement (BAD)* a des actions semblables.

De telles propositions, devenues des projets, peuvent être imprégnées d'erreurs et de visions dévoyées par la médiocrité ou la vénalité de certains spécialistes.

" D'où la nécessité d'une réelle volonté politique du pays, pour se servir utilement de la *BM*[30] et des autres partenaires financiers : bien étudier les projets et, ensuite, les exécuter au mieux de ses réalités[31] et de ses véritables intérêts."

On oublie aussi que les financements de la *BM* ont des durées de vie limitées ; il faut les utiliser à temps. Sinon, ils sont perdus[32]. Certains programmes sont cofinancés par la *BM* et le pays, et sont exécutés trait pour trait, avec des décaissements parallèles. Sinon, ils sont bloqués.

La *BM* est avant tout une banque ; ses prêts dits « crédits » sont remboursés avec intérêts et autant de bénéfices pour la banque, mais autant de surcharges financières pour les pays endettés. C'est cette contradiction qui a bouleversé la logique

---

[30] C'est le cas de la *préférence nationale*, ou la priorité aux entreprises du pays, décriée au temps de la mondialisation. La *BM* l'encourage en accordant aux entreprises locales une pondération de 15% dans leurs offres de prix, pour qu'elles gagnent des adjudications internationales.

[31] L'économie locale était affaiblie par l'endettement de l'État. La *BM* chercha à ce que les dettes intérieures soient payées pour que les entreprises se remettent à fonctionner, à créer et entretenir des emplois, à payer des impôts, etc. Elle injecta des dizaines de millions USD. Alors que 10% du financement auraient désintéressé les créanciers congolais, on paya des étrangers qui n'opéraient plus. Par la suite, les fonds propres alimenteront une chasse aux créanciers étrangers qui se contentaient du peu qu'ils recevaient. Mais des Congolais resteront impayés, et ruinés. La production locale restera en berne.

[32] En 2007, seuls 454 millions USD furent décaissés sur une enveloppe de 1,74 milliard du Programme multisectoriel d'urgence de reconstruction et de réhabilitation (PMURR). En 2016, la *BM* se plaindra : « alors que le Gouvernement a besoin de plus de financements externes, nous constatons malheureusement une baisse de taux de décaissements et des délais trop longs pour la mise en valeur des projets ». *ACP*.

traditionnelle des financements et abouti aux mécanismes *iPPTE*[33] et *iADM*[34].

Par ailleurs, les bénéfices ne sont pas distribués aux pays actionnaires ; la banque en fait des dons. Ces libéralités visent à stimuler la croissance économique, réduire les inégalités et améliorer la vie des plus démunis. Les dons vont également à des pays menacés de surendettement.

«Historiquement, la *BM* avait d'abord financé la RD Congo via la *Banque internationale pour la reconstruction et le développement (BIRD),* chargée des pays à revenus intermédiaires et solvables, en période coloniale ainsi que sept fois entre 1975 et 1989. Par la suite, tous les autres financements avaient été réalisés par l'*Association internationale de développement (IDA)*, en sorte que la RD Congo était considérée comme pays pauvre, depuis 1969."

À son retour en RD Congo, en 2001, la *BM* ouvrit grand les cordons de la bourse avec une première injection de 1,75 milliard USD en quatre ans[35].

«Les premiers programmes étaient composés de 13,5 millions USD[36] pour l'éducation, la santé, l'hydraulique, les pistes rurales et les infrastructures urbaines, 55 millions USD[37] pour les infrastructures, les projets intégrés, les réformes institutionnelles et la lutte contre le Sida. Il y eut ensuite quatre

---

[33] Initiative de Pays Pauvre Très Endetté.

[34] Initiative d'Allégement de la Dette Multilatérale.

[35] L'équivalent de 2,376 milliards en 2017. Principalement, en valeurs d' époque ; 31 juillet 2001: 50 millions pour *Emergency Early Recovery Project*, 13 juin 2002 ; 450 millions pour *Congo Economic Recovery Credit*, 6 août 2002 ; 454 millions pour *Emergency Multisector Rehabilitation and Reconstruction Project*, 29 juillet 2003 ; 120 millions pour *Private Sector Development and Competitiveness Project*, 11 septembre 2003 ; 214 millions pour *Economic and Social Reunification Support Project* et 24 février 2004 et 200 millions pour *Post-reunification economic recovery credit.*

[36] Programme de stabilisation et de relance économique (PSRE)

[37] Programme d'Urgence pour la Reprise Rapide (PURR)

lots de 42 millions USD[38], 101 millions USD[39], 123 millions USD[40] et 164 millions USD[41]."

En dix ans[42], il y aura 49 projets totalisant près de 3,4 milliards[43]. Il s'agira essentiellement de dons[44] ! Les crédits accordés entre 2002 et 2003 seront intégrés dans le paquet de l'annulation de la dette[45], en 2010.

Ce décor de bonnes relations avec les bailleurs de fonds internationaux était clairement planté depuis 2001 : il y aurait de grandes retombées financières en dons et en prêts.

La Chine le savait. Les Congolais le savaient aussi.

Ces injections pouvaient être *boostées* par une gestion rigoureuse et volontariste locale. Pour aller plus loin, et bien au-delà des projets *BM*. À l'époque, et quoique fort endettée *sur papier*, la RD Congo n'honorait aucune échéance ; elle ne subissait donc pas d'amputations budgétaires. Mais on continuait à prétendre que le pays était étranglé par le service de toute la dette extérieure, alors même qu'elle n'était jamais payée !

Avec les programmes *iPPTE* et *iADM*, les nouveaux financements seraient aussi effacés et deviendraient des dons.

---

[38] Projets Prioritaires à Impact Visible et Immédiat sur la Population

[39] Programme multisectoriel,urgence, réhabilitation, reconstruction (PMURR).

[40] Le Projet Compétitivité et développement du secteur Privé (CDSP)

[41] Projet d'Urgence de Réunification Sociale et Économique (PUSPRES)

[42] Depuis l'année fiscale 1969, la *BM* avait engagé 5,721 milliards USD ; 4,385 milliards USD depuis l'année fiscale 2001 et 2,904 milliards USD entre janvier et juin 2011. Email à l'auteur, C. Rockmore, expert BM, août 2011.

[43] 3,7 milliards en 2017. http://web.worldbank.org/external/projects/main?pagePK...

[44] « le portefeuille de la Banque mondiale en RDC est de 3, 4 milliards USD pour 29 projets repartis en trois secteurs clés : le développement durable, le développement humain et la gouvernance », ACP, 22 juin 2016.

[45] Email à l'auteur, Marie Françoise Marie-Nelly, country director, 2011.

Et à partir de 2005, il n'y aurait plus de nouveaux prêts ni d'endettements *insoutenables*, mais uniquement des dons ou des dettes *soutenables* :

« On ne prêtera plus au Congo qui ne peut rembourser ! »

Une indifférence arrogante et insolente

Pékin. Les horreurs du temps de Mao, les famines et la surpopulation, les travaux collectifs pénibles avaient peut-être durci les cœurs des dirigeants chinois. Difficile de faire plus pour le Congo que de la compassion protocolaire exprimée au début du *septième voyage*, à la suite des images de *ABCNews*. Auparavant, la Chine avait retiré brutalement son assistance médicale, au début de la guerre, pendant que l'ambassadeur chinois s'occupait des conquêtes commerciales, notamment dans le textile.

Le pays était empêtré dans les restes d'un conflit qui sera qualifié « le plus meurtrier » depuis la Seconde Guerre mondiale. On parlera de millions de morts. Jamais des milliards USD en destructions. Les Congolais avaient été abandonnés par tous. Sauf par les prédateurs, dont une entreprise étatique chinoise en relation avec Fra.[46]

Toute cette période, Pékin avait la possibilité, la capacité et le devoir d'intervenir, d'élever la voix, et de pointer le doigt sur les agresseurs et les pilleurs. Sur les plaies et les souffrances. Ça ne coûtait rien de parler, de dénoncer. Plusieurs fois, la RD avait déposé des plaintes au Conseil de Sécurité. Aucune n'avait été examinée.

« On sait comment ça marche, à la Maison de Verre[47] : il y a tant de dossiers qu'il faut un parrain pour qu'une matière soit

---

46 *NORINCO* qui avait échangé des armes contre le cobalt congolais.

47 Siège de l'ONU à New York.

inscrite à l'ordre du jour et qu'elle émerge du tas des situations de crise. »

Membre permanent de l'organe suprême de l'ONU, avec le droit de veto, la Chine pouvait imposer l'examen de la question congolaise, ce qui aurait contribué à la résolution et à l'abrégement du conflit. Il y aurait eu moins de morts et de destructions.

« C'était dramatique ! En 1960, il avait fallu deux jours seulement pour que la demande congolaise du 12 juillet soit examinée et satisfaite[48] le 14 juillet avec *l'ONUC*[49]. »

Mais au lieu de cela, Pékin s'était comportée comme « les trois singes de la sagesse » :

« je ne vois pas, je n'entends pas, je ne parle pas ! »

Toutes les déclarations de la représentation permanente de Pékin aux Nations Unies sur l'horrible conflit tiennent en dix-neuf lignes. Toutes !

De 1998 à 2001 : rien !

Le 7 mars 2001, l'ambassadeur Wang Yingfan a appuyé la nouvelle phase de déploiement de la MONUC[50].

Le 24 juillet 2001, Wang Yingfan a évoqué l'opportunité pour l'ONU de faire avancer le processus de paix en RD Congo, mais *molo* : « étape par étape, en suivant un programme bien établi ».

---

[48] Opération des Nations unies au Congo. Résolution 143 du 14 juillet 1960 : « Décide d'autoriser le Secrétaire général à prendre les mesures nécessaires en vue de fournir l'assistance militaire jusqu'au moment où les forces nationales de sécurité seront à même de remplir entièrement leurs tâches.

[49] Jusqu'au 30 juin 1964.

[50] Mission des Nations Unies au Congo, avec des observateurs (Bérets bleus) et des soldats (Casques bleus).

Le 1er juillet 2003, le porte-parole de l'ambassade à l'ONU a émis la déclaration chinoise la plus longue. En une trentaine de mots, seulement :

« Le gouvernement chinois a toujours agi pour soutenir le processus de paix en RDC. Nous avons envoyé à la MONUC nos observateurs militaires, des techniciens et des médecins et nous participons au CIAT (Comité International d'Accompagnement de la Transition en RDC). La Chine, en sa qualité de membre permanent du Conseil de sécurité, est prête à continuer à jouer un rôle constructif pour une solution rapide à la question congolaise. »

Le 16 octobre 2003, l'ambassadeur et représentant permanent Wang Guangya s'est adressé à la 58e assemblée générale pour évoquer les progrès de l'ONU dans la solution des crises au Libéria et en RDC[51].

Après 2003, rien !

Au cours de la même période, la Chine ne se montra guère dans les missions internationales accourues en RD Congo.

En 2000 eut lieu la toute première descente du Conseil de Sécurité de l'ONU à Kinshasa. Du 4 au 8 mai. Elle ramena la proposition de « constitution rapide d'un groupe d'experts pour traiter l'exploitation illégale des ressources naturelles et autres richesses du Congo ». Le Secrétaire Général fut chargé de créer le fameux « panel ». Un moment historique ! Mais sans la Chine qui n'avait pas participé à cette première mission.

---

[51] Le 16 avril 2008, le vice-ministre des Affaires étrangères Wang Yi a fait mention de la RDC dans le débat public du Conseil de sécurité sur les relations entre l'ONU et les organisations régionales, dont l'Union Africaine.

En 2001, Wang Yingfan, le représentant permanent et ambassadeur chinois, accompagna la mission dans les Grands Lacs du 15 au 26 mai.

En 2002, c'est le ministre conseiller chinois Chen Xu qui a voyagé avec la mission, dans la région des Grands Lacs du 27 avril au 7 mai.

En 2003, l'ambassadeur chinois Zhang Yishan a fait partie de la mission en Afrique centrale du 7 au 16 juin.

En 2004, le même Zhang Yishan a accompagné la mission en Afrique centrale du 21 au 25 novembre. C'est du bout des lèvres que la Chine s'engagea sur place, au Congo.

En 2005, Pékin chercha à effacer son boycott en 1998, lâche et honteux de l'assistance médicale à l'hôpital de Kintambo, à Kinshasa, et lança la construction, à l'autre extrémité, de *l'Hôpital de l'Amitié*, à Ndjili.

La Chine avait aussi financé une mission agricole pour améliorer les cultures maraîchères à Kinshasa en introduisant diverses variétés de riz, dont le riz de montagne, le riz de vallée et le riz des marais. Puis, avec la *FAO*[52], le riz *Yantau.* Cette variété très parfumée résistait aux maladies et à la pluie ; elle était dédaignée par les oiseaux et les rats prédateurs. Le *Yantau* avait une rentabilité élevée ; les six hectares expérimentaux auraient donné environ 40 tonnes.

La Chine fit aussi des annonces qui restèrent lettre morte : un barrage hydroélectrique au Bandundu, la réhabilitation de quatre quais du port de Matadi, ou la construction d'un centre commercial Sino-Congolais.

La même année 2004, disparut un des apports les plus importants de la Chine. 3.000 Congolaises s'étaient réunies

[52] Agence de l'ONU pour l'alimentation et de l'agriculture, basée à Rome.

au *Palais du Peuple*, pour la journée internationale de la femme. Elles chahutèrent le vice-président Azarias Ruberwa[53] qui les avait provoquées en s'apitoyant :

« Au nom de tout le peuple congolais et des dirigeants actuels qui viennent de toutes les composantes du dialogue inter-congolais, je demande pardon à la femme congolaise pour les violences et les abus dont elle a été l'objet durant la guerre ».

Pour le gouvernement, la priorité était les apparences de l'autorité. En désapprobation des protestations des femmes, il fut décidé que, désormais, le Palais du Peuple servirait exclusivement aux assises du parlement. Et à aucune autre manifestation. L'immeuble avait été construit par la Chine pour réaliser le projet colonial d'un palais de la Culture consacré aux performances artistiques[54]. La convertibilité en salle de congrès avait été une simple rentabilisation des lieux. On garda cet accessoire.

C'est ainsi que Kinshasa n'a plus de salle de spectacle[55].

Tant pis : la culture n'était plus une tasse de thé chinois…

Qui veut tuer la poule aux œufs d'or ?

2001, une abondante pluie tomba sur l'ensemble du pays.

Pas ces précipitations de gros nuages qui alimentent par alternance les affluents du nord et du sud de l'Équateur pour gonfler en permanence les eaux puissantes du fleuve Congo. C'était une pluie d'argent extérieur. Mais aussitôt, de nouveaux nuages commencèrent à voiler le ciel.

---

[53] Leader de l'ancien mouvement rebelle, le *Rassemblement congolais pour la démocratie (RCD-Goma)* prorwandais.

[54] Première pierre, posée en 1958, pour les 50 ans de la colonisation belge.

[55] En 2019, la Chine fera un financement de 100 millions USD pour la construction d'un Centre Culturel et Artistique pour l'Afrique Centrale ainsi que celle de l'Institut National des Arts.

La *Banque Mondiale (BM)* sera la principale pourvoyeuse de financements rapides, en déclenchant ses « procédures exceptionnellement accélérées ». Elle avait pris la précaution de ne plus remettre les fonds au ministère des Finances, et fit créer le *BCECO (Bureau Central de Coordination)*[56]. Son fonctionnement fut biaisé.

Avec Matata Ponyo, patron autocrate et sans directeur général adjoint, il y eut des dérives[57] sévèrement critiquées, des arrestations[58] et des accusations de surfacturation[59].

« À tous les niveaux de la décision, des mains sont mouillées. Tricherie, trafic d'influence, pots-de-vin, clientélisme... gangrènent le processus de passation des marchés publics, du lancement des appels d'offres à l'exécution des travaux. Pour réhabiliter seulement 12 km, une entreprise sans expérience ni engins et équipements adéquats a remporté le marché et recruta des ouvriers sur le tas, au chantier même. Plus de deux ans après la signature des contrats routiers RN2 et RN4, moins de 10 % des travaux furent réalisés pour un délai d'exécution de 18 mois[60]. »

Dès 2001, la *BM* avança plein d'idées, parfois originales.

En attendant la relance de l'exploitation minière au Katanga, les minerais pourraient être traités et raffinés en Zambie ; la société d'électricité serait scindée en trois entités : production, distribution et transport de l'énergie. Etc.

Les entreprises publiques devaient être réorganisées.

---

[56] Créé le 8 août 2001.Selon Le Phare, le *BCECO* avait conclu 189 marchés en 2004 pour 90 millions USD, soit une moyenne de 250.000 USD par jour.
[57] Témoignage d'un consultant. Il y eut un audit de la *BM*.
[58] En 2008 des chefs d'entreprises étrangers bénéficiaires de marchés.
[59] Accusation de 2013, contrat *MagEnergy* avec société d'électricité *SNEL*.
[60] www.lesoftonline.net – novembre 2005.

« Le 30 octobre 2002 fut créé le *Comité de pilotage de la réforme des entreprises publiques (COPIREP).* On tergiversera avec la réforme des entreprises publiques[61] qui n'aboutira même pas après 15 ans[62]. Bien plus, on créa de nouvelles sociétés étatiques, notamment *Congo Airways* à une époque où il n'y a plus guère de compagnies aériennes d'État qui soient rentables ! »

Toutes ces stratégies de la *BM* relevaient du *Private Sector Development and Competitiveness Project* visant la province du Katanga[63] et l'entreprise minière *Gécamines* (*GCM*), poumon de l'économie et des finances du pays. Cette entreprise publique devait être la première restructurée par le *COPIREP* ? Non ! Le 18 mars 2003, on créa le *Comité permanent pour la restructuration de la GCM* placé sous la tutelle directe de la présidence. Comme quoi, on construisait du parallèle pour contourner les programmes officiels, proposés et acceptés. Pour le bradage !

« La *Commission Lutundula* a constaté que la plupart des accords signés avec *GCM*, dans les années 1990 jusqu'en 2003, ont été négociés sans étude préalable des réserves en minerai transférées ni évaluation de la capacité des entreprises privées à exploiter ces minerais, ce qui a permis à des sociétés spéculatives de s'emparer de concessions sans développer les ressources en minerai et privé le gouvernement de revenus[64]. »

En particulier, la *BM* avait chargé dès 2002 la firme *International Mining Consultants* (*IMC*) d'élaborer une nouvelle entité privée, filiale à 100 % de la *GCM*. Le rapport d'*IMC* fut remis en 2003, mais Kinshasa traîna les pieds avant de l'approuver. Et lorsqu'il se décida à le mettre en

---

61 En 2008 et 2009, 45 entreprises publiques ont été transformées en sociétés commerciales, établissements publics et services publics ou ont été dissoutes.

62 En 2017, la *SNEL* (électricité) ne sera pas encore réformée. La libéralisation des assurances attendra 2019 pour mettre fin au monopole de la *SONAS*.

63 450 millions USD du Crédit pour le redressement économique (ERC) ».

64 Shannon Lawrence, *La BM en RDC*.

œuvre, ce fut après avoir « donné » les joyaux miniers du plan de restructuration !

Un autre exemple : la réduction des effectifs qui n'avaient pas d'emplois réels. La *BM* apporta une partie des indemnités légales de sortie, étant entendu que la *GCM* paierait le reste. Chose qu'elle pouvait très bien faire, même par échelonnements, au moyen des revenus provenant de la cession de ses installations. Mais on congédia le personnel avec la seule enveloppe de la *BM*.

Pire, on honora des « départs volontaires » pour satisfaire le *volume* recherché, au lieu de la *qualité*, en se séparant de ceux qui n'avaient ni d'utilité ni d'outil de travail. On fit partir des agents qui étaient nécessaires pour la survie de l'entreprise. On gomma son avenir.

« C'était fait exprès. C'est comme si on cherchait à tuer la *GCM* ! Le même acharnement se manifesta pour le diamant et la *MIBA*. »

Rootman, le Sudaf

Comment des jeunes, portés par le vent des réformes, pouvaient oser tuer une « poule aux œufs d'or » ?

Parce que casser les jouets est le propre d'enfants gâtés…

Vieux avait recruté, par l'intermédiaire de Frangin (Fra), le Sudaf Frans Rootman pour saisir des cargaisons de cobalt en cours de transport vers les ports de Dar es Salaam, en Tanzanie et de Durban, en Afrique du Sud. Rootman estima que les minerais valaient 150 millions USD. Comme ils n'avaient pas la mention *Gécamines* (*GCM*), il clama haut et fort qu'il avait découvert une grosse magouille. C'était un ignare ! À l'époque, il y avait deux producteurs de cobalt : *GCM*, dans les usines de Luilu à Kolwezi, et *Ridgepointe*, à

Shituru-Likasi. La *GCM*, endettée et menacée de saisies, notamment en Afrique du Sud, vendait son cobalt à la sortie d'usine ; les cargaisons voyageaient au nom des acheteurs. Fra fut chargé de vendre la prise de Rootman ; de gré à gré, sans profit pour *GCM.* Pour l'*État parallèle*. Il oublia de payer le Sudaf.

Des années plus tard, Fra avait pris du grade. Il ne veilla pas davantage au paiement de Rootman. Le Sudaf attaqua la RD Congo qui fut condamnée par le juge sud-africain Willie Hartzenberg à 12 millions USD. Fra ne broncha pas. Même indifférence lorsque le tribunal autorisa la saisie des biens de la RDC ; l'ambassade à Pretoria ne bougea pas non plus.

Un jour, la présidence de la République utilisa le jet d'affaires Falcon 50 9Q-CPK de la *GCM.* Un bijou : c'était le premier triréacteur long-courrier avec 8 à 12 passagers, conçu en 3D et construit avec des matériaux composites. En 2004, l'avion fut saisi à Lanseria Airport près de Johannesburg comme un bien de l'État, alors que la *GCM* était une entité distincte ayant la personnalité juridique. Cela n'émut pas davantage Fra. De leur côté, les dirigeants de la *GCM*, sous la tutelle administrative de Fra, ne purent réagir. Finalement, l'avion fut mis en vente publique pour 2,5 millions USD, alors que la mise à prix d'un tel appareil aurait dû être d'au moins 10 millions.

La *GCM*, qui avait perdu son cobalt, perdit aussi son jet.[65]

---

[65] Frans Rootman a continué à traquer les avoirs de l'Etat et des entreprises publiques en Belgique, en Israël, aux USA. Etc. Même à Kampala, après la condamnation de l'Ouganda par la Cour Internationale de Justice à dédommager le Congo. Mais lorsque Rootman voulut obliger le président sud-africain Thabo Mbeki à exercer des pressions sur Kinshasa, il fut débouté par-devant le juge Chris Botha de la Haute Cour de Pretoria.

Le prix fut partagé entre Rootman et *Executive Outcomes*, une ancienne entreprise de recrutement de mercenaires. Insatiable, Rootman relancera les saisies[66] !

Tout cet affairisme restait invisible, mais une affaire défraya la chronique. Brazzaville achetait son électricité à Kinshasa, et avait accumulé une dette de 45,5 millions USD. Plutôt que de payer directement, on fit un « montage d'une rare complexité faisant intervenir pas moins de huit sociétés domiciliées dans six pays différents »[67].

Kinshasa accorda une décote à sa créance pour ne garder le droit qu'à 32,7 millions USD. La totalité des 45,5 millions fut couverte par un financement de la banque *Paribas* à un intermédiaire qui remit à Brazzaville une commission de 4 % (ou 1,8 million USD) en gardant 11 millions USD comme « marge commerciale et financière ».

À Kinshasa, on ne parla que de 32,7 millions USD. Pas des 45,5. En haut lieu, on clama qu'on avait trouvé une solution très favorable, et on s'empressa de s'attribuer une prime de 3,6 millions USD, répartie entre le directeur de la présidence et plusieurs ministres[68].

Une mission parlementaire révéla l'affaire qui fit scandale et contraignit à la démission le directeur de cabinet du président, Évariste Boshab[69].

« L'épisode laissa des traces profondes de déliquescence de l'État[70]. Auparavant, une prime de recouvrement fiscal était accordée depuis 1989 aux fonctionnaires, aux services et aux

66 Se manifestant en 2007 pour une saisie sur le même aéroport sud-africain.
67 *La Tribune* – avril 2007.
68 Selon le député Mushobekwa, le ministre de l'Énergie avait demandé à la société d'électricité de remettre 10% à l'équipe qui a aidé au recouvrement.
69 Il deviendra président d'assemblée et chef du parti présidentiel, ministre…
70 En 2019, il y aura un scandale de 15 millions USD de commissions sur une décote de prix pétroliers. Affaire dite de « rétrocommissions ».

aviseurs[71] sur les pénalités infligées aux fraudeurs et fautifs. Mais la prime avoisinera 50 % et fera multiplier les contrôles et les pénalités abusives et spéculatives, pourrissant le *climat des affaires*, sans que l'Etat en profite réellement[72]. »

Pendant ce temps, en Afrique du Sud, Frans van Jaarsveld, avait gagné un autre procès à la Rand Supreme Court. Avec Rootman, il enquêta sur les fortunes sud-africaines de deux Congolais : Fra et le *fugitif* d'un mandat d'arrêt international belge[73]. Il découvrit que Fra aurait été le seul gérant de la société off-shore *Kikukat Investments* à Johannesburg, qui possédait une boutique « pour adultes » appelée *L'Amour* ; il aurait été également propriétaire de deux villas. Quant au *fugitif*, il aurait possédé une entreprise dénommée *Unit 101* à Sandown. Et Jaarsveld de s'exclamer : « la question est de savoir comment ces gens ont eu cet argent pour investir et le faire tourner en Afrique du Sud ?[74] »

Les deux Congolais avaient reçu un baptême de feu du Vieux. Fra avoua qu'il en était sorti aguerri[75]. Comme preuve d'audace, *le fugitif* fit enlever à Bruxelles Mr Davignon, son second dans la société *MIBA*.

C'étaient trop d'anomalies, répétées, partout et constamment. On retrouvait les mêmes acteurs sous diverses casquettes, sous le même parapluie.

« Ce n'était plus du hasard ou des coïncidences, des fautes ou des maladresses de jeunesse. C'était une vision. Un système : le « conglomérat d'opportunistes et aventuriers assoiffés d'argent, enclins à la rapine, au pillage. »

---

71 La personne qui dénonce la fraude.

72 M. Yabili, *50.000 taxes*, Mediaspaul, 2016 .

73 Il fut mis à l'abri comme député, puis ambassadeur à Kampala, en Ouganda.

74 Bonny Schoonakker dans *Sunday Times*, Johannesburg, juin 2004.

75 *Ma Vérité* op.cit.

Le Panel de l'ONU sur le pillage leva un pan de voile du système de « conglomérat » ou de « réseau des élites » :

« En 1998, l'ancien gouverneur de province, Jean-Charles Okoto, alias le *Fugitif* a été nommé Directeur général de la *Société minière de Bakwanga (MIBA).* Les diamants industriels et de qualité secondaire ont toujours représenté plus de 90 % de la production de cette société. La petite partie de pierres de qualité supérieure, qui représentait environ 4 % de la production, a diminué progressivement pour représenter à peine 1,8 % de la production totale. Une grande partie de diamants de très haute qualité de la *MIBA* est détournée et vendue à des fins de profit personnel par des représentants du Gouvernement. Des informations crédibles indiquent également que les autorités congolaises récupèrent régulièrement des millions de dollars provenant des ventes de la *MIBA*[76]. »

Pour la *Commission Lutundula*, le mandat du *Fugitif* à la tête de la *MIBA* avait été marqué par l'exploitation clandestine de diamants dans les installations de la société, par une gestion financière calamiteuse et par la cession de titres miniers à *Sengamines,* une association entre *Comiex*, l'entreprise personnelle et familiale de Vieux et des Zimbabwéens[77]. *Sengamines* avait reçu 45 % des réserves totales de la *MIBA*.

« Le gisement fut approprié par Vieux. Robert Tshibob avait expliqué à la Commission sénatoriale belge « Grands Lacs », dédiée au pillage en RD Congo que le père a fait prospérer son entreprise Comiex. « Toutes les recettes qui devaient revenir à l'État sont allées directement à Comiex que l'on retrouve dans toutes les joint-ventures. Mais Vieux, le père est décédé. Qui

[76] Rapport Panel des Nations Unies sur le pillage au Congo.
[77] La *Sengamines* opérée par *First African Diamond* resta une telle magouille qu'en 2008, la *commission de révisitation* des contrats miniers, pourtant acquise au pouvoir, avait recommandé la résiliation de la cession. Mais le gisement "familial" ne rentra pas à la *MIBA* et finira chez des Chinois.

hérite Comiex ? Junior, le fils ! Il possède une affaire qui progresse avec, à la base, une signature de Vieux, son père ! »

Par ailleurs, le *Fugitif* paya près de 80 millions USD à des entreprises d'armement tchèques et ukrainiennes en violation de l'embargo décrété par l'ONU, en se servant de son compte personnel à la banque belge *Belgolaise*. La Justice poursuivit le staff de la banque et le *Fugitif*[78] pour blanchiment. Éclaboussée, la *Belgolaise* sera liquidée et ses filiales africaines revendues, y compris la plus ancienne banque congolaise, *BCDC*.

La Draline de Bro

2003. Les anciens rebelles congolais se préoccupaient de leur sécurité dans la capitale, du partage du pouvoir dans le gouvernement et de la direction des nouvelles institutions. Ils n'avaient pas vu que tant que la *MIBA* fonctionnait, il y avait des diamants sur les marchés de Mbuji-Mayi. Mais lorsque la société arrêta ses activités, les comptoirs privés d'achats de diamants tarirent aussitôt…

Kinshasa, par l'entremise du *Fugitif*, avait dépouillé la *MIBA* de 45 % de ses actifs. Les 55 % de gisements restants étaient des rejets de l'ancienne exploitation alluvionnaire. Ils auront une seconde vie par un tamisage fin, depuis que les petites mains bon marché des Indiens Jaïns, dans le Gujarat, taillent 58 facettes dans de toutes petites pierres, jusque-là négligées.

Frangin (Fra) est, à l'époque, ministre près la présidence de la République[79], il relance son frère Bro dont la firme *Emaxon International Inc* obtient un nouveau monopole, de

[78] Il fut acquitté pour blanchiment, mais condamné pour enlèvement, en avril 2004 à Bruxelles, du belge Davignon, employé de la MIBA. Il fut aussi condamné avec ses trois kidnappeurs à 10.000 EUR de dommages et intérêts.

[79] Enquête parlementaire sur *Emaxon* http://www.laconscience.com/article.php?id_article=3300

quatre ans sur 88 % des diamants de la *MIBA*, le droit à un minimum de 480.000 carats par mois et un prix « convenu entre parties », diminué de 5 %.

En contrepartie, la *MIBA* bénéficiait d'un prêt de 15 millions USD dont 5 millions pour sa trésorerie et 10 millions, payés aux fournisseurs de matériel de production… choisis par Bro. Il avait lui-même acheté une nouvelle laverie de type NLK2, d'une capacité de 200 tonnes/heure. En particulier la gigantesque excavatrice *Draline*, en terrain marécageux.

La propagande de Kinshasa assurait que grâce à Bro, la *MIBA* allait augmenter sa production de plus de 2 millions de carats et ses recettes, de plus de 30 millions USD. Mais le Panel de l'ONU, le ministre en fonction[80] et la *Commission Lutundula* critiqueront le contrat *Emaxon*.

La production de diamants chutera de 80 %. Les équipements choisis et imposés par Bro seront à l'arrêt. Le peu de temps où elle fonctionnera, la *Draline* absorbera à elle seule la moitié de l'électricité de la ville. L'engin avait été servi par un seul opérateur : le Sud-Africain Mike Baby. Assassiné en juin 2006, Bro refusera de le remplacer.

À la fin, on ne fit pas les comptes. Malgré des protestations de députés. La *MIBA*, exténuée, garda sur les bras un tas de ferraille, facturée 10 millions USD ; mais pour lequel Bro sera finalement payé 25 millions !

[80] Pour le ministre Eugène Diomi Ndongala, c'était « un terrible contrat pour qui faisait perdre 2 millions USD par mois », Newsweek, décembre 2003.

Jean-Pierre Bemba

Début 2003. C'est la transition politique. L'homme de la *septième visite* en Chine, l'occupant de la capitale, garda la présidence de l'État.

Quoique assisté par quatre vice-présidents[81], il était bel et bien le grand maître des réformes suggérées et appuyées par la Communauté internationale. Elles avaient commencé à Kinshasa, avec ses institutions. Mais aussi avec ses dérives et ses mascarades.

Les autres belligérants s'aligneront sur sa ruse et ses pas de danse. Par exemple, il fut décidé de refaire l'armée nationale avec des officiers formés. Mais il nomma n'importe qui. Les autres firent de même, ce qui produira les rebelles Nkunda et Ntanganda qui déstabiliseront le pays[82].

Le vice-président Jean-Pierre Bemba sera plombé par son grade de « général » de son groupe rebelle, et empêtré dans les crimes relevant de la juridiction de la jeune Cour Pénale Internationale. Il n'avait pas puni à temps ses hommes, en Centrafrique. Ni, ceux, oubliés, au Congo :

« En novembre 2002, dans la région de Beni, les troupes de Bemba, conduites par Constant Ndima, alias *« Effacer le tableau »* et Didi Widi Mbuilu Masamba, alias *« Ramsès, le roi des imbéciles »* menèrent des raids, en mutilant des organes génitaux donnés à manger aux parents des victimes. Des têtes de Pygmées servirent de colliers ; des sexes humains, d'amulettes. Bemba organisa sommairement un tribunal militaire pour punir les coupables. Mais deux années plus tard, les Pygmées Angali Saleh, Kalindula Samuel et Amuzati Nzoki, amenés malicieusement à Kinshasa, l'accuseront devant la presse

---

[81] Gouvernement 1+4 (un président et quatre vice-présidents).

[82] Rebellions tutsies du *CNDP* (2006 à 2009) et du *M23* (2012).

internationale. Il réagira en présentant neuf autres pygmées, encore vivants, pour démentir les actes de cannibalisme[83]. »

À Kinshasa, Bemba avait la charge de l'économie. Diplômé et fils d'homme d'affaires, il faisait le « Beau prince ». La fine bouche. Se plaçant au-dessus de la mêlée.

Mais lors d'une réunion du Conseil des ministres, le président de la République avait demandé que les membres du gouvernement, en mission à l'intérieur du territoire national, en informent le ministère de l'Intérieur. Roger Nimy, ministre du Tourisme de Bemba, n'aurait pas accepté d'avoir à requérir un quelconque aval, pour se rendre dans son Bas-Congo natal. Il aurait mis en cause la compétence du président de la République et pointé ses insuffisances dans la maîtrise des dossiers discutés en Conseil. Il aurait aussi contesté sa nationalité congolaise ![84]

Bemba jouera plus tard la carte *« mwana mboka »*[85] lors de

la campagne électorale de 2006. Sur le moment, il voulut sauvegarder l'institution présidentielle. Il obligea Nimy à démissionner.

C'est dans l'économie qu'il afficha des visions.

Question infrastructures, Bemba calma l'enthousiasme de son ministre des transports Joseph Olenga Nkoy[86] à qui des Sud-africains avaient proposé un financement de 250 millions USD pour refaire l'aéroport N'djili. Pour Bemba, c'était « de l'endettement ! Il y a aussi un ordre de priorités : ce n'est ni une aérogare, ni ce prix-là ! »

---

[83] *Le Géant* Op.cit. p 21.
[84] Jean Moanda Vita www.congolite.com janvier 2004.
[85] Congolais authentique.
[86] En 2018, il assistera au lancement du chantier, financé par des Chinois.

Dans les mines, son ministre, Eugène Diomi s'agita[87] :

« Il a fallu passer de la logique de Vieux et de l'*Accord de Lemera*, selon lequel « le sol et le sous-sol appartenaient à l'Afdl[88] », à une logique managériale, et permettre la réappropriation par l'État de ses ressources naturelles, actuellement privatisées partout, au bénéfice de clans et groupes d'intérêts et de leurs alliés militaires. Une mafia avait pris en otage le secteur minier congolais[89]. Les gens de l'AFDL revendiquaient l'héritage familial du « sol et du sous-sol congolais ». Étant un ministre issu de l'opposition politique, faiblement représentée dans l'espace présidentiel, où l'opposition non armée est réduite à une dégradante « politique de service », mon combat a été celui de la confrontation de la « force de la loi » et « la loi de la force ».

Mais le ministre des Mines avait sérieusement dérapé.

Selon lui, pour *punir* la firme *Chemaf* impliquée dans le vol de concentrés de cobalt de la *GCM*, il fallait plutôt lui remettre la mine de l'Étoile, la toute première du pays ! Afin que ces voleurs puissent « travailler honnêtement » ! Pour le vil prix de 5.000.000 USD. Négocié de gré à gré.

« Un patron de *GCM* rassura que la cession ne représentait que 2 % de la société. Cela voulait dire que toute la *Gécamines* n'aurait valu que 250 millions USD ! »

La seule vente de mine. Comme les 29 autres contrats de *Gécamines* furent des associations, *Chemaf* sera épargnée de tout réexamen.

Peu après, en mai 2004, le *sujet* de l'humiliation par l'ancien ministre Nimy aurait riposté avec des preuves dites

---

87 Il annoncera un livre de révélations qui ne sera pas écrit.
88 Alliance qui a porté le renversement de Mobutu par les armes.
89 Marcel Lutete - *Le Potentiel* – mars 2005.

irréfutables de corruption contre plusieurs ministres, dont Diomi Ndongala, des Mines, et José Endundo Bononge, des Travaux publics et Infrastructures.

Il aurait eu à sa disposition des photos et des bandes-vidéo montrant les incriminés en train d'encaisser des pots-de-vin de la part d'opérateurs économiques expatriés[90]. Un ministre aurait lui-même demandé d'être photographié en berçant dans ses bras un million USD en billets verts. Bemba réagit et limogea Diomi. Le ministre avait aussi vendu 400 permis miniers, sous prétexte de « maximiser les recettes de l'État ».

Pour le vice-président : « à ce rythme, nous risquons de nous réveiller trop tard, pour constater que nous avons vendu toutes nos mines ! »

Mais, en janvier 2005, Bemba lui-même se serait mouillé dans le bradage minier[91].

« Le fabuleux gisement de cuivre de Tenke-Fungurume avait été confié en 1996 à une société au capital de 45 % pour *Gécamines* (*GCM*) et 55 % pour *Lundin.* Le projet visait un investissement de 1,8 milliard USD, un *pas-de-porte,* ou prime de cession, en faveur de *GCM* de 250 millions USD et une production annuelle de 400.000 T de cuivre et 16.000 T de cobalt. Mais en janvier 2005, Jean-Pierre Bemba écrivit à *GCM* et à *Lundin* pour mettre à exécution une « réunion par vidéoconférence », tenue en décembre 2004 dans les bureaux de la Banque Mondiale à Washington et à Kinshasa. On avait réduit le *pas-de-porte* à 100 millions USD et la production, à 40.000 T de cuivre. Le nouveau capital ramenait *GCM* à

[90] *Le Potentiel*, mai 2004.

[91] Le Potentiel, *Scandale minier au Katanga,* avril 2005.

17,5 %. Un offshore logé aux Bermudes, obtenait 82,5 % regroupant *Lundin* et l'américaine *Phelps Dodge*[92]. »

« Ainsi, c'est sous le gouvernement 1+4 que « des exploitants miniers ont reçu, en l'absence de tout appel d'offres publiques et sans la moindre transparence, les mines les plus riches du monde pour trois fois rien. Ils revendaient ensuite avec de plantureux bénéfices les droits d'exploitation à des groupes plus importants (et pas nécessairement compétents). Les bénéfices n'alimentaient pas le trésor congolais, mais des comptes de sociétés offshore dans des paradis fiscaux »[93]. »

---

92 À la décharge des Américains, ils réaliseront l'investissement le plus important avec près de 3 milliards USD : sur fonds propre et sans financements bancaires. Même les Chinois ne feront pas cela. *Phelps Dodge* sera racheté par *Freeport-McMoRan Inc* qui revendra *TFM* à des Chinois, en 2016.

93 Erik Bruyland, *Trends.*

Je t'aime, moi non plus !

Le temps des pionniers

On ne le dira jamais assez : il n'y a pas de déterminisme dans le cours de l'Histoire. En RD Congo, le locataire de Kinshasa incarnait des réformes décisives, tout en déployant des ailes coupées qui empêcheraient son pays de décoller ? Cela pouvait encore changer !

Début 2004, Junior entreprit une grande tournée officielle à Paris, Londres, Berlin et Bruxelles. Toutes en charmes : politique et économique. Bruxelles déroula le tapis rouge.

« En juin 1960, lors des cérémonies marquant l'indépendance de l'ex-Congo belge, le 1er Premier ministre congolais, Patrice Lumumba, avait apostrophé à Kinshasa le roi Baudouin. Le *père de la nation* congolaise avait évoqué « une lutte de tous les jours, une lutte de larmes, de feu, de sang pour mettre fin à l'humiliant esclavage qui nous était imposé », dans un discours qui avait causé une profonde fracture entre les dirigeants des deux pays. En janvier 2002, la Belgique a présenté ses « excuses et ses profonds et sincères regrets » au peuple congolais pour ses « manquements graves » lors des circonstances qui ont conduit à la mort, en janvier 1961, de M. Lumumba[1]. »

Premier chef d'État africain reçu au Sénat belge, il dit :

« L'histoire de la République Démocratique du Congo, c'est aussi celle des Belges, missionnaires, fonctionnaires et entrepreneurs, qui crurent au rêve du roi Léopold II de bâtir, au centre de l'Afrique, un État… Nous voulons rendre hommage à la mémoire de tous ces *pionniers* ».

Le roi belge Baudouin n'avait pas parlé autrement à la cérémonie de l'indépendance, le 30 juin 1960. Voilà que les mêmes propos, qui avaient irrité Lumumba, sortaient de la bouche d'un héritier de lumumbiste !

---

[1] *AFP*- février 2004.

Les Belges, surpris, ne furent ni naïfs ni conquis. Marc Poncelet[2] critiqua la « fin de deuil colonial », « la douce amnésie ou le révisionnisme ». Il décrivit les *pionniers* :

« Le courage personnel et l'intrépidité de quelques-uns qui payèrent de leur vie ne sauraient tenir lieu d'examen de conscience colonial. Jusqu'en 1909, une grande partie des cadres européens qui soumirent le Congo n'étaient pas des Belges. Les soldats étaient pour la plupart des Africains *importés* d'autres régions. La *belgicisation* des cadres militaires, civils et religieux ne commença qu'avec l'aboutissement du processus de reprise de l'État léopoldien par une Belgique sommée de réparer les *horreurs* dénoncées en Europe et aux USA depuis le début du siècle. En clair, les vrais Belges n'étaient pas des *pionniers* et, même, étrangers aux horreurs léopoldiennes[3] ».

Des Congolais réagirent, accusant l'orateur de trahison[4].

D'autres rectifièrent en intégrant les *pionniers* congolais :

« Il y a eu peu de vrais Belges engagés au Congo avant 1908. Mais des millions de Congolais. Pourquoi les *pionniers* seraient les seuls passagers de chaises à porteurs, et pas tous ceux qui ont participé à l'épopée ? Ceux qui ont assuré l'intendance, et la logistique, ceux qui ont payé de leurs vies, parfois au prix d'atroces cruautés ? Sans eux, aucune route n'aurait été construite, aucun immeuble, érigé ; aucun steamer n'aurait eu de bois pour naviguer. Ensemble, ils ont forgé cette géographie

---

[2] Alors chargé de cours à l'ULg (Université de Liège- Belgique).

[3] *Le Soir* - mars 2004.

[4] Dans les années 2010, la campagne anticoloniale sera ravivée en mélangeant l'administration léopoldienne et belge, et même avec l'esclavage transatlantique. Ce sont les Africains résidents en Europe ou devenus citoyens européens qui guerroieront. Mai le 2 juin 2018 on inaugura de nouveaux bureaux pour la province du Katanga avec un mur d'enceinte qui alignait les bustes de Léopold II et de Lumumba, sans autre arrière-pensée que pour l'histoire.

qui fonde l'identité nationale. Hommage à ces *pionniers congolais* »[5].

Obstiné, Junior tenta de charmer les hommes d'affaires :

« Je suis en mesure de garantir la sécurité des investisseurs belges en République démocratique du Congo. Il s'agit de la sécurité physique, juridique aussi. J'espère bien que cette fois-ci, ils m'ont compris. Je les attends à Kinshasa et je crois bien qu'ils viendront »[6].

Peine perdue. Pour certains patrons belges, il fallait commencer par mettre en place un climat de confiance, favorable aux investissements. Pour d'autres, Kinshasa devait d'abord payer ses dettes ; ils utiliseraient ensuite les remboursements pour investir au Congo !

Ces Belges étaient bien arrogants !

Ils prenaient la main tendue de Junior pour un crachoir. Comme l'auraient fait des Chinois !

De la route de la Soie à la route du Cobalt

Bruxelles. La Belgique tire avantage de sa petite superficie et du peu de profondeur de son histoire qui ne débuta qu'en 1830. Au final, Bruxelles est capitale de l'Europe[7].

L'Union européenne était tout occupée à sa propre construction et à l'intégration des membres issus de l'ancien empire soviétique. Elle manquait d'ambition et de vision globale envers l'Afrique[8]. La question congolaise était traitée avec des pincettes, des masques et des gants, comme s'il

[5] Marcel Yabili in *Noir Métallisé,* newsletter, juin 2004.
[6] AFP.
[7] Union Européenne.
[8] Le terrorisme islamique et la vague des migrations et des naufragés en Méditerranée réveillera les consciences en Europe, davantage qu'en Afrique.

s'agissait de sidéens, ces lépreux des temps modernes. Tous comptaient sur les anciens colonisateurs belges, présumés détenir l'expertise congolaise. Tous suivraient Bruxelles[9], sans chercher à en être séparés, même *par une feuille de papier à cigarette*[10].

Cependant, la nature des relations Nord-Sud avait changé :

« Dans les années 1960, le *tiers-mondisme* fustigeait l'impérialisme, et plus concrètement le capitalisme libéral et déjanté des grandes entreprises qu'on surnommera *multinationales.* On lui préférait des interventions des gouvernements qui pouvaient être contrôlés, dans une certaine mesure, par des chambres parlementaires et dont on pourrait exiger un minimum d'éthique ou d'idéologie. De leur côté, les syndicats, généralement de gauche, se faisaient les alliés des pays et des peuples du Tiers-monde. »

La souveraineté des pays pauvres était devenue le bouclier de potentats plus cruels et plus critiquables que les anciens colonisateurs, ne serait-ce que par l'absence de retombées sur le vécu quotidien des populations. Des fois, l'*extérieur* contourna la muraille avec le droit d'ingérence humanitaire. Il s'attendrissait des horreurs de la guerre du Biafra, de la famine en Éthiopie, de la sécheresse au Sahel ou du génocide au Rwanda.

Maintenant, d'autres contournaient le mur de la souveraineté par un *business* sauvage et prédateur, sans foi ni loi, alimentant des foyers d'instabilité avec des *diamants de sang* ou le pillage de ressources naturelles.

Imperturbable, la littérature tiers-mondiste continuera à dénoncer les intérêts des *Occidentaux,* même lorsqu'ils ne seront plus guère sur le terrain.

---

[9] Malgré des critiques envers la diplomatie byzantine belge.

[10] Karel De Gucht cité par Christoffe Lamfalussy, *Libre Belgique,* avril 2005.

On fantasmait toujours sur les fabuleuses richesses volées au Congo. Mais à tort et à travers.

Par exemple, les fameux *« 3 T »* (en anglais : étain, wolframite et coltan), ces minerais que l'on place au cœur des convoitises, des conflits et des atrocités, de vingt ans de guerres et de millions de morts.

« Pour le coltan (aussi appelé *or noir*, à cause de sa couleur), on se trompe : la majorité des réserves et de la production mondiales n'ont jamais été congolaises, mais brésiliennes et australiennes. Le tonnage extrait[11] au Congo représente 10 à 20 % de la consommation mondiale ! Les gains sont davantage expressifs. En RD Congo, le coltan se vend 50 à 60 USD le kg ; avec une moyenne de 2000 tonnes annuelles, l'*or noir* ne rapporte que 100 millions USD sur le sol congolais. Certes, c'est beaucoup pour les affairistes en Afrique, mais pas pour *Apple Inc*, la première entreprise du monde en capitalisation boursière ! On ne dit pas que, dans les composants des téléphones portables, l'écran, le châssis et les appareils photo coûtent de loin plus cher que les deux condensateurs à base de coltan. Le fameux *coltan de sang* ne repose pas sur la cherté des appareils ni la masse de la richesse *volée* au Congo, mais sur les conditions sanguinaires de son exploitation qui dépendent de la volonté politique locale d'assécher ou non les sources et relais d'approvisionnements de cet *or noir*. »

Jamais ! Rien ne justifierait l'exploitation sauvage des minerais ; même une exploitation artisanale peut être encadrée. C'est le désordre, l'affaiblissement et l'absence d'État de droit qui installent le pillage et les abus.

C'est Vieux qui avait légué ces visions et pratiques de *la culture du caillou*, d'enrichir seigneurs de guerre et

[11] Le ministère des mines parle d'environ 500 tonnes par an, produites et exportées : mines-rdc.cd/fr/documents/Statistiques/stat_min_2003_2012.pdf.

aventuriers internationaux. Dans le même temps, on laissait aux autres pays, comme le Rwanda, la transformation et la valeur ajoutée de la cassitérite et du coltan.

« Un cas typique est le Katanga. Lorsque l'étain fut de nouveau prisé par l'industrie de l'électronique pour remplacer la soudure au plomb, facteur de pollution, les mines de cassitérite ont été relancées avec des artisans et des marchands de minerais bruts. On n'a pas relancé l'industrie de la société *Géomines*. Pourtant, les gisements étaient documentés. Il y avait même du Lithium, qui sera prisé pour les batteries des voitures électriques. Une centrale hydroélectrique de trois turbines quasi neuves pouvait alimenter une usine de transformation. Mais les câbles partant de Mpiana Muamba avaient été arrachés et débités comme mitrailles[12]. »

En l'absence d'État, le pays attirait essentiellement des gens de seconde zone. Ceux-ci se paraient de l'étiquette d'investisseurs, alors qu'ils n'en avaient ni les moyens ni les expertises. Ils s'appropriaient de ce qui pouvait être pillé, des titres et contrats miniers. Ils spéculaient sur la revente qui leur rapportait davantage que l'exploitation minière effective.

En moins de dix ans, aucun contractant de première main n'était resté : tous avaient revendu leurs droits et empoché des plus-values plantureuses, à la place de l'État.

Et Bruxelles, dans tout cela ?

« À la fin du 19e siècle, la Belgique fut une puissance économique grâce à ses mines et industries de la Wallonie. Elle avait même gagné la construction de 1.200 km de chemin de fer entre Pékin et Hankow grâce à des négociateurs qui avaient des passeports de l'État Indépendant du Congo. Après 1908, les relations entre les deux territoires étaient formatées par la

---

12 On y distribuera des panneaux solaires et on construira une centrale solaire.

logique coloniale : les matières premières en Afrique, mais leur mise en valeur et leur commercialisation par la Métropole. Après l'indépendance, la vague des nationalisations et la chute de production des matières premières industrielles et agricoles congolaises survinrent au moment du déclin industriel wallon et du démantèlement de la *Société Générale de Belgique.* On n'innova pas les échanges par des délocalisations et des transferts de technologies avec l'Afrique. Les Belges recherchaient davantage à désinvestir du Congo qu'à s'y réimplanter, sans plus prendre de risques financiers, techniques et commerciaux. »

La Belgique n'était plus la Belgique ; les Belges n'étaient plus des Belges !

Des Congolais s'étaient installés en Europe et en avaient pris les nationalités et en avaient conquis les institutions[13]. Sans devenir partenaires d'associations afro-européennes pour des investissements équitables.

« Terrible destin des Africains de *la diaspora*, devenus des compatriotes de ceux que certains s'évertuent et s'obstinent à dépeindre comme persécuteurs et prédateurs. Alors que la période coloniale est désormais plus courte que celle de jouissance des indépendances faillies. »

Dans la capitale de l'Europe, Kinshasa n'était plus fréquentable. Officiellement, le risque d'investir au Congo restait trop grand[14]. L'*Office National du Ducroire* belge classait le Congo en catégorie 7 : le rang des pays le plus à risque pour les exportations et les investissements.

---

[13] En 2018, l'ex-Congolais Kompany sera maire (bourgmestre), en Belgique.

[14] G.A.Forrest, par Dirk Draulans, *La Corruption, tout un art,* Knack 2002.

« Bruxelles se permit même de critiquer un Belge[15] qui avait bénéficié du Ducroire pour l'usine pour le terril de Lubumbashi[16]. »

C'est de manière exceptionnelle que le Ducroire avait garanti 3 millions USD d'investissement de la société *Maintenance, Assistance Technique & Design (MAD Sa),* en fonds propres et en prêts bancaires, dans le *Four Electrique Luilu Cobalt (FELCO)* de cuisson électrique d'hétérogénite[17], permettant de produire 200 tonnes de cobalt par mois et de rapporter 60 % de bénéfices à la *Gécamines* (*GCM*), avec, au bout de quatre ans, la remise de ces installations aux Congolais. Ce projet au format BOT[18], le seul des 29 partenariats de la *GCM*, avait démontré qu'avec un minimum de frais, la société pouvait rénover ses installations obsolètes et les rendre opérationnelles[19].

˝ La plupart des contrats miniers recherchaient des bénéfices à court terme. Dans ce contexte, *FELCO* fut une épine dans le pied de ceux qui préféraient continuer à voler le cobalt, le cuivre et les nombreux métaux nobles de la *GCM*[20]. Mais *FELCO* sombra, sans émouvoir Bruxelles ! ˝

Car pour les Belges, le risque d'investir au Congo, qu'ils avaient administré pendant 52 ans, restait trop grand[21].

Fin 2003, l'entreprise de haute technologie belge, *Umicore,*[22] aménagea pour la Chine une nouvelle *route du Cobalt.* Parce que, disait-elle :

---

[15] Il avait acquis la nationalité, mais ses affaires en RDC n'étaient pas belges.

[16] Par répétition dont l'Histoire a le secret, il subira dix années plus tard le même sort que la *FELCO* : contrat soldé pour dépassement des prévisions.

[17] Roche gris foncé ayant une forte teneur de 10 à 15% en cobalt.

[18] Built-operate-transfer (construction-exploitation-remise des installations).

[19] Erik Bruyland, *Trends- Tendances, septembre 2006.*

[20] P. Walkiers représentant *Awex* (l'Agence wallonne à l'exportation) à l'*Onudi.*

[21] G.A.Forrest, par Dirk Draulans, *La Corruption, Tout un art*, Knack 2002

« l'émergence de la Chine comme grand consommateur et producteur de métaux et matériaux constitue un développement économique de la plus haute importance »[23].

Umicore, jusque-là spécialisée dans les métaux rares et aux usages de pointe, construisit, en Chine, des usines de catalyseurs automobiles et de batteries rechargeables. Elle portera désormais des épaulettes d'entreprise chimique, après avoir abandonné ses activités de cuivre à sa filiale *Cumerio*[24]. *Umicore*. Alors que l'ancêtre du groupe, *Union Minière du Haut Katanga,* avait produit au Congo du cobalt raffiné, *Umicore* n'y achètera que des minerais bruts. À raison de 200 tonnes en teneur de cobalt par mois. Prélevés au Congo, et destinés à la Chine.

Tôt ou tard, ces dos tournés à Junior auront des conséquences. Il regardera ailleurs, ne verra que d'autres et n'entendra que d'autres.

L'Angola et le premier « contrat du siècle »

Le *Traité de Berlin* de 1885 n'avait pas partagé l'Afrique, mais fixé les règles pour négocier le tracé des frontières coloniales. Les délimitations arrangées empiétaient des peuples, mais aussi l'hydrographie et la géologie. Les rivières coulant de l'Angola vers le Congo prenaient source dans des roches *kimberlitiques*, riches en diamants. En aval, les boues angolaises formaient des gisements de diamants *alluvionnaires* congolais.

À la suite de la guerre civile, des diamants angolais se vendaient sur les marchés de Kinshasa. Mais plutôt que de combattre le monopole qui avait été accordé à Bro, son jeune

---

22 *Union Minière du Haut Katanga*, fondée en 1906, convertie *GCM* en 1967.

23 *La Libre Belgique* - février 2005.

24 Revendue après 2007.

compatriote[25], l'Israélien Lev Leviev s'appropria d'une partie des diamants angolais. Il fut suivi par Gaydamak. Bro, relancé avec *Emaxon*, s'amena aussi en Angola. Il fut, dit-on, aidé par Sindika Dokolo, un fils de banquier congolais devenu l'époux d'Isabelle dos Santos, la fille puissante et richissime du président angolais. C'est là que Bro vit un grand évènement. Énorme ! Giga !

À l'époque, la Chine redéployait *going global,* sa conquête des marchés extérieurs pour l'accaparement des matières premières en soutien à son émergence et à son impérialisme économique. Elle voulait sécuriser ses sources en volumes et en coûts. À commencer par le pétrole.

Jusque-là, les *Occidentaux* avaient refusé des financements à l'Angola, pour mauvaise gouvernance, absence de transparence et corruption qui avaient culminé en 2001 avec l'évasion du tiers des revenus de l'État.

Juillet 2004. Pékin frappa fort. Le tout premier *gigacontrat* sur les richesses naturelles fut conclu avec Luanda.

L'Angola bénéficia d'une ligne de crédit de deux milliards USD[26] pour la reconstruction d'un pays ravagé par la guerre, en échange des droits d'exploration pétrolière et de la remise aux Chinois de 10.000 barils de pétrole par jour[27].

Ce fut le premier « contrat du siècle » et du millénaire[28] !

À qui serait le tour ?

---

[25] IDI (*Israël Diamond Industries*) de Bro, le frère de Frangin (Fra).

[26] Montant porté en six ans à 14,5 milliards USD, alloués par trois institutions bancaires : *Export-Import Bank of China (EXIMBANK)*, *Industrial and Commercial Bank of China*, et *China Development Bank.* Luanda a eu aussi des financements de la *China International Fund Ltd* (CIF), basée à Hong Kong.

[27] 0,5% de la capacité de production angolaise de 2.000.000 barils par jour.

[28] Dans les années 1970-80, le Japon avait réalisé avec la Chine le même *troc* d'infrastructures contre ressources naturelles (pétrole du Daqing).

Du cuivre pour la Chine

La Chine s'intéressait au pétrole, cet *or noir*. Mais il fut une époque dans l'histoire de l'humanité où le cuivre était pris pour de l'or et valait autant que le métal précieux. On l'appelle aussi l'*or rouge*.

2004. Les Chinois s'intéressaient aussi au cuivre. D'abord dans les pays voisins : en Afghanistan et en Mongolie…

« À cette époque, déjà « *Ivanhoé*[29] se préparait à secourir la Chine assoiffée de métaux. C'est une compagnie minière canadienne dont le président parcourait le monde à bord d'un jet privé pour trouver des investisseurs intéressés à son projet de développer en Mongolie extérieure, à quelques encablures de la frontière avec la Chine. En plein désert de Gobi, *Ivanhoé* préparait ce qui devrait être la deuxième mine de cuivre au monde, après celle d'Indonésie. Un investissement colossal de deux milliards USD »[30]

Pourquoi pas le cuivre congolais ?

« On estimait en 1995 que les minerais katangais à haute teneur garantissaient une excellente rentabilité des investissements privés, et en une durée de vie de 25 ans minimum. Le Congo serait rétabli parmi les plus grands producteurs mondiaux. En termes de cours actualisés et en monnaie constante, les réserves de *Gécamines* seule vaudraient plus de 300 milliards USD en métaux de base (cuivre, cobalt et zinc)[31]. »

La quête chinoise du cuivre et du cobalt était au cœur d'histoires extraordinaires. De *thrillers*. En 2004, des *milobs*[32] chinois avaient abusé du béret bleu de l'ONU pour

[29] En RDC, *Ivanhoé* aura des gîtes de cuivre, avec des Chinois majoritaires.

[30] *RFI*, Jean-Pierre Boris, février 2005.

[31] Robert Crem, ancien PDG de *Gécamines*.

[32] M. Yabili, *Le Géant*, op.cit. MILOBS est le diminutif de « military observers», les bérets bleus de l'ONU.

espionner le Katanga minier. De son côté, le journaliste d'investigation français, Pierre Péan, plaçait les services secrets israéliens au cœur des guerres secrètes en Afrique[33], avec en arrière-plan, le destin du Congo. D'autres indiquaient une synergie entre les services secrets chinois avec des hommes d'affaires israéliens, en Afrique[34]. Selon eux, Bro lui-même ! encore lui ! aurait été de cette connexion !

En ces temps excitants, Kinshasa avait engagé une politique « en contradiction avec toute logique de redressement, celle du démantèlement accéléré de l'entreprise publique *Gécamines.* Des polygones miniers étaient attribués, au mépris de compétences techniques et de capacités financières, à des aventureux et aventuriers[35]. » Et aventurier était la nature, le profil de Brother (Bro).

L'exploitation minière la plus prometteuse se situait à Kolwezi dans le cône de Kamoto (carrières, mine souterraine, concentrateur et usine d'électrolyse de Luilu). Ce patrimoine était déjà attribué. Mais un appendice, *KOV*, pouvait représenter, à lui seul, une nouvelle vie minière à *Gécamines* moribonde ou plutôt à un ami, un frère : Bro.

C'est ainsi que Bro sauta des diamants au cuivre congolais. Le morceau était très très gros. Bro sauta en tandem avec d'autres Israéliens. Il n'avait que 30 ans et demi.

« Dans cette aventure, les papiers montreront des partenaires israéliens plus importants, mais discrets. Seul Bro sera sous les projecteurs et ne s'en cachera pas. Ce serait son affaire à lui ; si pas de sa poche, mais bien dans sa tête et dans son cœur. »

---

[33] Pierre Péan, *Carnages, guerres secrètes ...en Afrique,* Fayard 2010.

[34] Dr Gary K. Busch, *Chinese Intelligence In Africa: The Israeli Link.* http://www.nigeriavillagesquare.com/articles/dr-gary-k-busch/chinese-intelligence-in-africa-the-israeli-link.html.

[35] Robert Crem in Le Potentiel, *La Gécamines bradée,* décembre 2005.

Ce fut vite fait. Le 9 septembre 2004, la société-écran *Global Enterprises Corporate (GEC)*[36] obtint 75 % de la *DRC Copper and Cobalt Project (DCP)* qui avait reçu, sans paiement, le fabuleux gisement de *Kamoto Oliviera Virgule (KOV)*. C'était la mine la plus riche en cuivre au monde, par sa teneur exceptionnelle, supérieure à 5 %[37].

« Dans la corbeille de *DCP,* il y avait aussi deux gisements proches : Kananga et Tilwezembe »

Tout cela était trop beau ! Mais, en réalité, *DCP* était dégarni et mal loti. En comparaison avec la voisine *KCC* qui avait hérité de la mine de Kamoto, des usines de Luilu et de l'alimentation électrique. De plus, les coûts d'extraction de *KOV* pouvaient atténuer la prime de la haute teneur en minerais ; il fallait dénoyer la mine et pomper 12 millions de mètres cubes d'eau ; il manquait 100 mégawatts d'électricité pour alimenter une nouvelle usine ; Etc.

De plus, sur papier, tout s'opposait au cadeau fait à Bro.

Les instructions gouvernementales exigeaient une expertise minière et des états financiers d'au moins 3 exercices. Bro n'avait ni l'un ni l'autre.

De leur côté, les experts[38] de la *BM* s'étaient opposés à des négociations et au bradage des joyaux de *GCM.*

Même le *Code Minier* exigeait que le gisement *KOV*, déjà exploré, fasse l'objet d'un appel d'offres[39] et non d'une remise de gré à gré à Bro.

---

[36] *« GEC »* est une association de *DGI International* et *Beny Steinmetz Global Resources* ; *GEC* aurait éte actionnaire de *Feza Mining*, en avril 2005.

[37] Suivie par *Tenke Fungurume Mining* (RD Congo) et *Konkola* (Zambie). Les grandes mines ont des teneurs moyennes de 0,5% avec des pointes à 1,5%.

[38] *International Mining Consultants* et la firme *Duncan and Allen.*

L'opposition à *DCP* avait été plus directe et formelle auprès de la *commission parlementaire Lutundula*[40] qui traqua les contrats léonins, en prolongement du Panel de l'ONU sur le pillage des richesses naturelles.

L'objection fondamentale à *DCP* et aux autres miniers de la première génération était légale. Le pays était en transition politique et n'avait pas d'autorité légale et légitime, surtout pas pour faire des cadeaux.

« Dans ce pays déstructuré, un gouvernement de transition ne pouvait gérer que les affaires courantes. En deux à trois années, sans mandat électif, il ne pouvait pas régenter l'avenir ni l'hypothéquer. Un tel gouvernement détenait le pouvoir, certes, mais pas le droit d'engager des ressources nationales, épuisables dans des contrats importants, à longue durée. Surtout que ce bradage était en contradiction avec la tradition d'excellente gestion qui avait valu la réputation minière du Congo belge et du Zaïre. Surtout, un État souverain ne pouvait se permettre de traiter avec des entités offshore, domiciliées dans des boîtes à lettres de paradis fiscaux, aux Îles Vierges Britanniques[41] ou encore au Panama ! »

Tout était anormal. Et tout s'y opposait ! Mais avec Brother à l'ombre de Frangin (Fra), tout pouvait arriver. Et tout pourra arriver !

Ce sera une histoire extraordinaire ! Bro avait obtenu un filet permettant d'appâter et de capturer la Chine affamée de

---

[39] Selon un observateur « le fait même que les contrats Kamoto, *KOV,* Kingamiambo-Musonoi et Tenke Fungurume et ceux sur la *MIBA* soient passés en Conseil des ministres et couverts par des Décrets présidentiels prouve qu'il s'agissait de transactions de grande portée nationale et qu'on ne pouvait contourner les appels d'offres ».

[40] Dans un rapport qui n'a jamais été remis au Parlement.

[41] Bro avait des affaires gérées par les avocats *Mossack-Fonseca* au cœur des *« Panama papers».* En 2017, il sera cité dans les « *Paradise Papers*».

cuivre. Le calcul était simple : Pékin rachèterait les droits miniers de Bro. Ou on achèterait ses minerais.

L'extraordinaire est que pour cette conquête de la Chine, Bro bénéficiera d'un siège *VIP* dans le véhicule de l'État ! Le début d'une histoire plus extraordinaire encore !

PPP ou Gbadolite bis

Mobutu s'était singularisé en construisant à grands frais la cité de Gbadolite, un Versailles en pleine forêt équatoriale d'où il pouvait s'envoler à bord d'un *Concorde* supersonique. Cette réalisation coûteuse ne laissait personne indifférent : admiration pour les plus naïfs et mépris outré pour tous ceux qui avaient une once de justice sociale, d'ordre des priorités ou, tout simplement, de bon sens. L'endroit éloigné devait lui servir d'ultime retranchement au cas où Kinshasa et le pays échapperaient à son contrôle. Mais en mai 1997, il s'échappa dans la peur et la honte de Gbadolite pour le Togo et le Maroc où il mourut peu après.

Le train de vie frugal du tombeur de Mobutu laissa présager un retour à la simplicité. Vieux avait fréquenté Dar es Salam ; il avait vu que Mwalimu Nyerere et ses successeurs tanzaniens avaient gardé le palais centenaire du gouverneur colonial, flanqué entre un hôpital et un marché populaire, en face d'une plage de pêcheurs. Personne ne pouvait lui suspecter le rêve secret d'imiter Mobutu dans ses débordements les plus visibles et les plus méprisables. Et pourtant !

L'aéroport de la ville de Lubumbashi est installé au Nord et en hauteur, sur un plateau qui longe la RN1, la route de Kinshasa, à plus de 2000 km. Les contreforts rocheux donnent une vue imprenable sur la ville, enfouie sous des bouquets d'arbres, et fermée par le Mont Mukwen qui domine la route menant en Zambie, jusqu'à Capetown.

C'est en ce lieu surélevé que Vieux décida de faire réaliser un rêve fou : un Gbadolite bis. Le projet avait nécessité l'injection de plusieurs millions USD et autant de tonnes de béton pour couler une dalle, disait-on, de pas moins de 1,5 m d'épaisseur. La folie avait coûté un autre accord du genre « conglomérat d'opportunistes et d'aventuriers ». Ce fut le tout premier contrat d'échange de ressources naturelles contre des infrastructures.

L'argent provenait directement de l'exploitation d'une mine cobaltifère en association avec la société d'état *Gécamines (GCM)*. Le volet minier de l'entrepreneur empochait toute sa part de bénéfices et remettait les dividendes de la *GCM* à sa branche construction pour des travaux commandés par Vieux.

On vit et on entendit parler de la construction de marchés populaires pour petits marchands. Mais le joyau inconnu et invisible fut le *PPP (Projet de Palais Présidentiel).* C'était un château fort moderne, avec toutes les phobies et perversions de potentats conscients qu'ils auront à le payer un jour. Les parois étaient de doubles cloisons en béton armé, séparées par un espacement vide pour neutraliser des tirs de missiles. On accéderait rapidement au sous-sol où une voie rapide devrait permettre de s'échapper sous la montagne. Une énorme salle de tribunal personnel avait des cages en béton où les accusés pouvaient attendre d'être jugés par Vieux lui-même, le « libérateur ».

Le chantier fut arrêté à *sa* mort. Ce qui avait été érigé fut détruit pour que la grande folie des grandeurs ne laisse de traces. Restait la branche d'autoroute reliant à la RN1 et la gigantesque dalle ; on devait y ériger une promenade suspendue, surmontée d'un dôme en verre pour admirer Lubumbashi en contrebas et au lointain. Un *éléphant blanc.*

Les experts de l'ONU sur le pillage s'étaient émus sur ce troc mines-infrastructures. Mais lors des enquêtes locales, l'entreprise fut lavée[42] ; elle n'aurait été ni responsable ni complice du montage financier et des chantiers.

Rouge est le cuivre de sang

Néanmoins, le rapport de 2002 sur le pillage de la RD Congo avait eu de grands retentissements. Le Sénat belge décida d'enquêter, tint des auditions à Bruxelles[43], et descendit au Congo. À Kinshasa, Fra et d'autres membres du « réseau des élites »[44] furent écartés des fonctions publiques *visibles*. Le Parquet général de la République auditionna les personnes citées qui se trouvaient sous son contrôle territorial[45]. Le pillage sembla ébranlé. Mais l'affaire se termina brusquement. Les Belges et le Procureur congolais s'étaient rendus au siège des Nations Unies à New York, et en étaient rentrés bredouilles, sans avoir pu trouver les dossiers des accusations. Ils abandonnèrent les poursuites en léguant à l'Histoire l'impression selon laquelle les accusations du Panel auraient manqué de pertinence et de fondement. Ce fut un *momentum* de falsification ou de grande stupidité !

New York est le siège de l'ONU, avec la fameuse *Maison de verre*. Mais l'ONU, en Afrique, c'est l'UNON[46] qui siège au Kenya, à Nairobi, dans un domaine boisé de plusieurs hectares, hautement sécurisé. Sa haute présence a fait installer le *Nairobi Hospital*, une perle de la médecine, pour les besoins et les urgences de santé des diplomates.

---

[42] Parquet général de la République, 2003.

[43] Un Belge témoigna spontanément contre son patron indexé par le Panel.

[44] Synonyme du «conglomérat d'opportunistes et d'aventuriers ».

[45] Exceptées les zones rebelles du Nord et de l'Est.

[46] United Nations Office at Nairobi. (Antenne de l'ONU à Nairobi).

C'est dans un des pavillons de l'UNON qu'avait élu domicile le Panel sur le pillage. Il y avait là des preuves irréfutables de première main. Le président du groupe d'experts, l'ambassadeur égyptien Mahmoud Kassem, petit de taille et vieillissant, eut mis à l'aise les pilleurs :

« Nous ne sommes pas des juges. Proposez des améliorations à vos contrats léonins pour les rendre équitables pour le Congo et son peuple… »

Le Panel clôtura sa mission sans l'achever, parce que les Congolais avaient désormais leurs propres institutions pour poursuivre la traque du pillage. Ils avaient créé la *commission Lutundula*. Mais elle fit naufrage.

Ceux qui avaient survécu au Panel et à la Commission se sont sentis impunis, encouragés à piller davantage !

« Ils allaient faire sauter toutes les *barrières électrifiées* de la gestion collective de la Transition, des recommandations du Panel et du suivi de la *BM* qui fustigeaient le pillage et les contrats léonins ; cela au nez et à la barbe de dizaines d'ONG qui militaient pour la bonne gouvernance et la transparence. Ils avaient l'audace de criminels. »

En 2004, ils descendirent sans masque dans les entreprises étatiques pour poursuivre les prélèvements de butins de guerre pour leurs alliés et aussi pour se constituer une cagnotte en vue de gagner les élections à venir.

Les séances de dissection de macchabées[47] apprennent aux étudiants en médecine à surmonter le dégoût et l'horreur du sang. Dans les armées, on pratique des séances de tirs à balles réelles, juste au-dessus des têtes des recrues, qui doivent ramper à ras de terre, pour garder la vie sauve.

---

[47] Cadavres.

Les coutumes africaines soumettent les adolescents à des rites d'initiation éprouvants pour accéder à l'âge adulte.

« À Lubumbashi, du temps de Mobutu, un nouveau dirigeant de la province avait été amené, de nuit, au camp militaire Mutombo. On lui avait donné un pistolet et demandé de tirer à bout portant sur des prisonniers et de faire éclater la tête de « sales Katangais » ! Son baptême de feu ! »

Frangin (Fra) a dit[48] que Vieux, son éducateur, lui avait fait subir un baptême de feu. Il ne dit pas comment ! Mais combien avaient appris et combien de choses au contact de Vieux ? La théorie de l'« entropie » explique que tout peut arriver. Effectivement, depuis 1996 et le « conglomérat d'opportunistes et d'aventuriers », des gens sortis de la brousse ou venus de partout avaient accédé et occupé de hautes et prestigieuses fonctions, du pouvoir absolu sur les gens et les ressources du pays. Certains, en toute simplicité et sans illusions. Mais à l'exemple des jeunes loups, édentés à la naissance, leurs crocs poussaient très vite.

Fra rêvait de retourner à Pweto. Les plaisanteries de mauvais goût méprisaient les riverains du lac Moëro ; parfois, leur nom était une insulte, pour les humilier. Ces populations de la cuvette de la ville de Lubumbashi avaient été esclavisées. D'où peut-être un profil bas par ruse et par réflexe de survie au prix d'une soumission apparente, pour se protéger sur le long terme. Ils avaient une culture raffinée de simplicité et de cordialité, rejetant la conflictualité et le stress. Par malveillance, leur honnêteté était considérée comme de la naïveté.

Beaucoup de nations congolaises étaient stigmatisées. Par exemple, à Kinshasa, les Bayaka, originaires de Bandundu,

[48] Katumba, op.cit.

étaient confinés dans leurs quartiers et à des tâches subalternes de domestique-jardinier.

« On ne se mariait pas avec eux, et ceux qui le faisaient tombaient systématiquement malades et en mourraient. Les plantes vénéneuses ne sont connues que par essai et erreurs, et la fréquence de morts qu'elles occasionnent. Cet interdit était inexpliqué, jusqu'à l'apparition du SIDA ; certains pensèrent qu'ils auraient été des porteurs du VIH dont ils auraient été eux-mêmes immunisés. Une piste jamais exploitée par les chercheurs. »[49]

Ce racisme était arbitraire et injuste, stupide même. En RD Congo, les gens du Sud étaient méprisés tandis que ceux du Nord, considérés comme éveillés. Mais une fois qu'on franchit la frontière sud, les mêmes stigmatisés au Congo étaient les plus actifs et créatifs de la Zambie. Et Lusaka réussissait mieux que les *gros malins* de Kinshasa…

« Alors que la culture de Pweto aurait été exemplative pour une RD Congo en mal de moralisation, certains passèrent sur la rive opposée, celle de la perversion illimitée. Et comme accablés par le poids de la stigmatisation, ils eurent des éclats de génie. Parfois, de génie de mal ! »

Frangin (Fra) incarna une sorte de revanche contre le sort et ces présomptions dégradantes et repoussantes.

Fra intéressa la Canadienne *First Quantum Minerals Ltd* s' intéressa à la botte du Katanga, pour sa filiale zambienne *Bwana Mkubwa*. Fra lui obtint les gisements de Sakania et Mokambo au prix d'un scénario de thriller hollywoodien. La convention minière fut signée de nuit, dans la zone neutre, le *no man's land* de la frontière entre la Zambie et le Congo. Cette complicité imposée à l'investisseur la poursuivra

---

[49] Sevy Sleas, inédit.

comme une malédiction. Le décret présidentiel qui devait valider les possessions minières fut retardé.

Ensuite, Fra fit remettre à l'Australienne *Anvil Mining* le cuivre « pollué au chrome » à Dikulushi près de son village d'origine : Pweto sur la Luvua, le déversoir du lac Moëro. Non loin de là débouche le Luapula, à Kilwa.

En octobre 2004, Fra n'hésita pas à voir le sang couler. Quelques insurgés avaient occupé Kilwa, sur le lac Moëro.

Fra accourut de la capitale avec l'instruction de les réprimer dans les 48 heures, pour protéger une exploitation minière australienne, à proximité. Il s'ensuivit le massacre de ses propres parents ethniques.

Aguerri par Vieux, et sans pitié, Fra priva ses *frères* de procès et d'indemnisations équitables[50].

La répression visait à rétablir un climat des affaires propice aux tractations d'un autre *cousin ethnique,* Mos, avec ces mêmes Australiens qui allaient lui fournir la fortune[51] en argent et en politique[52], comme gouverneur de province.

Par une de ces coïncidences dont l'Histoire a le secret, la cagnotte qui avait germé en marge de Kilwa permettra l'acquisition d'un splendide aéronef. Qui crashera !

Un tragique retour de flammes de *cuivre de sang*.

---

[50] En août 2017 que la Commission africaine des droits de l'homme et des Peuples (CADH) établira la responsabilité de l'État dans la mort de 70 personnes et allouera 2,5 millions USD aux victimes et à leurs familles. Une somme qui aurait pu être payée par Fra, ou à sa demande

[51] Nestor Kisenga, *L'art de piller propre*, Congolobbying, 2016.

[52] Film de Thierry Michel, *Irrésistible ascension de Moïse Katumbi*, 2013.

Le huitième voyage

La Saint-Valentin-2005

L'Histoire est faite de coïncidences extraordinaires, dignes de la fiction et de la saveur de grands romans.

C'est le même mois de juillet 2004, alors que la Chine concluait le premier *gigacontrat* sur les richesses naturelles avec l'Angola pour 2 milliards USD[1], que la Belgique nomma un nouveau ministre des Affaires étrangères : Karel De Gucht. Un personnage *carré.*

D'après les câbles diplomatiques révélés par Wikileaks[2] :

« les visites de Karel à Junior, servaient à donner des leçons. Les rencontres se terminaient dans des cris ! »

Six mois plus tard, ce fut la Saint-Valentin 2005. Et en guise de *cadeau de 14 février* pour le couple belgo-congolais, le haut diplomate belge proclama que « les intérêts économiques sont trop faibles pour être le fondement d'une politique avec le Congo ». Selon lui, ce qui compterait désormais, était « le mieux-être des populations et la bonne gouvernance de la part des dirigeants[3] ».

Sur le moment, on crut à une fuite en avant[4].

Dès mars 2005, des hommes d'affaires vinrent au Congo[5].

« Ils étaient fébriles, « reflétant la perversité de tous ceux qui, à Bruxelles et à Kinshasa, conçoivent le Congo comme une machine économique à sens unique. Le « tout profit, zéro risque, zéro perte ! Tout était politique, voire idéologique. À se

---

[1] Montant porté en six ans à 14,5 milliards USD.

[2] ONG spécialisée en révélations de documents non publics. Ce sera le cas de centaines de milliers de câbles de la diplomatie américaine, classés secret.

[3] De Gucht, *La Malédiction de Kurtz*, Le Soir, 14 février 2005.

[4] Mais à l'heure du bilan, en 2018, « le mieux-être des populations et la bonne gouvernance » réapparaîtront comme indispensables et des priorités.

[5] Voyage organisé par Bruxelles Export, Awex et Export Vlaanderen.

demander s'il est *Politiquement Correct* de se désengager à ce point, après une saga industrielle et fructueuse belge, de cent ans ! »[6]

Ils dirent au *Forum Entreprendre en Afrique Centrale*[7] :

« il fallait identifier les conditions d'un redéploiement du secteur privé en Afrique centrale et d'inciter les entrepreneurs à y investir. On entendit que le pays, désorganisé, ne pourrait être considéré comme centre de développement régional, à l'exemple de l'Afrique du Sud et du Nigéria qui, historiquement, partageait le podium avec la RD Congo. On liait son sort aux besoins du Rwanda.[8] C'était biaisé. Et, paradoxalement, les dirigeants successifs Congolais plaçaient aussi Kigali en tête de liste[9]. Mais « l'étroitesse du marché intérieur du Rwanda, de 3 millions de consommateurs ne peut le transformer en puissance économique. Les ressources naturelles extractives lui faisant défaut, l'Occident se fonde sur la délocalisation des industries et une *Zone franche* qui ferait du

---

[6] M. Yabili, *Carte blanche : aux Belges qui veulent travailler sur le Congo ...et aux Congolais qui ne désespèrent pas de travailler avec les Belges.* « Il existe des environnements qui attirent et qui ne font pas regretter de bien plus lourdes pertes que le « risque au Congo », inédit, mars 2005.

[7] Juin 2005 à Bruxelles.

[8] « Au sujet du choix du Congo pour telle ou telle alliance économique régionale, force est de constater que la voie de l'est (vers Mombasa) restera toujours prioritaire à côté de celle vers l'ouest et de celle vers le sud (l'Afrique australe)... Nous sommes entièrement sur la même longueur d'onde que nos partenaires du secteur privé en RDC. Burundi, Rwanda; les insuffisances de gouvernance et/ou d'infrastructure est patent. La nécessité géographique d'une CEPGL est évidente pour tous. Le Burundi et le Rwanda doivent devenir des plates-formes logistiques vers l'est pour les richesses de la RDC. Les 3 pays ont donc tout intérêt à harmoniser entre eux la libre circulation des hommes, des biens et des services ». Bernard de Gerlache de Gomery, président de la Chambre de Commerce CBL-ACP

[9] Le 15 décembre 2006, au lendemain de son investiture, le président élu accourut à Nairobi, signer « le Pacte sur la Sécurité, la Stabilité et le développement dans la Région des Grands Lacs ». Kagame ne s'était pas déplacé!

Rwanda, la *Suisse de l'Afrique* avec l'implantation de différentes banques ».[10]

Karel De Gucht se rendra à Washington[11] où il constatera une telle identité des vues qu'on ne pourrait « pas glisser une feuille de papier à cigarette entre les positions » des USA et de la Belgique à propos du Congo.

À Pékin, on a dû lire et relire Karel De Gucht. Plusieurs fois, et en essuyant les verres des lunettes fortement embués par l'incrédulité : les Belges et les Européens se désengageaient de l'avenir du Congo !

Avec ce 14 février 2005, « le Belge au Congo deviendra une race en extinction ! »[12]

La Saint-Valentin marqua le retrait, la capitulation des *Occidentaux*. Et l'ouverture d'une voie royale à la Chine.

Cela justifia et précipita l'invitation à un *huitième voyage.*

De son côté, Kinshasa prépara une robe de mariée :

« Les sociétés chinoises *Huachin* et *Congo Loyal Will Mining (CLWM)* furent autorisées[13] à traiter l'hétérogénite, un composite du Cobalt, le minerai de l'avenir, ramassé par des creuseurs. Des esclaves modernes. »

À Pékin allait s'ouvrir la nouvelle année chinoise du *Coq de bois*. La régularité du cocorico de la volaille symboliserait la ponctualité et les vertus de rigueur martiale et de courage. La

---

[10] Le Potentiel.

[11] Avril 2005.

[12] Lettre de l'auteur au ministre belge Karel De Gucht.

[13] Arrêtés Ministériels No 023 et No 031 CAB./MIN/MINES/01/05 des 8 et 2 mars 2005, Journal Officiel 01.09.2005. La décision du 2 mars porte un numéro postérieur à celle du 8 mars : signe du désordre spéculatif régnant.

Chine serait à l'heure au Congo, avec des vertus semblables à celles du *Coq de bois*.

Bemba choisit l'Inde

Il faut lire les journaux, longtemps après leur parution.

Début 2005, Le Soft s'en prit à Jean-Pierre Bemba dont les proches attribuaient à Junior des origines rwandaises. Selon le journal, Bemba serait Portugais :

« Bemba (JPB) et Endundo (JEB), qu'est-ce qui unit ces deux hommes au point qu'ils aient pris le risque de bloquer une transition déjà chaotique ? Le premier - de la tribu Ngbaka de Gemena - serait, par l'âge, le fils du second - de la tribu Mongo de Lukolela. L'un, financier, sort de l'ICHEC, la grande fameuse École belge de l'Économie, catholique, l'autre - qui passe pour un financier - est pharmacien de Louvain. Tous deux de la province de l'Équateur. Dans les veines de tous les deux coule du sang portugais, de grand-père pour JPB, de père pour JEB ».

La réalité est que Bemba était perçu comme un danger.

L'année 2004 s'était terminée sur une forte inflation monétaire, et un dollar qui avait bondi de 370 à 470 francs. Bemba, désigna les coupables : la masse monétaire réduite à 250 millions USD, les frais de missions trois fois plus importants que dans le budget. Et de s'écrier :

« On ne peut fonctionner avec une telle fraude ! »

Et voulant prêcher par l'exemple, il promit de faire des économies en prenant à sa charge des dépenses de l'État. Désormais ses voyages officiels, il les effectuerait à ses « propres frais ».

Il chercha aussi à contrebalancer l'axe de la Chine, en ouvrant le front de l'Inde[14], ce challenger frontalier, économique et démographique de l'ancien Empire du Milieu.

« Jusque-là, la seule référence d'apport de l'Inde était l'envoi de *Casques bleus* Gurkhas pour l'ONUC (1960-1964). »

Et, devançant de quelques jours *le huitième voyage* en Chine, Bemba se rendit, début mars 2005, à New Delhi, au premier conclave du *partenariat Inde-Afrique*[15].

Et Bemba paya les frais de la délégation congolaise !

Les Japonais aussi !

Dans les avions, il est bon de lire les journaux et les magazines. On y découvre parfois des détails insignifiants et passés inaperçus, mais qui peuvent, telles des pièces manquantes d'un puzzle, reconstituer un ensemble et révéler une réalité soudain cohérente, donnant aux faits et aux intentions une consistance insoupçonnée. Parfois explosive !

« Adam Hochschild avait lu dans un avion une information sur la population du bassin du Congo dans les années 1880. Ce détail l'amènera à publier un essai[16] retentissant, sans que personne ne remarque qu'il avait comparé des choux avec des serviettes, et alimenté une des plus grandes falsifications méconnues de l'histoire[17]. »

---

[14] C'était avant les BRICS (Brésil, Russie, Inde, Chine et Afrique du Sud).

[15] Il y eut des retombées, en 2005-2006 avec une aide de l'Inde de 33,5 millions USD pour une cimenterie ainsi que l'acquisition de bus de transport.

[16] *Les fantômes du roi Léopold, un holocauste oublié,* Belfond, 1998. Jusqu'à inspirer un roman au Nobel de littérature Mario Vargas Llosa, *Le rêve du Celte,* Gallimard, 2011, et en 2019, un film à Ben Affleck.

[17] Hochschild avait pris pour argent comptant les estimations de Stanley pour une région non explorée, deux fois plus étendue que la RD Congo. En recali-

« Début 2005. Dix jours avant le voyage à Pékin, Zainabo Alfani trouva la mort à Kinshasa. Elle avait été mutilée de ses longues lèvres vaginales, prises comme fétiches de guerre par 18 soldats. Ils mangèrent deux de ses enfants, la violèrent rituellement, la contaminant avec le VIH Sida.»

À Londres, la même semaine, le juge Peter Smith de la Haute Cour avait engagé des poursuites contre le tandem Frederick Chiluba, ancien président de la Zambie, malheureux perdant des élections de 2001, et son allié en affaires Raphaël Katebe Katoto, aussi malheureux candidat à la présidence de la transition congolaise. Il leur reprochait d'avoir détourné 35 millions USD d'une commande d'armes pour l'État zambien[18]. »

À Lubumbashi, Mos, le demi-frère de l'homme d'affaires, malheureux candidat à la présidence à Sun City, en 2002, prit la tête d'une manifestation contre les activistes des droits humains qui dénonçaient les Australiens d'avoir fourni la logistique du massacre de Kilwa[19]. « Ce sont des investisseurs », martelait Mos.

« Mais plusieurs autres avaient du cœur. Un pilote qui faisait la navette sur Pweto pour y transporter la troupe destinée à Kilwa avait fondu en larmes à son retour ; il avait assisté à des massacres aux abords de la piste d'aviation. Un Congolais, simple employé, non originaire de la province et survivant de l'épuration ethnique des années 1990, déjà père de plusieurs enfants, adopta des orphelins de Kilwa qui se déplaceront avec sa famille à Kinshasa. »

---

brant ces estimations dans les limites territoriales, la population rectifiée à 12,5 millions (au lieu de 25 millions), serait passée à 15 millions après l'exploitation violente du caoutchouc !

[18] Chiluba, condamné à Londres, puis acquitté dans un autre procès à Lusaka.

[19] Asadho, *Rapport sur les violations des droits de l'homme commises à Kilwa au mois d'octobre 2004*, janvier 2005.

Dimanche 13 mars 2005. Tous les chemins menant à Pékin, Tokyo fut visité en premier. Le séjour au *pays du soleil levant* fut comme un rêve, à cause du décalage qui avait déréglé les horloges biologiques des visiteurs congolais, raccourcissant leur journée et les privant de sommeil.

L'*Agence japonaise de coopération internationale* (*JICA*) se caractérisait par des aides non remboursables, mais en confiant des marchés à ses propres entreprises. De même, en 2005, Tokyo ne recherchait pas de retour sur capital pour ses dépenses au Congo, bien qu'il finançait déjà 20 % du budget de la mission de l'ONU[20], ainsi que des projets pour la police, l'administration et les écoles primaires et techniques. Malgré cela, le Japon resterait une référence en matériel de génie civil pour reconstruire les routes et les chemins de fer, ainsi que les quais des ports.

Après l'audience chez l'Empereur Akihito, le Premier ministre Junichiro Koizumi dit qu'il était urgent d'attendre :

« Il est important que la situation politique se stabilise au Congo, avant que nos entreprises s'y implantent ! »

Même la deuxième puissance économique mondiale[21] s'alignait sur la Belgique : le Congo prévalait dans l'humanitaire et la bonne gouvernance ! Pas dans les affaires !

« Comme les temps avaient changé ! Des pays, recherchant l'exploitation économique, avaient maquillé la colonisation avec la croisade honorable d'amener la civilisation et de lutter contre l'esclavage. Maintenant, ces mêmes pays s'investissaient dans la pacification, la démocratisation, et la bonne gouvernance, en négligeant les affaires ! »

---

[20] *MONUC.*
[21] Jusqu'en février 2011. La Chine prendra la deuxième place.

De la même manière, l'Union européenne financera la quasi-totalité du budget des élections congolaises pour un demi-milliard USD, sans prétendre à un retour financier, à une mine ou une carrière quelconque, à un contrat ou à une mainmise économique. Les aides occidentales n'étaient même pas liées, comme dans le *Plan Marshall* qui avait obligé d'acheter chez le donateur américain.

Les temps avaient changé ! Les *Occidentaux,* aussi !

Mais cela sera toujours plus difficile à expliquer que les quatre tons[22] de la langue chinoise.

Docteur honoris causa

Mardi 15 mars 2005. Du côté opposé du globe terrestre, les juges Claude Jorda, Akua Kuhenyeha et Silvia Steiner avaient siégé à la première audience de l'histoire de la *Cour pénale internationale (CPI).*

Séoul, capitale du *pays du Matin calme*, fut la deuxième étape du voyage.

Coincée entre deux puissances d'Asie, la Corée du Sud avait été comparable au Congo belge, avant 1960. Maintenant, elle était dans la cour des grands, et membre du G20[23]. Son PIB par habitant était passé, en 44 ans, de 1.109 à 13.304[24] USD, mais de 323 à 86 USD au Congo !

« En 2010, une évaluation insolite [25] prendra 1.000 USD, en monnaie constante, comme le Produit Intérieur Brut par

---

[22] En plus de la particularité de l'écriture, la langue chinoise est dite tonale : les intonations servent à distinguer les mots.

[23] Groupement créé en 1999, en marge de la crise financière asiatique, et renforcé par la crise internationale de 2008.

[24] Perspective Monde perspective.usherbrooke.ca/bilan/stats/0/2006/fr/2/carte/NY.GDP.PCAP.KD/x.html, 2004.

[25] Source : Université de Warwick.

habitant en Angleterre au Moyen Âge. Elle trouvera 869 USD pour l'Afghanistan, 686 USD pour Haïti et, au bas de l'échelle, 249 USD pour la RD Congo ! Kinshasa équivalait le quart du PIB au Moyen Âge ! Du temps de la peste noire ! »

À Seoul, ce paradoxe n'empêcha pas de vanter les grandes richesses naturelles du Congo : le potentiel hydroélectrique de 40.000 mégawatts du Grand Inga pouvait intéresser *Corea Electric Power Corporation* ; ce qui restait de *Gécamines* pourrait attirer *Samsung* ou *Daewoo International.* Et on conclut un accord pour le renforcement de la coopération sur les ressources naturelles.

Mercredi, tête-à-tête avec le président Roh Moo-Hyun.

Vint alors un sacre inattendu et inespéré. Les Sud-Coréens dépassaient, de fort loin, la mise en scène chinoise. Le recteur An Biong Man décerna à Junior un diplôme de *docteur honoris causa* de l'université Hankuk de Séoul :

« Pour avoir cimenté la paix, l'unité et la reconstruction dans le cœur des Congolais et ouvert le Congo aux autres nations du monde. »

Pour longtemps, la seule distinction du genre, jamais attribuée à Junior. Et qu'il oublia ausitôt, sans doute [26]!

Une sorte de péché originel

Dimanche 20 mars 2005. Un bras de mer à survoler depuis Séoul, pour quatre jours de « travail » en Chine. La météo était la même qu'en 2002 avec le faux printemps de Pékin. L'entrée se fit par Shanghai dont le volume des échanges avec le Congo était passé, en quatre ans, de 1 à 35 millions USD sur un volume de 225 millions USD d'échanges avec la

[26] Junior n'en fera jamais état, son entourage non plus.

Chine et une balance commerciale en faveur de la RDC de 125 millions USD. Et cette autre fascination : « le succès de Shanghai contribue aux réformes économiques au Congo ! » Les villes de Shanghai, Shenzhen et Hebei seraient jumelées à Lubumbashi, Kinshasa et Kisangani.

Le lundi après-midi fut différent du *sixième voyage* de 1997 ! Les deux dirigeants posèrent pour les photographes en complets-vestons occidentaux, et en cravates bleues ! Dans le Grand Hall du Palais du Peuple de Pékin, le nouveau président Hu Jintao exprima ses remerciements pour l'adhésion constante du Congo au principe d'une seule Chine[27]. Taiwan restant l'obsession des communistes, la RD Congo soutint fermement la politique d'une Chine *unique* et la loi anti-sécessionniste votée par le Congrès National du Peuple :

« Le Congo souhaite la réunification rapide de la Chine ».

Le même engagement unitariste fut répété le mardi au Premier ministre Wen Jiabao, ainsi qu'à Wu Bangguo, le président du Parlement. Plus tard, Hu Jintao exprima la volonté de développer les échanges et la coopération à tous les niveaux et dans tous les domaines : ressources humaines, agriculture et construction des infrastructures :

« Nous encouragerons nos entreprises à investir au Congo et à participer à la reconstruction de ce pays ».

Junior applaudit : « La Chine est une amie fiable ». Une bien étrange amitié que Pékin n'avait jamais manifestée spontanément. Il ajouta que « les entreprises chinoises seront les bienvenues au Congo ! »

---

[27] Fin 2010, seuls quatre pays africains reconnaissaient encore Taiwan : Sao Tomé et Principe, Gambie, Burkina Faso et Swaziland.

Dix années auparavant, en 1997, Vieux avait refusé la *main économique* tendue par l'Occident, alors que la Chine n'avait pas saisi la sienne. À l'époque, Pékin n'avait pas comblé le vide, mais l'avait aggravé en retirant son assistance médicale au début de la guerre de 1998.

Le *huitième voyage* fut littéralement *hanté* par la déclaration surprenante de *la Saint-Valentin 2005,* et la priorité des *Occidentaux* pour le long terme et le durable, avec, en creux, une éthique à ne pas abuser de l'absence d'État qui faisait du Congo, non pas un partenaire, mais une *proie*.

Et Pékin-2005 fut une sorte de complot. Beaucoup avaient échappé aux photos, micros et communiqués. On vit du pittoresque avec, comme en 2002, un ministre recevant en pyjama dans sa chambre d'hôtel ! Dans l'ombre, Kinshasa avait un agenda caché. Comme en 2002, Junior était obsédé par la course au pouvoir et les élections de 2006.

« Les Occidentaux qui financeraient le processus politique n'avaient rien demandé en échange, et proclamaient le désintérêt à court terme pour les investissements et le commerce. La Chine, assoiffée de matières premières, venait de déverser des milliards sur l'Angola en mal de bonne gouvernance. Le Congo avait des richesses naturelles. Pourquoi pas la Chine au Congo ? Pourquoi, à l'exemple de l'Angola, Kinshasa s'appliquerait des conditions de bonne gouvernance, de transparence et de lutte contre la corruption ? Même si la Chine s'était imposé les mêmes conditions pour son propre redressement ? La coopération avec la Chine serait une « nouvelle guerre de libération » de la *tutelle* occidentale pour reconstruire un « pays pauvre et post-conflit », et le développer ? Etc. »

En 1885, tout le bassin du Congo, bien au-delà de la RDC, avait été classé par la Conférence de Berlin, comme zone de « commerce de toutes les nations ». Allemands, Français,

Portugais, Italiens, Espagnols et Anglais, auxquels s'étaient joints les États-Unis n'allaient pas s'y disputer pour étendre les comptoirs commerciaux des côtes maritimes africaines.

De plus, aucune des métropoles ne pensait à s'accaparer de tout le continent. L'ambition nouvelle de Pékin.

Par une autre différence avec Berlin-1885, les Congolais avaient désormais leur mot à dire. Mais en 2005, le pouvoir souverain n'existait pas. Le pouvoir était *collectif* ; il manquait de légitimité et ne pouvait rien envisager ou entreprendre pour sceller de manière durable l'avenir du pays. Les institutions du Congo devaient attendre 2006.

L'interlocuteur valable devait d'abord gagner les élections.

« Le Congo de 2005 était en chantier. Sa fragilité exigeait des responsabilités de la part de ses représentants et de ses partenaires extérieurs. Le « commerce pour le commerce » avec un *État failli* comportait des risques financiers liés à la mauvaise gestion des projets, et le danger de l'exploitation sauvage des richesses naturelles qui seraient *écrémées* alors qu'elles ne sont pas renouvelables. Ainsi, les échanges d'infrastructures avec des matières premières n'étaient pas équitables, par eux-mêmes. Les partenaires extérieurs avaient des obligations morales : de s'engager dans le processus international d'accompagner la consolidation du Congo, ou, tout au moins, de respecter ce qui était entrepris. Il n'y avait pas place à la propagande, à clamer une « nouvelle guerre de libération ». Reconstruire et consolider l'État, n'était pas du néocolonialisme ! Car l'absence d'État et la mauvaise gouvernance sapent la souveraineté. La Chine, elle, ne rejette ni autorité ni nécessité d'un État. »

La tournée asiatique permettait de comparer les pays.

« L'émergence de la Chine est remarquable, mais elle était prévisible pour le premier pays au monde en population, et le quatrième en superficie. En comparaison, le cheminement du Japon, 10e en population et 62e en superficie mondiale, est plus admirable, plus méritoire et plein d'enseignements. Malgré le lourd prix de la 2e guerre mondiale, les Japonais sont parvenus à hisser l'Archipel sur le podium des puissances économiques mondiales, avant d'être devancés par la Chine. Les premiers produits japonais étaient contrefaits et raillés pour leur piètre qualité. Mais à force d'imitations et d'ingéniosité, les Japonais finirent par apprendre à bien et à mieux produire. Le Japon symbolise le nouvel ordre du monde. Où la *qualité* vaut plus que la *quantité*. Où la puissance vient de la créativité et du travail, davantage que de richesses naturelles[28]. »

Mine de rien, les trois pays visités avaient délivré directement ou indirectement le même message. Les Japonais et les Coréens avaient renouvelé la vision des Belges et des *Occidentaux,* de mettre l'accent sur la volonté politique, la bonne gouvernance et le développement durable.

Sans le dire, mais en exhibant ses multiples réalisations grandioses, la Chine souscrivait aux mêmes « conditions », elles lui avaient permis de réussir son émergence :

« jusqu'à la rigueur morale de sanctionner les cadres du parti qui entretenaient des concubines. »

Cependant, la Chine succomba à la tentation de « favoriser les contacts avec les personnalités politiques qui servent le mieux ses intérêts »[29].

Mais il y avait une particularité constante : la Chine avait été la seule puissance impliquée dans le pillage des ressources

---

[28] M. Yabili, Op.cit.

[29] David Van Reybrouck, *Congo. Een geschiedenis (Congo, une histoire)*, Éd. De Bezige Bij interviewé par Séverine Kodjo Jeune Afrique, février 2011.

naturelles congolaises avec ses entreprises étatiques d'armement[30].

De même, en 2005, les Chinois furent les seuls informés de ce que le « gouvernement congolais avait opté pour le financement de la construction des infrastructures par la remise des ressources naturelles »[31].

La politique était un autre champ d'investissement. Comme en 2002, la veille de la désignation du président de la Transition, ce fut l'occasion de fournir à Junior une stature, et des atouts d'éligibilité pour 2006.

Ces arrangements secrets transpireront lors de la campagne électorale :

« Oui, *il* sera élu. Il n'y a aucun doute. Il a de la vision. Nous irons de Kinshasa jusqu'à Goma et Bukavu, en voiture, sur des routes impeccables. C'est de la vision, ça ![32] »

En résumé, Pékin-2005 fut un festival d'ombres chinoises.

« On répétera que pour se faire élire, Junior aurait été sponsorisé et placé par les *Occidentaux*. La réalité est qu'ils ne demandaient pas de contreparties. Par contre, l'appui de la Chine fut plus profond parce qu'il reposait sur une sorte de complicité. Et sur l'abus de faiblesse des dirigeants congolais. Kinshasa succomba sous le charme de Pékin, telle une fillette, séduite et naïve, n'hésitant pas à se dévêtir et à se livrer corps, biens, et âme ! »

Un couple pour un péché originel ! Car on n'avait pas tout vu : des Blancs étaient dans la délégation des Noirs, furtifs comme dans une mission secrète. Le saura-t-on un jour ?

---

[30] Relations de *NOUCO* avec *NORINCO*.

[31] Communiqué, *China Railway Group Ltd*, bourse de Hong Kong, avril 2008.

[32] www.lesoftonline.net/pages/phil.php?id=688.

La transparence dans l'opacité

Le vol de retour fut un trajet de 11.250 kilomètres et de 14 heures, augmentées de la durée d'une escale. La journée fut allongée d'environ cinq heures par le décalage horaire.

L'arrivée, le jeudi 24 mars 2005, à Kinshasa faillit être houleuse. Au petit matin, des pneus avaient été enflammés sur la route qui ramenait la délégation de l'aéroport de Ndjili. Des gens protestaient contre la tournée en Chine, jugée trop coûteuse… C'était l'opinion et, sans doute, la main cachée de Jean-Pierre Bemba !

À peine reposé, Junior apprit qu'au moment même où on lui délivrait un *doctorat* honorifique à Séoul, Bemba avait voyagé, à ses propres frais, pour rejoindre le Premier ministre britannique Tony Blair au deuxième symposium de l'*Initiative pour la Transparence des Industries Extractives (ITIE)* du 17 mars 2005 à Londres.

Prenant le contre-pied des tractations opaques menées en Chine, Bemba exprima la volonté de souscrire aux principes et aux critères de transparence dans les industries extractives. En particulier, les mines. Rentré au pays, Bemba organisa au mois de mai, à Kinshasa, un forum international pour l'application de l'*ITIE*. La réunion fixa trois étapes : la collecte des statistiques des paiements des Industries extractives à l'État et des recettes publiques provenant de ces entreprises, l'audit et le rapprochement des données collectées, et leur publication.

C'est le milliardaire américano-hongrois, George Soros qui avait commencé par lancer *« l'initiative publiez ce que vous payez ».* Sa croisade fut récupérée par le Premier ministre britannique pour devenir l'*ITIE*. Pour Soros :

« Les pays riches en ressources naturelles sont souvent pauvres, car leur exploitation a pris de la prépondérance sur la bonne gouvernance. D'où des gouvernements corrompus et répressifs et des conflits armés. Il faut lever cette *malédiction des ressources.* La première étape est la transparence, la deuxième, la responsabilisation ».[33]

Mais pour Junior et ses compagnons rentrés de Pékin, les agitations de Bemba en faveur de la transparence ne seraient que de vains aboiements de chiens qui n'empêcheraient pas la caravane de passer.

« Ils avaient leur *État parallèle.* Ils avaient leurs amis. Les Chinois étaient leurs amis. Ils n'allaient rien leur refuser. Ils leur accorderont de l'encouragement, de la protection, et l'absence de contraintes légales et administratives. Ils en feront des privilégiés et des cas spéciaux. »

Les entreprises minières chinoises ne figureront pas dans les rapports *ITIE* congolais[34]. Même l'*agence nationale pour la promotion des investissements (ANAPI)* n'identifiera pas les *investissements directs (IDE)*[35] des Chinois.

« En la matière, Bemba ne laissa pas sa marque. Ni une autre trace. Un jour, agacé par les ponctions opérées à *GCM*, il en convoqua le directeur général à une réunion ministérielle qu'il présidait. Là, et au milieu d'autres sujets examinés, il plongea la main dans sa poche et en sortit un bout de papier qu'il déplia ; il le lit en silence, puis, pointant le patron de *GCM* d'un regard

---

[33] Président du *Soros Fund Management* et de l'*Open Society* - lalibre.be/debats/opinions/article/211561/lever-la-malediction-des-ressources.html

[34] Une seule entreprise extractive chinoise, sur les quatre qui avaient été identifiées, avait reçu le formulaire *ITIE* 2008-2009. Sans plus.

[35] Pour 2006, le ministre chinois du Commerce évaluait à 25 millions de dollars US les IDE chinois en RDC. L'ambassade de Chine à Kinshasa indiquera, sans autre précision, un total de 500 millions USD d'investissements chinois en RDC, sur les 10 milliards USD réalisés en Afrique entre 2005 et 2010. (ACP 26 avril 2011).

foudroyant il dit, triomphant : « nous sommes au courant de tout ! ». Mais il ne dit et ne fit pas davantage. Plus jamais...[36] »

L'opacité sera totale. Officielle et publique. Justifiée avec âpreté. Par la Chine, avec une insupportable arrogance :

« Les Occidentaux devraient donner l'exemple et dire publiquement combien ils ont pris à l'Afrique en 400 ans ! C'est seulement après qu'on nous demandera, à nous Chinois, à devenir transparents[37]. »

Cependant, l'opacité à propos de l'Afrique contredisait un précepte chinois qui énonce ceci :

« tout comme les rayons du soleil sont le meilleur antiseptique, la transparence représente la meilleure surveillance du pouvoir[38]. »

Le débriefing de 2005

Comme en avril 2002, le retour de voyage fut marqué par une célébration grandiose de la Chine. Comme quoi, les investisseurs affluaient déjà.

Le 13 avril 2005 à 14 heures 45, sur la route de Shituru, dans la cité minière de Likasi, au Katanga, l'ambassadeur de Chine Fan Zhenshui inaugura la première métallurgie chinoise. À ses côtés, Frangin (Fra), fraîchement nommé ambassadeur itinérant du Chef de l'État. Cette sortie publique était une démonstration de sa force. Après la déchéance en 2003 à cause du rapport du Panel sur le pillage et la perte en décembre 2004 du poste

---

36 Exclusif. Confidences du directeur général *GCM* d'époque.

37 Li Ruogu, président de *Eximbank of China* - Financial Times – 14 juin 2010

38 Conseil d'État chinois, cité par *Global Witness* - Mars 2011.

d'administrateur dans Anvil Mining, à cause du massacre de Kilwa.

L'ambassadeur chinois escortait une entreprise de *première classe*, opérant dans l'armement militaire. Fra avait piloté ce projet, du temps de *NOUCO* et des combines minières avec la marchande d'armes, la Chinoise *Norinco*. En 2002, *NOUCO* s'était muée en *COMIDE*[39] avec des partenaires chinois non identifiés.

En 2005, la *COMIDE* avait conclu deux associations avec la Chinoise *Wanbao Resources Corporation*[40] dénommées *Kansuki Mining Sprl* et *Feza Mining Sprl*. *Wanbao* était une filiale de *Norinco* ; l'usine congolaise devait produire des alliages de cobalt pour l'industrie d'armement chinoise[41]. *Feza Mining* opérait jusque-là dans l'exploitation artisanale ; elle possédait désormais l'usine métallurgique qui était inaugurée avec éclat. D'une capacité cuivre-cobalt de 14.600 tonnes, dont 4.000 d'alliages de cobalt. Avec 75 % de capitaux chinois et 25 % congolais.

Ces intérêts croisés des États et des individus ne manquaient pas de sel. À cause de l'opacité, il y eut des rumeurs sur une participation cachée dans le capital de Bro[42]. Et même, de la propre mère de Junior[43].

Et pour pimenter le tout, le mois précédant la cérémonie, la voiture du Congolais qui avait été directeur successivement de *NOUCO*, *COMIDE* et *Feza Mining*, fut mitraillée par des soldats de la garde présidentielle[44].

---

[39] *Congolaise des Mines pour le Développement.*

[40] lepotentiel.com/afficher_article.php?id_edition=&id_article=4635.

[41] J. Holslag, *Chinese resources and energy policy in Africa,* ULB 2007

[42] RAID, *Chinese Operations in Katanga.*

[43] Sifa Maanya.

[44] Le 9 mars 2005, Musendu Flungu fut atteint au dos. Il deviendra sénateur, et président de la commission chargée des ressources naturelles et du tou-

La deuxième classe débarque en masse

Les Chinois avaient de très bonnes oreilles et ils avaient entendu l'appel de Pékin-2005. Mais les premiers accourus étaient parfois pittoresques.

Déjà à Pékin, un commerçant s'était précipité pour offrir aux Congolais des médicaments contre le cancer et les maladies liées au Sida. Un jeune chinois débarqua dans l'Eldorado katangais avec pour tout patrimoine une vieille camionnette brinquebalante, aux pneus usagés, à la carrosserie cabossée et déformée, et dont l'essieu arrière traînait péniblement en dehors de l'axe de la route ; il ne lui manquait que quelques poules, chèvres et calebasses pour faire couleur locale.

À Lubumbashi, des protégés de Frangin (Fra) construisirent une station d'essence dans l'espace étroit d'une parcelle résidentielle, réaménagée en centre commercial lilliputien, avec boutique, restaurant et même une piscine aussi grande qu'un *jacuzzi*. C'était sur une avenue de grande circulation et en face d'une école très fréquentée : des gamins étaient désormais obligés d'emprunter la chaussée et de se faufiler entre les effluves de carburant servi à même le trottoir dans des camions pour minerais conduits par des Chinois. Ils implantèrent leurs propres feux de circulation accrochés à une perche au-dessus du croisement[45] ; les poteaux étaient peints en couleur *sable et jaune* du commerce de Fra. Et pour protéger ces poteaux, ils installèrent des pieux bétonnés occupant tout le trottoir, gênant les écoliers ; même l'intégrité d'un piquet chinois valait plus que la vie d'un conducteur maladroit ! Plus tard, on obligea les magasins de

---

risme. www.lesafriques.com/africain-de-la-semaine/musendu-flungu-le-senateur
-minier.html?Itemid=194.

[45] La même perche a été installée à l'entrée de l'aéroport de Ndjili à Kinshasa.

la ville à repeindre les façades aux mêmes couleurs commerciales de Frangin (Fra).

Il y eut rapidement des entreprises de plus grande taille. Ainsi, la *Nouvelle société de bois Yang Shushan Sprl*, créée en 2001, reçut en septembre 2005 une concession forestière de 188.672 hectares de forêts à Ingende en province de l'Équateur. Cela violait un moratoire de 2002 sur l'octroi de nouveaux titres forestiers. Ce débordement montra que la porte était grand ouverte pour les Chinois.

À Pékin-2005, le ministre Ingele Ifoto avait étalé pas moins de 35 projets pour le cuivre, le cobalt, le zinc, la cassitérite et même le coltan. Il déclara que *Gécamines* (*GCM*) recherchait de nouveaux partenaires[46].

Il s'ensuivit une ruée chinoise sur le Katanga. En trois années, ils passèrent de 42 personnes à 5.000 ressortissants. Leur grand nombre était inversement proportionnel à la qualité de leurs opérations.

Jusque-là, la plupart étaient des *électrons libres*, des aventuriers de la *« troisième classe »*. Très motivés, conquérants sans foi ni loi. Sauvages.

« La mentalité chinoise serait de se croire capable de réaliser n'importe quoi ; et ils avaient pensé qu'ils réussiraient dans les mines congolaises sans expérience ni préparation[47]. Ils faisaient du n'importe quoi. »

Par exemple :

---

[46] Le syndicat *La Nouvelle Dynamique Syndicale* aurait identifié, en 2008, jusqu'à 21 entreprises chinoises partenaires de la *Gécamines*.

[47] H.W. French, *China's second continent*, Knopf, 2014. www.theatlantic.com/ magazine/archive/2010/05/the-next-empire/8018/

« La mine de l'uranium qui avait embrasé Hiroshima et Nagasaki en 1945 avait été envahie par près de 6.000 mineurs clandestins. Certains y trouvèrent la mort brutale ou, parfois, lente. Comme ce jeune homme irradié qui déréglait les appareils électroniques dans son entourage. Des Chinois marchandaient ces minerais radioactifs sous prétexte qu'ils contenaient du cobalt… Les Asiatiques avaient envahi les concessions minières avec des engins et des camions qui ramassaient tous les produits. Ils détournaient le personnel de *GCM*, falsifiaient la teneur des produits. Le tout sans aucun impact positif pour les populations[48]. »

Il y avait des ouvriers chinois, enfermés dans les mines, comme s'ils avaient été des prisonniers[49], condamnés à des travaux forcés. Il y avait des exploitants miniers clandestins équipés de gros engins, comme parachutés, parce qu'inconnus des registres douaniers. Ils exportaient des minerais par des cargaisons tout aussi clandestines. Certains seront impliqués dans des vols de câbles électriques, une matière raffinée, qu'ils mélangeaient avec du cuivre pauvre pour en augmenter la teneur.

Mais parfois, l'épée de la Justice divine les frappait. La nouvelle usine de production de *Congo Mineral Corporation* allait incommoder une école de filles à Luisha ; elle fut complètement détruite par un incendie, à deux semaines de l'inauguration !

Dans le même temps, les relations étaient tendues entre Congolais et Chinois qui s'échangeaient des critiques. Les nationaux se plaignaient de la pollution environnementale, des manquements aux législations sociales et aux normes de sécurité des installations, de l'absence ou de l'insuffisance

[48] André Théophile Masudi, inédit, *Numerica.*

[49] *Travail forcé prisonniers chinois en Afrique*, École de guerre économique et Infoguerre,2006 www.sartorius.blogs.lalibre.be/media/02/02/144895884.pdf

d'équipements de protection individuelle de leurs agents, ou encore des abus, vexations et humiliations. Il y eut même des crimes.

Selon les Chinois, les Congolais étaient paresseux et pas dignes de confiance. Pour s'en préserver, une entreprise fera venir des ouvriers de Chine avec des contrats de deux ans et un salaire de 1000 USD par mois, de la nourriture et du logement, pendant que les familles devaient rester en Chine où on leur versait le salaire habituel dans le pays[50].

Les Asiatiques se diront victimes d'insécurité et de corruption[51]. L'un d'eux racontera le calvaire d'une amende d'un million USD qui fut négociée tant et si bien qu'il ne paya que 80.000 USD !

Par la suite, beaucoup de petites entreprises chinoises seront balayées par la crise financière internationale de 2008[52]. Celles qui survivront auraient amené, chacune, une moyenne de 1,5 million USD de capitaux pour des fours, carrières minières, dépôts ou comptoirs de minerais[53].

Il y avait des sociétés 100 % chinoises : *Huachin Sprl, Lida Afrimining, Congo Loyal Will Mining, Cota Mining, Congo Dong Bang Mining* (*CDM* - une filiale de la *Zhejiang Huayou Cobalt Co*)[54], *Jiaxing Mining Industry Congo* (une filiale de *Yingkou BL Mining Company Ltd*), et *Magma Minerals*. S'ajouteront *Emmanuel Mining, JMT Mining, Song Hua*, *Mining Industry Congo, Mining Yue, Yin Li Mining*. Etc.

---

[50] Michael Komesaroff, *China Eyes Congo's Treasures.* http://www.sarwatch.org/component/content/article/126-headline-news-for-the-drc/258-china-eyes-congos-treasures-.html.

[51] Johanna Jansson, *Pambazuka News,* Jan 2010. http://www.pambazuka.org/en/category/africa_china/63573

[52] D'après les archives de la Division provinciale des Mines,Katanga.

[53] Près de 70 ; la moitié prendra fuite lors de la crise financière de 2008.

[54] En 2008, *Zhejiang* entrera dans la *Sicomines* et le « contrat du siècle ».

Il y aura aussi des sociétés à participation mixte : *Metal Mines* (filiale de la *Nanjing Hanrui Cobalt Co Ltd* – 75 % Chinois, 25 % Congolais) et *SADRC* (51 % Chinois, 38 % Indiens, 11 % Congolais).

Congo International Mining Corporation (CIMCO) et *Metal Mines* sortaient du lot avec du cuivre raffiné (dit *cathode*), mais en faibles quantités : respectivement 1.900 et 1.800 tonnes par an. Suivait en qualité, *Feza Mining* avec 1.500 tonnes d'alliage blanc. *Huachin* avait la capacité la plus importante avec 8.000 tonnes par an, mais en cuivre noir, dit *blister*. Ce métal de fonte et impur sera aussi produit par *Congo Loyal* (7.300 T), *Cota Mining* (6.800 T), *CDM* (6.500 T) et une kyrielle de « mangeurs de cuivre »[55] tels que *Jiaxing Mining* (3.500 T), *Magma Minerals* (3.000 T), *Sadrc* (1.250 T) et *Huachin Sprl* (1.000 T)[56].

Faux investisseurs, ces Chinois étaient des *bricoleurs* :

« Ils avaient afflué dans un Katanga qui produisait du cuivre et du cobalt raffinés à 99 % ainsi que plusieurs autres métaux. Avec un seul opérateur performant, *Gécamines*. Cela depuis un siècle. Débuter le XXIe siècle avec de nombreux petits opérateurs minables et une multiplicité d'espèces de produits de qualités variables marquait une régression dans l'exploitation minière, une baisse de la valeur ajoutée locale et, surtout, l'impossibilité de contrôler les opérations, les produits et les revenus. »

Les rendements fiscaux pour l'État congolais seront également très faibles. Cette activité chinoise bénéficiait de solides protections[57].

---

[55] Métallurgistes traditionnels, fabriquant les fameuses croisettes de cuivre.

[56] Capacités métallurgiques recensées par le service des mines du Katanga.

[57] En 2010, la production réelle chinoise en tonnage exporté et en taxe (2% de la valeur marchande) sera pour *Metal Mines* (Cu : néant ; concentré de

Une firme employait en plein centre de Lubumbashi des femmes et des enfants pour écraser des minerais bruts, sans masques ni gants, au milieu de nuages de poussière toxique, dans un entrepôt fermé. Des esclaves du XXIe siècle ! La marchandise était mise en sacs, et exportée.

L'autorité provinciale ne réagit pas.

Une autre firme chinoise, *CDM*, avait installé un broyeur de minerais bruts qu'elle exportait comme « concentrés de cobalt ». Mos, le gouverneur de la province, ferma les installations. Les Chinois haussèrent les épaules en annonçant que Kinshasa aurait le dernier mot. Peu après, Mos revint sur les lieux pour proclamer très sérieusement :

« *CDM* a tout de même quelques toilettes pour ses travailleurs ! Par conséquent, elle remplit les conditions d'exploitation. Elle peut rouvrir[58] ! »

---

cobalt (Co) 12.774T qui ont rapporté à l' État USD 301.000), *CIMCO* (Cu 1.929 et Co 356 pour USD 248.616), *Feza Mining* (Alliage blanc de Cu : 4.361T, pour USD 504.626 à l' État), *Huachin* (Cu noir 4.625T, pour USD 325.377), *Congo Loyal* (Cu noir 16.767T, pour USD 1.314.200), *Cota Mining* (concentré Co 564T, Cu noir 2.325T, pour USD 117.845), *CDM* (Concentré Co 21.165t, Concentré Cu 6.250T, Cu Noir 14.757T, pour USD 1.405.044), *Jiaxing Mining* (Cu noir 2.613T, pour USD 192.783), *Magma* (Cu noir 894T, pour USD 46.859) *Sadrc* (Cu noir 220T, pour USD 16.709), *Huachin* (Cu noir 4.625T, pour USD 325.377). Etc. Division des Mines Katanga.

58 En 2011 *CDM* prétendra s'associer à la lutte contre la pauvreté avec l'annonce de projets agricoles de semences améliorées et d'engrais chimiques.

Deux premiers de la première classe

Le véritable appel de Pékin-2005 s'adressait aux entreprises de *première classe* : celles qui sont la propriété de la *mère patrie*, les outils de sa géostratégie. Elles bénéficient de l'assistance de tous les organes de l'État, notamment financiers et diplomatiques, y compris l'*intelligence économique*[59] et l'espionnage. Deux entreprises se détachèrent.

Sinohydro Corporation se manifesta à Pékin même[60]. Le *huitième voyage* fut l'occasion de renforcer son image de leader dans la construction d'infrastructures (routes, chemins de fer, ports et aéroports), la fabrication et l'installation de matériels hydroélectriques et hydromécaniques. *Sinohydro* comptait 27 filiales, dont 17 lui appartiennent totalement, avec, en 2007, un résultat de 7 milliards USD. La firme assurait également des services en matière d'investissement et de financement dans des montages financiers incluant travaux et ressources naturelles.

Sinohydro était déjà présente au Congo, depuis 2001. Elle avait gagné, par sa filiale *China national water resources and hydropower engineering corporation,* les premiers marchés routiers de la Banque Mondiale sur les axes Kinshasa-Matadi et Beni-Nia Nia. À Pékin-2005, et bien inspirée[61], la firme organisa pour les Congolais de *Regideso*

[59] Espionnage pour obtenir des informations par des sources accessibles : visites, colloques et conférences, revues, Internet, appels d'offres…

[60] En 2006, on parla de la *Fuzhou Huasheng Textile Co Ltd* qui allait fabriquer à Kinshasa des moustiquaires imprégnées exportées en Afrique centrale. On parla également d'une certaine *CMSC* qui construirait à Kinshasa une usine de traitement d'eau d'une capacité de 220.000 mètres cubes, pour 100 millions USD avancés par le gouvernement chinois au taux d'intérêt de 4,5%. Mais en 2011, ce sont des projets de la *Banque Mondiale* qui seront concrétisés.

[61] 13 ans plus tard, en 2018, elle sera soumissionnaire pour le barrage Inga3.

et de *SNEL*[62] une visite du fameux « Barrage des trois Gorges » (2.309 mètres de long, 185 mètres de haut et 26 turbines développant 18.200 mégawatts[63]).

À Pékin-2005, le Congo avait présenté 35 projets miniers. Cela intéressa *China Railway Engineering Corporation* (*CREC),* une entreprise étatique composée de 31 sociétés et de 17 filiales ; le troisième groupe mondial de construction. Constructeur principal du réseau ferré chinois.

CREC cherchait à se diversifier dans les mines au Brésil, au Chili et au Pérou, puis en Zambie[64]. Réagissant au quart de tour, *CREC* dépêcha, en mai 2005, à Kinshasa Min Guowei, le vice-président de sa filiale *Chinese Overseas Engineering Company (COVEC).* Gowei annonça la construction d'un complexe industriel à Kamatanda-Luisha, sur les terres de *Gécamines*. C'était osé !

À l'époque aussi, *China Railway* (*CREC)* venait d'acquérir *Changfulong Gold Mine*, une concession de seulement 7 kilomètres carrés dans la région autonome de la Mongolie-Intérieure, pour un investissement de seulement 6 millions USD en vue d'extraire de l'or en 2008. C'était sa toute première référence minière ! Car à l'époque, l'expérience en mines de *CREC* était nulle, et financièrement insignifiante !

Fin 2005, le ministère des Mines autorisa l'entrée de *COVEC*, dès janvier 2006, dans *La Minière de Kalumbwe Myunga Sprl (MKM).* Cette entreprise avait deux mines ayant des réserves de 50.000 tonnes de cuivre et 10.000 tonnes de cobalt. *COVEC* prit 71 % de *MKM* aux côtés de *GCM* (17,5 %) et de *EXACO (Exploitations Artisanales au Congo)* (11,5 %)[65]. *MKM* aménagerait carrière et usine de

---

62 Sociétés congolaises de production et de distribution d'eau et d'électricité.
63 La moitié du potentiel, au Congo, du *Grand Inga,* de 40.000 mégawatts.
64 Selon Johanna Janson, citée par David G. Landry, CARI Nr 16, 2018
65 Avant *COVEC,* le capital de *MKM* était de 45% *GCM* et 55% *Exaco.*

traitement et démarrerait en mai 2006, mais les sondages ne débutèrent qu'en 2007.

Le 7 avril 2006, *COVEC* conclut une deuxième association à 72 % avec *GCM* (28 %) au sein de *La Compagnie Minière de Luisha* (*COMILU*)[66], richement dotée de réserves de 1.588.975 tonnes de cuivre et 21.700 tonnes de cobalt, valant environ 3,5 milliards USD. L'arrangement devait être soumis à l'approbation du gouvernement chinois qui donne toujours son aval aux entreprises étatiques. Après cette réussite de *COVEC*, *CREC* prit elle-même le contrôle de *COMILU* avec 36,72 % aux côtés de *COVEC* (35,28 %) et de *GCM* (28 %)[67].

Puis, Frangin (Fra) intervint. Il orienta Simon[68], « qui était déjà établi en RD Congo et ses partenaires… », pour prêter 60 millions USD à Gécamines. C'est finalement *COVEC* qui donna cet argent[69]. Ce prêt fut mal négocié par le Canadien Paul Fortin qui sera désavoué. Finalement, *GCM* ne consomma que 38 des 60 millions USD chinois.

« Curieusement, mais systématiquement, chaque échéance électorale[70] sera précédée par des cessions minières à vils prix. Et lorsqu'il n'y aura plus de mines, on recourra à des conflits et à des ruptures de contrats pour arracher des solutions négociées et, sans doute, rémunératrices ! »

Il semble que *COVEC* était engagée dans une opération de placement financier et que les 60 millions « offerts » étaient

---

[66] En 2006 : *GCM* 28% et *COVEC* 72%. Puis, *GCM* 28%.

[67] Le contrat *COMILU* sera critiqué. La *Sofreco* qui faisait diriger la *GCM* n'avait pas été informée du prêt *COVEC* et les risques étaient mal partagés. En 2006, le *Comité de Pilotage de la Réforme des Entreprises Publiques (COPIREP)* voulut faire évaluer *COVEC*. En 2007, une commission demanda de renégocier le contrat.

[68] Cong Mao Huai, l'incontournable intermédiaire des projets chinois

[69] Katumba, op.cit p 195

[70] 2006, 2011 et 2016.

en réalité le prix des minerais de Luisha, exportés à l'état brut. Sous prétexte de préparer une exploitation industrielle, *COVEC* ramassait les minerais bruts de Luisha avec des creuseurs chinois qui seront surpris par la télévision belge. Arrogante, *COVEC* proposa de prendre à son compte le tronçon de chemin de fer entre Luisha, Lubumbashi et Sakania pour évacuer ses propres produits. Comme quoi les Chinois investiraient ! mais uniquement pour leur propre utilité directe !

Les murs d'une école prestigieuse voisine furent fissurés par l'usage d'explosifs, les routes d'accès, menacées par les extractions intensives des minerais. En 2007, *COVEC* obtint du Ministère des Mines[71] la délocalisation de l'école, moyennant une dépense de trois millions USD pour la reconstruction de 5 hectares de bâtiments ! En lieu et place des 50 millions USD, au moins, qu'ils valaient. Une fois de plus, les Chinois passaient avant la formation de la jeunesse, même si l'école devait être hébergée dans des cabanes ! La mesure de délocalisation provoqua des manifestations d'hostilité dans les villes, et même à l'étranger. La décision fut suspendue. Une autre fois, des inspecteurs de la sécurité sociale tenteront d'entrer à *COVEC*, pour collecter des cotisations obligatoires ; ils furent refoulés par des Chinois armés de sabres et assistés de chiens méchants. Cette insurrection contre l'État congolais suscitera une réaction molle : on déplorera « l'incompréhension des *frères* chinois ».

Éthique mise à part, les deux géants, *Sinohydro* et *CREC* ne faisaient pas le poids en mines. Bien entendu, il était inconcevable que la Chine manquât de Dragon, assoiffé et à la langue fourchue et enflammée, qui foncerait, toutes griffes dehors, sur les richesses minérales congolaises.

---

[71] Avec les sociétés voisines LME (TSM) et CMSK.

C'était une autre histoire. La vraie histoire de Pékin-2005. Elle rebondira sans cesse à partir de 2007.

Les joyaux de Kolwezi

2005. Comme les temps changent ! L'exploitation du cuivre de *Gécamines* (*GCM*) avait brillé à Lubumbashi et Kipushi *(groupe Sud),* à Likasi, Kambove et Kakanda *(groupe Centre)* et à Kolwezi *(groupe Ouest)*. Cette dernière localité avait bénéficié d'un formidable projet de développement futuriste dit « P2 », avec de nouveaux quartiers, des carrières, des mines et des usines reliées par des autoroutes. Cette vision ambitieuse de l'avenir s'ajoutait à l'exploitation par la technologie de pointe et la richesse des métaux raffinés : cuivre, cobalt, zinc. C'est pour garder ce joyau dans le giron de l'Occident que la Légion étrangère française y sauta, en 1978, pour en déloger des rebelles à Mobutu, venus d'Angola.

Près de trente ans plus tard, ces installations prestigieuses étaient à l'abandon. Mais les richesses étaient toujours enfouies. Très bien répertoriées, elles pouvaient être exploitées rapidement. La Banque Mondiale avait planifié la relance de cet important pôle minier, mais Kinshasa avait entrepris, poursuivi et réalisé le dépeçage de ce joyau.

GCM avait morcelé Kolwezi en trois blocs principaux :

« Il y avait un lot de 112 millions de tonnes de rejets à haute teneur à Kingamyambo et Musonoi, permettant une exploitation de 50 ans. Ensuite, la fameuse mine de cuivre *KOV*, la plus riche, remise à Bro. Enfin, et surtout, les fabuleuses carrières, mines et usines de Kamoto/Luilu d'une capacité de 150.000 tonnes de cuivre et 5.000 tonnes de cobalt par an. Des minerais raffinés à 99,9 %. Ce lot de premier choix avait toutes les infrastructures, dont l'alimentation électrique. Les minerais venaient d'une carrière, avec des bennes de 250 tonnes, et d'une mine où l'on pénétrait par une autoroute souterraine. Le concentrateur de Kamoto alimentait l'usine de Luilu par un pipeline. C'était *giga* ! »

Ce bel ensemble s'effondra avec la mine, en 1990.

« Suite au vol par Mobutu de sa réserve d'un demi-milliard USD, et par excès de zèle, la *GCM* suivit aveuglément les conseils d'un bureau d'études américain et grignota les piliers de soutènement de la mine qui contenaient des minerais riches. Et la voûte s'écroula.

Derrière cela, il y avait une histoire secrète et honteuse[72]. Une firme américaine avait conseillé le grignotage des piliers de la mine. Elle était responsable et coupable de la catastrophe. Mais lorsque le dossier fut préparé par les ingénieurs *Gécamines*, Kinshasa s'interposa et préféra introduire une demande d'indemnisation modeste auprès de l'*Union européenne*[73]. Incontestablement, la firme américaine les avait corrompus. Pour comble de malheur, suite aux massacres d'étudiants au campus universitaire de Lubumbashi, l'*Union européenne* suspendit sa coopération. »

En 2006, *Kamoto Copper Company (KCC)* obtint l'ensemble en visant, en six années, le volume habituel à *GCM*, et à devenir un des gros producteurs mondiaux.

Bro saute sur Kolwezi

2005. La « visite de travail » de mars en Chine avait précédé la fin officielle, le 30 juin, de la transition politique qui avait débuté en 2003. La période fut prolongée d'une année :

« On était entré dans la dernière ligne droite avant le référendum constitutionnel et les élections. Ensuite, il serait

---

[72] Récit exclusif d'un ingénieur belge, désabusé et en colère.

[73] À l'époque CEE, *Communauté européenne.*

trop tard pour ménager des butins de guerre. Il fallait faire vite. Les circonstances étaient favorables à *l'État parallèle.* La *commission Lutundula* sur les contrats miniers fut définitivement enterrée. Exit les empêcheurs de tourner en rond ! Et dans l'arène, les spéculateurs se pressaient pour obtenir une part du gâteau minier, contre les recommandations de la *Banque Mondiale*, contre le bon sens et les intérêts du pays. On imagine les échanges d'espèces sonnantes et trébuchantes. Il n'y a eu aucun d'appels d'offres, mais des arrangements de salon. Et au rabais ! ″

Les bénéficiaires diront plus tard qu'ils « avaient pris des risques » ! Des risques, certes : non pas de perdre leur argent, mais de rater le pillage !

« Jamais pays n'a été vendu de cette manière. On dénoncera les contrats miniers comme léonins. Ils l'étaient incontestablement. Mais chose admirable, l'État avait donné les joyaux miniers et les ressources des populations futures à des aventuriers et spéculateurs du capitalisme sauvage. Tous les bénéficiaires étaient des sociétés *offshores.* Plus admirable encore, ils ne payaient même pas, réellement. Ils pouvaient hypothéquer les minerais de l'État pour obtenir des emprunts en gardent la majorité du capital des entreprises ainsi financées. L'homme noir était-il à ce point inapte et bon à être exploité pour forger ses propres chaînes et tendre les bras pour enserrer les mains, ou les faire couper ? Donner ses champs miniers et mourir de faim financière ? Dix années plus tard, aucun bénéficiaire du gâteau de 2005 n'avait gardé son exploitation. Tous auront cédé et revendu les mines et installations avec de plantureuses plus-values. Détaxées, en plus. Ce fut un véritable *hold-up* ! Planétaire ! »

2005. Le parcours de Bro était époustouflant. Irrésistible. Une histoire extraordinaire, savoureuse par ses anecdotes.

Bro était juif ultra-orthodoxe de la branche de l'Haredi, selon laquelle, entre autres, « l'égalité homme-femme et la mixité sont totalement rejetées, au profit d'une organisation sociale basée sur la supériorité des hommes, et, plus particulièrement, des rabbins »[74]. Et il était flanqué d'un rabbin personnel ! Il n'hésitera pas à affréter un jet à 23.000 USD[75] pour amener des plats *casher*. Ou à faire venir, par des vols spéciaux d'Israël, de New York et de Bruxelles, des invités, rabbins, chanteurs et orchestre religieux à une réception à l'hôtel Memling de Kinshasa pour la *Bar Mitsvah*[76] du fils d'un ami. Il pouvait se le permettre. Sept années après son débarquement au Congo, le magazine Forbes sacra Bro, 71e fortune israélienne, avec pas moins de 250 millions USD[77].

Et quatre mois après Pékin, Bro avait obtenu définitivement la mine *KOV*. Le 15 juillet 2005, le projet *DRC Copper and Cobalt Project (DCP)* fut approuvé par le Conseil des ministres congolais. C'était un festin. La même réunion avait bradé trois autres mines fabuleuses : *Tenke-Fungurume* et, à Kolwezi, les rejets de *Kingamyambo et de Musonoi* et l'ensemble de premier choix *Kamoto/Luilu.*

Le 4 août 2005, feu vert à *DCP* par décret présidentiel.

Le 13 octobre 2005, les titres miniers lui furent délivrés. Avec ces documents officiels, Brother (Bro) avait en poche plusieurs milliards USD. Pour une destination bien précise qu'il avait en tête, depuis 2004 et à Pékin-2005[78].

---

[74] *Wikipedia* V° Assidisme.

[75] Keith Harmon Snow - *Gertler's Bling Bang Torah Gang.* http://Dissidentvoice.org/2008/02/gertlers-bling-bang-torah-gang/

[76] Rite d'initiation juive, marquant le passage à l'âge adulte.

[77] Selon ses avocats Herzog, Fox & Neeman, Dossier 23408. En 2018, il pèsera 1,2 milliard USD avec 14 entreprises opérant sur la RD Congo.

[78] Suite du récit.

Le 3 novembre 2005, Shen Heting de *China Metallurgical Construction Group Corporation (MCC)* et *Global Enterprises Corporate (GEC)* contractèrent au New Century Hotel une coopération pour le cuivre et le cobalt de *KOV*.

Bro était représenté par Chaim Lebovitz, son compère blanc de la visite de travail de Pékin-2005. Une cérémonie toute en pourpre, avec hôtesses et la banderole « Framework Agreement signing ceremony of KOV Kopper-Cobalt Project between *GEC* and *MCC* »[79].

Et la vérité éclata : à la veille de ses 33 ans, Bro avait roulé pour capturer la Chine !

MCC était une société étatique. Elle devint la première entreprise de la *première classe* dans les fabuleuses richesses minérales du Congo.

MCC possédait la meilleure expertise chinoise en transformation et utilisation de métaux et en développement, production et distribution d'équipements de métallurgie. Elle était souvent choisie par le gouvernement chinois pour l'exploitation de ressources naturelles.

MCC avait investi près d'un milliard USD dans des opérations minières en dehors de la Chine, et la prise d'intérêts dans la production des minerais de fer, de cuivre, d'or, de nickel, de zinc, de cobalt, de plomb et d'aluminium.

Par la suite, le président de *MCC*, Shen Heting, ira à Londres pour finaliser le projet *KOV* et un nouveau protocole de coopération avec *GEC*[80].

L'entreprise chinoise allait participer au financement de *KOV* et, en retour, elle achèterait la production estimée à 250.000

79 http://www.mcc.com.cn/english/ShowArticle.asp?ArticleID=1938.

80 metalbulletin.com/Article.aspx?ArticleId=1520244&Category=NonFerrous

tonnes de cuivre raffiné, pouvant être portée à 400.000 tonnes, et à 27.500 tonnes de cobalt par an. La durée de l'exploitation serait de 29 ans.

"Le plus grand investissement minier chinois, sans financement étatique ni gage de ressources naturelles."

De quoi contribuer à étancher la soif du Dragon !

Grâce à cet important engagement chinois, *GEC* se fera absorber par une nouvelle société : *Nikanor*[81].

Le miroitement de l'exceptionnelle richesse du gisement en cuivre, attira jusqu'à 800 millions USD de placements. Car *Nikanor* entrera à la Bourse de Londres-AIM[82].

Un coup magistral de Bro et ses compères. Une année plus tard, *Nikanor* atteindra une capitalisation boursière près de deux fois supérieure. La bonne affaire pour Bro !

Mais ce n'était qu'une *bulle* spéculative, sur le dos des Chinois de *MCC* qui amèneraient l'argent et le travail.

De leur côté, certains Congolais avaient dénoncé :

« Les Chinois prennent progressivement pied en RD Congo. La *GEC* a revendu la quasi-totalité de ses parts aux Chinois de *MCC*. À Kolwezi, tous les ouvriers sont Chinois, même des maçons[83]. »

---

[81] 28% d'actions sur le marché, 36% BSGR *(Beny Steinmetz Group Resources),* 22% *Gertler Family Trust* et 14% pour Bro.

[82] *Alternative Investment Market* créée pour des PME, et gérée par la vénérable bourse *London Stock Exchange* (LSE)

83 congoindependant.com/article.php ?articleid=1424, 27 avril.

La théorie des exoplanètes

Sous peine de haute trahison

L'aérogare de Lubumbashi est surmontée d'un immense panneau proclamant *« ne jamais trahir le Congo »*. Il y avait eu le même, à Kinshasa.

« Le problème est le personnage qui accompagne ce message : le Vieux ! Celui-là même qui avait lancé le cycle de descente aux enfers avec le massacre et les accords de Lemera en 1996. Qui était à la tête de ce qu'il avait lui-même reconnu comme un « conglomérat d'opportunistes et d'aventuriers assoiffés d'argent, foyer de médiocrité, enclins à la course effrénée, à l'enrichissement rapide, à la rapine, au pillage »[1]. Qui avait livré le pays à des étrangers qui l'avaient porté au pouvoir. Qui avait concocté et légué la *culture du caillou* et le pillage des ressources naturelles. Désormais des *crimes de haute trahison.* »

À part l'Atlantide qui est le seul continent qui aurait disparu complètement, on ne peut pas sérieusement désespérer d'un pays en difficultés.

Au pire, ce sont ses habitants qui disparaîtraient, mais ils seraient remplacés par d'autres. Comme quoi, le Congo serait éternel, mais pas les Congolais ! Tel est le défi de la souveraineté des peuples. Le droit protège les États, mais pas les gens ; ils dépendent de leurs dirigeants.

En février 2006, un nouveau Congo était né de la volonté de réformer. Nourrie par les expériences malheureuses et ruineuses passées et par les meilleurs mécanismes pour baliser l'avenir, une nouvelle Constitution avait été adoptée par référendum populaire. Il y avait une nouvelle organisation de pouvoirs indépendants[2]. Finie la violence pour la conquête et la conservation du pouvoir, lequel n'était

---

[1] Journal prorégime l' Avenir, in congoforum.be/fr/nieuwsdetail.asp?subitem=1&newsid=157448&Actualiteit=selected

[2] Judiciaire, législatif et exécutif.

plus un butin, mais une obligation avec un mandat, limité dans le temps, de servir le pays et ses gens.

Avec la proclamation d'un *État de Droit* où tout le monde se soumettrait aux mêmes règles, il n'y avait plus de place pour un *État parallèle*. La fin des bricolages de Vieux et du réseau des élites qui lui avaient survécu. L'occasion d'un *reset* : de remettre le pays à plat et sur les rails. L'une des nouvelles règles[3] concernait les ressources naturelles :

« Tout acte, tout accord, toute convention, tout arrangement ou tout autre fait, qui a pour conséquence de priver la nation, les personnes physiques ou morales de tout ou partie de leurs propres moyens d'existence tirés de leurs ressources ou de leurs richesses naturelles, sans préjudice des dispositions internationales sur les crimes économiques, est érigé en *infraction de pillage* punie par la loi[4] ».

« Les actes visés… ainsi que leur tentative, quelles qu'en soient les modalités, s'ils sont le fait d'une personne investie d'autorité publique, sont punis comme infraction de *haute trahison*[5] ».

La sévérité des règles répondait à l'urgence de la situation.

« Rien qu'à *Gécamines (GCM),* on avait bradé au moins 320 milliards (Md$)[6] USD de réserves minières en cuivre, cobalt et zinc. Compte non tenu des métaux de haute valeur, contenus dans des produits exportés tels que le Germanium, le Rhénium, l'Or, l'Argent, le Sélénium, le Cadmium, le Gallium, ou l'Uranium. Le Congo subit la plus grande escroquerie des temps modernes[7] ! Ce pillage du trésor minéral d'un État souverain est comme un « crime contre l'humanité », car ce

[3] Calquées sur les *Pactes internationaux de* 1966; l'un relatif aux droits civils et politiques et l'autre, aux droits économiques, sociaux et culturels.
[4] 20 ans de prison pour le président de la République.
[5] Articles 56 et 57 de la constitution congolaise de 2006.
[6] 200 Md$ pour le cuivre, 100 Md$ pour le cobalt et 20 Md$ pour le zinc.
[7] http://liondjo.afrikblog.com/archives/2006/05/19/1908320.html.

pillage tue, opprime et déstabilise au profit d'un capitalisme néocolonialiste perfide[8]." »

Vint 2006 avec l'heure de la vérité ! Les contrats miniers *léonins* étaient annulables parce que contraires à la constitution. Ces corrections étaient-elles possibles ? N'allait-on pas décourager les investisseurs ? Robert Crem, ancien patron de *GCM* témoigna :

« J'avais dénoncé en 1983 la convention d'exploitation de Tenke-Fungurume attribuée au projet franco-japonais *SMTF* conduit par le puissant américain Maurice Tempelsman. Il n'y avait pas eu de tempête ! »

L'heure était aussi favorable. La soif de la Chine allait faire exploser les cours des matières premières[9]. Une chance énorme pour le Congo, réputé le plus richement doté au monde. Le même Robert Crem mit en garde :

« L'attrait des matières premières, dans une économie mondiale libéralisée, est pire que le défunt colonialisme ! »

Ainsi, instruite des errements du passé, la RD Congo repartait en pleine connaissance de ses véritables intérêts et des moyens de sa reconstruction pour un développement durable et prospère.

Une opportunité historique pour son indépendance et sa souveraineté. »Faute de quoi il risquait, non pas de rater une simple occasion, mais de passer de l'historique colonisation *subie* à une nouvelle colonisation *choisie ! »*

---

[8] Robert Crem sur www.congolite.com – 2006.

[9] 2.900 USD/t en 2004, 4500 en 2005 ; pic à 10.000 USD le 2 février 2011.

« Arme de Destruction Massive » pour contrats léonins

Cinquante ans auparavant, les sociétés *Union Minière du Katanga* (devenue *Gécamines*), *Chemins de fer du Bas-Congo au Katanga* (*BCK,* devenue *SNCC*) et *Cominière* (devenue *MIBA*) avaient fait don à la ville de Lubumbashi du prestigieux *Théâtre de la Ville*[10]. Cet ensemble avec sa rotonde de 650 places, un théâtre de verdure et un palais des congrès fut salué comme « l'un des cinq plus beaux théâtres modernes au Monde » et le « plus moderne complexe culturel qui se puisse voir en Afrique[11] ».

L'œuvre, qui avait révélé au monde l'architecte belge Claude Strebelle, continue d'intriguer ; en 2008, une envoyée spéciale du Washington Post, émerveillée, y verra la représentation du casque du Roi des Belges !

Fait remarquable, les trois compagnies coloniales n'avaient pas apposé de plaque commémorant leur don[12]. Et l'oubli de cette donation avait comme emporté la beauté exceptionnelle et la destination de ce temple de la Culture qui avait reçu de grands artistes internationaux. Désormais, le *Théâtre de la Ville* hébergeait, à l'instar du *Palais du Peuple* à Kinshasa, les députés de la province, avec des dossiers sur les genoux. Un autre *pillage* : celui des espaces et activités culturels et de l'âme des peuples !

Le lieu abrita une conférence internationale du Barreau. Un conférencier parla en faveur de l'intangibilité des contrats miniers :

---

[10] Rebaptisé, par manque d'inspiration, « *Bâtiment du 30 Juin* ».

[11] Jeune Afrique,- *Cahier de l'Union Africaine Arts et Lettres* (n° 24, 1956).

[12] Mais cinquante ans plus tard, de simples panneaux de signalisation routière étaient marqués *« don de X ».*

" Pour la sécurité des investissements, un contrat reste un contrat ! C'est un principe fondamental : la convention est la loi des parties. »

Ces propos furent rejetés par un autre juriste qui trancha :

« Les Congolais ont des intelligences pour anéantir ce qui est criminel ! »

La question des *contrats léonins* fut posée ailleurs :

« Après le rapport de la commission gouvernementale de *révisitation* des contrats miniers et les États généraux des Mines, les pilleurs des ressources minières, de 2002 à 2008, resteraient impunis ? Nulle part, on n'avait exigé des sanctions contre ceux qui avaient négocié des contrats léonins ni les fameux investisseurs. Tout se passe comme si le gouvernement avait levé l'option de verser, dans le compte des pertes et profits, les préjudices moraux et financiers subis par la République et les populations après le bradage du pays. »[13]

Que faire ? Les juristes connaissent « l'enrichissement sans cause » et le « recel ».

« Les premiers bénéficiaires des mines avaient arraché des participations au capital, des modalités d'exploitation et des revenus excessifs et déséquilibrés, mais pour revendre ces droits abusifs. Les acheteurs connaissaient le climat pestiféré des acquisitions et ils avaient payé cher pour garder les avantages indus. Ils étaient complices. C'étaient des receleurs. Ils ne pourraient pas dire : « nous gardons tout ; car nous n'étions pas là… »"

Mobutu disait : « s'il y a un corrompu, c'est qu'il y a un corrupteur » !

[13] Jacques Kimpozo Mayala, *Le Phare,* mars 2008.

Il fut un temps où plusieurs pays[14] autorisaient la corruption à l'étranger. Les entreprises pouvaient verser des dessous-de-table pour gagner des marchés extérieurs ; une cellule gouvernementale validait les montants des indélicatesses pour qu'ils ne soient pas considérés comme des revenus taxables. Mais depuis 2000, la France punit de 10 ans de prison et 150.000 EUR d'amende la corruption d'agents publics étrangers[15]. La Suisse a aussi suivi.

Les temps ont changé. Pour qui le voudrait, la corruption ne paie plus. Ce changement a débuté aux États-Unis avec la *Foreign Corrupt Practices Act*, la loi anti-corruption votée en 1977 sous la présidence de Jimmy Carter. Elle interdit la corruption dans la conclusion des contrats à l'étranger, sous peine d'amendes jusqu'à 2 millions USD.

Cette législation fut appliquée au Congo : Mobutu avait instruit ses hommes de ne plus solliciter des *bakchichs* aux Américains.

Plus tard, lorsque la chargée d'affaires de l'ambassade des États-Unis[16] escorta l'acquisition du plus grand gisement minier de cuivre au monde et la dame se retrouva sans vergogne, avec armes et bagages, dans l'exécutif de l'entreprise minière américaine[17], elle fut, par précaution, soumise à un contrôle des critères de la législation Carter.

---

[14] Notamment la France et la Suisse.

[15] L'exécution laisse à désirer : http://lexpansion.lexpress.fr/actualite-economique/la-france-n-en-fait-pas-assez-contre-la-corruption-estime-l-ocde_1614813.html

[16] Melissa Wells.

[17] *TFM (Tenke Fungurume Mining)* pilotée de Phoenix, Arizona, par *Phelps Dodge*, puis par *Freeport-McMoRan Inc* qui revendra à des Chinois, en 2016.

Il y aura d'autres cas[18] pour les USA. Tous les pays qui s'y sont mis.

Par exemple, le Canada a sa loi sur la corruption d'agents publics étrangers[19]. De la même manière, *l'Organisation de Coopération et de Développement Économique (OCDE)* avait émis des Principes Directeurs à l'intention des entreprises multinationales. L'*OCDE* a aussi une Convention de lutte contre la corruption d'agents publics étrangers dans les transactions commerciales internationales qui fut ratifiée en 2000. Ce texte fustige à la fois les corrupteurs et les corrompus. L'*OCDE* a courtisé les pays émergents, dont la Chine[20], pour qu'ils adoptent ces principes.

En 2005, la Chine a adhéré à l'initiative conjointe de l'*OCDE* et de *la Banque Asiatique de Développement (BAD)* pour lutter contre la corruption, dans la région Asie-Pacifique ! Pékin participa aussi à l'élaboration d'une

[18] En 2016, le fonds d'investissement américain *OCH-ZIFF* reconnaîtra avoir violé la législation Carter en corrompant des dirigeants africains pour s'emparer des matières premières. *OCH-ZIFF* payera 413 millions USD d'amendes et pénalités. On a alors parlé de versements de 10,7 millions USD au « responsable RDC-1 », une personne « haut placée capable d'agir et d'influencer officiellement sur les dossiers miniers ». Et 23,5 millions USD pour son plus proche conseiller, le « responsable RDC-2 ». Selon l'agence Bloomberg le « responsable RDC1 » aurait été identifié comme Junior et le « responsable RDC2 », comme Fra « ancien gouverneur du Katanga , « ambassadeur itinérant et parlementaire » jusqu'à sa mort, le 12 février 2012. http://www.jeuneafrique.com/mag/363857/societe/corruption-fonds-dinvestissement-americain-och-ziff-a-main-basse-lafrique/

[19] *SNC-Lavalin* a été poursuivie en 2015 pour corruption en Libye, du temps de Kadhafi. Sur base de la Section 3(1)(b) : « Commet une infraction quiconque, directement ou indirectement, dans le but d'obtenir ou de conserver un avantage dans le cours de ses affaires, donne, offre ou convient de donner ou d'offrir à un agent public étranger ou à toute personne au profit d'un agent public étranger un prêt, une récompense ou un avantage de quelque nature que ce soit (…) pour convaincre ce dernier d'utiliser sa position pour influencer les actes ou les décisions de l'État étranger ou de l'organisation internationale publique pour lequel il exerce ses fonctions officielles. »

[20] Brésil, Russie, Inde et Chine (BRIC).

nouvelle norme ISO[21] de la responsabilité sociétale des gouvernements, des ONG et des entreprises qui devraient intégrer le développement durable dans leurs activités et leur croissance. Finalement, la Chine elle-même rendra criminels les actes de corruption à l'étranger[22].

En RD Congo existe le principe juridique selon lequel « la fraude corrompt tout ». Il suffirait de prouver ou d'avouer « la corruption » pour qu'un contrat de multinationale des plus aguerries soit annulé.

«La corruption, cette probable seconde nature des Congolais, est si omniprésente qu'on doit la présumer dans tous les contrats incriminés. Toujours établie, elle est l'Arme de Destruction Massive (ADM) des contrats léonins. Cela, devant TOUS les tribunaux du monde entier. »

Quels Congolais appuieraient sur ce bouton rouge ?

À retenir.

La théorie des exoplanètes

À Kinshasa, ceux qu'on appelle *« Occidentaux »* avaient mis le paquet pour relancer les coopérations multilatérales et bilatérales avec Kinshasa, asseoir de nouvelles institutions et les nouveaux dirigeants élus. Rien n'aurait été possible sans cet appui coûteux. Si ces actions caractérisaient des « Occidentaux », alors, les Chinois étaient aussi des « Occidentaux » ! Pékin siégeait avec les puissances qui accompagnaient la transition politique et la relance économique congolaises. La Chine devait, elle aussi, renforcer et compléter ce qui était nécessaire et utile.

---

[21] *Organisation Internationale de Normalisation ISO 26000* (la gouvernance, les droits humains, les relations et les conditions de travail, les consommateurs, les communautés, le développement local, environnement, éthique).
[22] En 2011.

Néanmoins, l'effervescence des richesses naturelles avait attiré des *Occidentaux*. Des Blancs. Des individus, non mandatés par leurs pays, et qui abusaient de la situation, jusqu'à se dire « Congolais » sans avoir jamais demandé la naturalisation. Plusieurs furent épinglés par le Panel de l'ONU sur le pillage. Et par la *commission Lutundula.*

Les États-Unis semblaient exceptés. Mais Washington tirait profit de son financement habituel du quart des opérations de maintien de la paix dans le monde, pour prendre la tête de la *Mission des Nations Unies au Congo* (MONUC)[23] ; il délégua William Lacy Swing[24] et Roger Meece[25].

Plus fondamentalement, la course aux richesses naturelles avait changé d'enjeu. L'uranium n'ayant plus la cote[26], le cobalt n'étant plus un métal stratégique[27], et Washington fantasmait sur Tenke Fungurume. Au point que c'est la chargée d'affaires de son ambassade[28] qui pilota le dossier.

« 7 millions de tonnes de cuivre et 1,5 million de tonnes de cobalt de réserves prouvées. Ceci donne un potentiel valorisé à 90 milliards USD, soit près de 50 années du budget d'époque de la RDC[29] ! Le seul fait que des Américains disposaient de la seule firme *major*[30] attirée par les richesses minérales et détenant l'expertise minière ne justifiait pas la manière dont Tenke-Fungurume leur avait été attribué. L'État aurait dû faire marche arrière, geler les accords et les renégocier[31]. »

Mais, comment le savoir ?

---

[23] http://www.un.org/fr/ga/search/view_doc.asp?symbol=A/70/331/Add.1.

[24] Ambassadeur USA de 1998 à 2001, puis chef MONUC de 2003 à 2008.

[25] Ambassadeur USA de 2004 à 2006, puis chef MONUSCO de 2010 à 2013.

[26] On y pensa un moment, avant la catastrophe de Fukushima.

[27] Utilisé pour les batteries, le cobalt sera dopé par les voitures électriques.

[28] Melissa Wells aurait été lavée au regard de la loi anti-corruption Carter.

[29] En 2006.

[30] *Phelps Dodge*, rachetée par *Freeport-McMoRan Inc* qui revendra la mine.

[31] Robert Crem, sur www.congolite.com -2006.

Actuellement, les preuves indirectes ont envahi le domaine des sciences exactes. C'est notamment le cas en astronomie et en astrophysique lorsqu'il s'agit de rechercher des planètes au-delà du Système solaire. Ces astres sont totalement invisibles parce que leur éclat est absorbé par celui des étoiles autour desquelles ils gravitent. Mais si l'on perçoit que la luminosité d'une étoile éloignée baisse avec régularité, ce clignotement, parfois infime, indiquerait la gravitation régulière, autour d'elle, d'un autre corps céleste. Cela établirait l'existence d'une planète, appelée *« exoplanète »*[32]. Cette preuve indirecte est plus riche que la simple présomption de la « face apparente de l'iceberg » qui signifie que huit neuvièmes du bloc visible de glace existent sous les eaux. Avec les *exoplanètes*, il n'y a aucun indice direct ou visible. C'est la régularité d'une anomalie qui apporte une évidence, une réalité !

« Les scientifiques d'exobiologie et d'astronomie parlent de *méthode de transit planétaire* ; la masse de l'exoplanète est déterminée par la méthode des *vitesses radiales.* »

Y avait-il eu des anomalies « répétées » dans les contrats miniers ? Oui ! Tous en étaient convaincus. Comme pour les *exoplanètes*, de telles anomalies apporteraient la preuve de l'existence de clauses contractuelles secrètes.

« Le *prédécesseur* avait donné des mines à des étrangers majoritaires qui hébergeaient, dans leur participation majoritaire au capital, une quote-part pour *lui* et ses alliés de guerre. L'investisseur apparent était, en réalité, un complice criminel et un receleur des intérêts publics. »[33]

Ces intérêts occultes, avaient-ils des anomalies visibles ?

---

[32] *51 Pegasi b (ou Dimidium)*, la première exoplanète découverte en 1995.

[33] Selon un négociateur des contrats de partenariats miniers.

« À titre d'exemple, dans une firme minière, le premier partenaire avait d'abord cédé la totalité de ses 55 % à des Américains pour financer, à sa place, l'entièreté du projet ; ensuite il s'est retrouvé dans l'association en s'appropriant de 27,5 % prélevés sur les 45 % de *GCM*, réduite à 17,5 %. Les 27,5 % retirés à *GCM*, revenaient-ils à ce partenaire, seul ? Ou en partage avec des Congolais qui dirigeaient *GCM* et l'État ?

Un autre exemple. 75 % d'une mine revenaient à un offshore d'étrangers. Mais des Congolais occupant de hautes fonctions publiques, et proches du pouvoir, siégeaient au conseil d'administration de l'offshore. Par quel miracle ? Et pour y représenter qui, dans les 75 % ? Sinon le pouvoir ? »

La *théorie des exoplanètes* indique sans aucun doute que des Congolais avaient pu bénéficier de contrats léonins qu'ils devaient renégocier. Dès lors, des négociations biaisées établiraient cette réalité nauséabonde. À se souvenir !

Revisiter les contrats léonins

Les critiques pertinentes et répétées du Panel des Nations Unies et de la *Commission Lutundula*[34], répétées par des activistes et des ONG, pesaient sur le nouveau pouvoir issu des élections. Obligé de rouvrir les dossiers des contrats miniers, il nomma l'exercice « révisitation ».

Le caractère léonin des contrats fut illustré dès la première évaluation[35] interne des partenariats imposés à *la Gécamines (GCM)*.

« L'ensemble des projets permettraient de créer 6.000 emplois, pendant que *GCM* en supprimerait elle-même 5.000. Et en 30 ans d'exploitation, ces contrats rapporteraient 7,5 milliards

---

[34] Lutundula a comparé la *revisitation* à « un dossier, avec une infraction établie, qu'un magistrat *classe sans suite* pour des besoins d'ordre public ». ACP.
[35] Selon Paul Fortin, directeur GCM, installé avec le financement de la BM.

USD à l'État et 2 milliards à *GCM*. Les partenaires auraient engrangé des gains de 7 milliards USD. »

Duncan & Allen, mandaté par la BM, avait déjà annoncé le désastre :

« Les contrats les plus importants ont été conclus et même approuvés avant que nous ayons présenté les résultats de notre évaluation[36]… Le problème fondamental avec la structure de la plupart des partenariats de la *GCM* est que les droits miniers de la *GCM* sont cédés définitivement à la société commune, et la *GCM* ne peut pas les récupérer en cas de défaillance du partenaire. Donc, la *GCM* a perdu définitivement ses droits et n'a qu'un recours en dommages-intérêts contre des partenaires faiblement capitalisés en cas de non-exécution des obligations et qui sont de surcroît des offshores, logés dans des paradis fiscaux… La *GCM* a aliéné la plupart de ses droits miniers sans s'assurer une juste compensation. Il n'y a pas eu d'évaluation de ses apports aux partenariats… Dans tous les partenariats, la *GCM* est actionnaire minoritaire et n'exerce pas le contrôle sur les décisions de la société commune… La *GCM* n'a pas un rôle important dans l'organe de gestion et dans le contrôle technique ; donc, elle ne peut pas influencer la gestion des activités ou exercer les pressions nécessaires pour que ses partenaires réalisent leurs obligations contractuelles. De plus, bien que la *GCM* soit actionnaire, l'encaissement de dividendes reste quasi illusoire, parce que les projets miniers mettent un certain temps à être profitables et les bénéfices servent d'abord à rembourser les dettes prioritaires ou sont réinjectés dans le projet.[37] »

Pour le processus de *revisitation*, la RD Congo annonça l'assistance de consultants internationaux : *le Centre Carter*,

---

[36] lepotentiel.com/afficher_article.php ?id_article=51655&id_edition=4117.

[37] En 2018, *GCM* se réveillera et claironna tout cela. Après digestion du festin !

Ernst & Young et la *Compagnie Benjamin de Rotschild.* Mais pour s'en servir comme paravent !

Jamais associés aux négociations, les experts se retirèrent du processus, avec des conclusions sévères, et sans appel :

« La *revisitation* a été très négative. Il est question de changements mineurs ayant trait à la répartition d'actions et au nombre d'administrateurs ainsi que de la hausse de pas-de-porte dont la valeur est incertaine et de problèmes de financement des entreprises juniors. Le seul progrès concerne les taux d'intérêt des emprunts pour réaliser les investissements des joint-ventures. Il n'y a pas eu d'améliorations significatives pour quelque contrat que ce soit, et les problèmes fondamentaux n'ont nullement été traités. Pour rappel, la RD Congo avait des contrats divers et difficiles à gérer et dont les profits éventuels étaient en péril par manque de garanties contractuelles et à cause de problèmes de contrôle. À la fin de la *revisitation*, la RD Congo semble être à la case départ.[38] »

La vérité étant têtue, le rapport final cita des anomalies :

« acquisitions des droits miniers à des fins spéculatives (vente des actions ou parts sociales avant la phase de production et souvent à l'insu de l'entreprise publique). La participation au capital des Joint-Ventures a été arrachée sur simple promesse (engagement) d'obtenir en faveur de celles-ci des prêts remboursables avec intérêt alors que le financement obtenu est garanti par les titres miniers de l'entreprise publique (comportement de commissionnaires et non d'investisseurs) »[39].

Dès lors, le processus de la *revisitation* fut davantage une « blanchisserie ». Un exercice pour tourner la page à 63 contrats miniers conclus depuis 1996. Une astuce pour faire

[38] Peter Rosenbaum, expert du *Centre Carter,* qui avait claqué la porte.

[39] H. Kalala, *De la tentative à la tentation du crime parfait*, congoforum.be.

croire qu'ils avaient été réexaminés, renégociés et rectifiés. Pour pouvoir dire ou faire croire aux générations futures :

« Inutile de remuer des dossiers ; nous avons gagné 315 millions USD en taxes et en pas-de-porte. »

Pour le vice-ministre des Mines[40] :

« des bénéficiaires des mines ne les exploitent pas du tout. Ils spéculent sur les cours des matières premières, levant des fortunes sur les places de Vancouver, New York, Londres, Johannesburg. On a des preuves que 17 milliards de valeurs boursières reposent sur des paroles[41]. »

Ainsi, la RDC avait créé des milliardaires. Sur son dos !

« Si des dizaines de milliards avaient été générés en bourse, comment acclamer des prêts chinois moins importants ? »

La révisitation sera dénoncée constamment[42].

Une barque surchargée et percée

Corriger ou prévenir des contrats miniers léonins était difficile. De tous points de vue, *Gécamines (GCM)* et même le pays, pouvaient mourir.

Tout d'abord, au sommet de l'État. Le premier coup mortel avait été porté en 1990. *GCM* disposait d'environ un demi-milliard USD de réserves pour se redéployer avec la *BM*. La somme fut volée par Mobutu qui l'échangea contre la « démocratisation ». C'est pour cela qu'il essuya une larme

---

40 Victor Kasongo, 2008. Et *Africa Progress Panel* de Kofi Annan, 2013.

41 www.northernminer.com/issues/ISArticle.asp?id=85636&issue=06122008 &ref=rss

42 En 2019, les syndicats de GCM optèrent pour lancer des PSA (Production-Sharing Agreement) ou partage de production.

devenue célèbre, avec ce sanglot : « comprenez mon émotion ! »

Puis, en 1997, alors même qu'il n'avait pas pris le pouvoir à Kinshasa, *le prédécesseur* avait commis le plus grand des crimes constitutionnels en remettant toute la *GCM* à des complices prédateurs[43]. Ainsi, il accomplit *le mal absolu* ; il légua un droit de vie et de mort sur l'entreprise et le pays. C'était ce qu'il a appelé « prenez-vous en charge ! »

Personne n'aurait parié que la cheminée des usines de Lubumbashi arrêterait de fumer. La coulée de cuivre en lingots rougeoyants était une attraction touristique. Mais cent ans de production industrielle furent balayés en seulement cinq ans. Un démagogue, violent et incendiaire[44], proclama : « le Kasai a du diamant ? Le Katanga a le cobalt ! » Mais comme on ne trouve pas le métal bleu dans la nature, il avait incité à envahir les installations de *GCM* pour la dépouiller et la désosser.

De leur côté, de hauts cadres de *GCM* monnayaient les contrats et surtout les archives et les secrets des affaires. Ils se sont fait de l'argent certes, mais ils allouèrent de grandes fortunes à des prédateurs invétérés.

Au Conseil d'Administration *GCM* où siégeait Fra, on avait d'abord parlé de relancer la *GCM*[45], puis de le démembrer en associations dites « partenariats » ; elle apporterait son patrimoine et se retrouverait minoritaire, parce que « tout y était rouillé[46] ». Le président du Conseil annonça « des investissements à Kolwezi pour de centaines de millions

[43] Par décret inédit en faveur de *American Minerals Fields Inc.*
[44] Épinglé pour épuration ethnique, un crime contre l'humanité
[45] Décembre 2000 David Nituf Lunama in Economica citant *Le Soir*.
[46] 2001 Cyrille Kwamah in Economica citant le journal belge *L'Écho*.

USD »[47]. Pour son propre compte. Et Kolwezi était le plus beau joyau…

À ne pas oublier.

L'absence de volonté politique est une politique !

L'absence de volonté politique à la tête d'un État, lorsqu'elle persiste et en devient la première nature, une marque de fabrique, équivaut à une politique. Une vision. Kinshasa avait attendu que GCM soit désossée pour accepter, trop tard, l'expertise et la gestion financées par la *Banque Mondiale (BM)*. L'activité avait été réduite à quelques retombées de contrats léonins et à un petit nombre de gisements peu attractifs. De plus, *GCM* était surendettée et n'avait pas retenu du personnel qualifié[48].

Souvent, un malheur ne vient jamais seul. Le consultant *Sofreco* fut sélectionné mécaniquement par la *BM*, parce qu'il était « le moins-disant[49] ». Il était aussi le moins qualifié[50]. Pour comble, il reconnaîtra que son propre délégué à la tête de *GCM* était un incompétent. Témoignage :

« J'étais[51] monté au cinquième étage de la direction générale *GCM*. Des hautes fenêtres qui offraient une vue imprenable sur la ville. J'ai parlé au nouveau patron : « Il y a un siècle exactement que cette société avait été créée. Elle est moribonde, mais elle avait permis de construire et de développer la ville, le pays, ses autres industries et ses populations. Quoique minoritaire dans les 29 partenariats qui

---

[47] http://www.kongo-kinshasa.de/dokumente/divers/gecamines.pdf.

[48] Liquidé à la faveur du dégraissement financé par la BM.

[49] Le moins cher.

[50] Les autres soumissionnaires *IMC Brabants*, le Canadien *Lavallée* et les Français KPMG et BRGM, plus qualifiés, avaient été disqualifiés parce que plus coûteux.

[51] Récit de l'auteur.

ont ravi votre patrimoine, la *GCM* a suffisamment de poids pour témoigner et imposer des effets d'entraînement de l'activité minière sur l'économique et le social. Il vous sera possible d'atténuer le pillage avec la sous-traitance, en privilégiant les producteurs locaux des biens et services qui avaient fait leurs preuves à *GCM*. La société pourra aussi maximaliser les revenus financiers et fiscaux dans vos partenariats par un bon suivi des opérations ».

Le Canadien Paul Fortin, délégué par *Sofreco*, était un juriste. Son meilleur poste de gestion avait été la présidence d'une mine de sables au Kenya. Ébloui par la fonction et un salaire de 36.000 EUR[52], il déclara :

" Je ne suis pas Sherlock Holmes. C'est une perte de temps d'aller déterrer des balivernes et tenter d'élucider les mystères entourant les accords miniers du passé[53]."

Fortin relayait cette *absence de volonté politique*.

À se rappeler.

L'article « 15 »

On se plaît à dire que « les peuples ont les dirigeants qu'ils méritent ». Mais cela n'est pas toujours vérifié dans l'univers africain. Des chefs coutumiers s'entouraient de fétiches et de forces occultes pour impressionner, terroriser et exploiter le petit peuple. Après avoir vendu du *bois d'ébène* aux esclavagistes, ils avaient négocié la terre avec les colonisateurs. Des dirigeants civils actuels sont de la même trempe, même si on ne les appelle pas dictateurs. Ils s'approprient les attributs de la souveraineté du peuple. Cependant, les institutions modernes comportent des

52 28.000 EUR (directeur financier blanc); 6.000 USD (directeur congolais).
53 *Corporate Knights*.

régulateurs et des garde-fous. À commencer par les élections. Même fraudées, les urnes installent toujours un pouvoir précaire, limité dans le temps et qui a besoin de renouvellement. Et le fait que l'on retaille des constitutions « sur mesure » n'est pas un triomphe de la dictature, mais l'aveu de la suprématie d'un cadre juridique. Dans l'Afrique de l'ancien temps, on destituait les potentats qui abusaient, quitte à les éliminer physiquement ou à les abandonner pour fonder d'autres villages et communautés. Dans l'histoire, il y eut des révolutions des peuples. Actuellement, ces soulèvements populaires ont des causes et des formes et des noms variés : « printemps de Prague », « printemps arabe » ou « gilets jaunes »[54].

Les Congolais aussi auraient pu se soulever pour que « les richesses naturelles soient exploitées légalement et sur une base commerciale équitable afin de bénéficier au pays et à sa population ». Ils pouvaient, selon l'article 64, « faire échec à tout individu ou groupe d'individus qui exerce le pouvoir en violation de la Constitution ».

Quid du diamant du Kasaï ?

C'est seulement en 1906 que la gemme fut découverte par les Belges[55]. Les Kasaïens n'en savaient rien et la considéraient comme du gravier.

« Au lendemain de l'indépendance, une guerre ethnique avec la tribu Lulua avait fait migrer les Lubas à Mbuji-Mayi, le cœur de l'exploitation des diamants, devenue la capitale de l'Empire du Sud-Kasaï. Le Premier ministre Lumumba monta une expédition qualifiée de « génocidaire » à Kasengelu[56]. Est-ce une

---

[54] Manifestants Français contre une taxe et la baisse du pouvoir d'achat, 2018.

[55] Le cobalt ne fut découvert que dans les années 1920 dans les impuretés du cuivre. Le coltan est apparu au début du XXIe siècle. Etc.

[56] www.thomassankara.net/biographie-de-lumumba/ et www.mbokamosika.

coïncidence que le chef de l'armée était l'oncle de Lumumba, de la même tribu que ses deux compagnons ? C'est pour la vengeance que Lumumba avait été embarqué avec une escorte de Lubas qui avait commencé, dans le DC4, la mise à mort qui l'attendait à Mbuji-Mayi. C'est par un contretemps que l'avion fut dérouté sur Lubumbashi où il fut fusillé[57]. »

À Mbuji-Mayi, l'Empereur Albert Kalonji Ditunga aurait promulgué une constitution dont « l'article 15 » énonçait platement : débrouillez-vous ! Autrement dit, ramassez le diamant ! Ce fut un événement historique : un peuple avait accès à une richesse naturelle ! Nombreux deviendront millionnaires, mais sans construire ou investir sur place, ce qui aurait fait de Mbuji-Mayi un joyau urbain et une perle de développement. On y vit toujours de la pierre brute ; le diamant n'est toujours pas taillé et les gens ne s'en sont pas approprié, par exemple, pour enrichir et moderniser la coutume avec des pierres brillantes comme dot, pour marier leurs filles.

Trente ans après la mort de Lumumba, en 1992, une épuration ethnique renvoya des Lubas, du Katanga vers Mbuji-Mayi, sans que le Premier ministre Tshisekedi l'ait dénoncée ou réprimée. Même absence d'empathie lorsque éloigné de force, en 1998, il se trouva sur les terres diamantifères au moment où Vieux s'en appropriait. C'est dans ces contradictions que fut trouvée *NGOKAS*[58], une pierre de 267 carats[59] qui fut vendue à Tel-Aviv entre 13 et 20 millions USD, mais dont on n'aurait ramené que 6 millions[60]. Plus tard, le fortuné président des négociants de

---

com/article-sud-kasai-les-evenements-de-kasengelu-119910470.html

[57] Ainsi, les assassins de Lumumba étaient à Kinshasa la capitale et au Kasaï, mais ses meurtriers à Lubumbashi, au Katanga sécessionniste.

[58] Diminutif de Ngoyi Kasanji, représentant de négociants de diamants.

[59] La taille d'une balle de golf

[60] ICG, *Le partage du Congo, anatomie d'une sale guerre*, rapport Nr 26, 2000

diamants se plaignit de ce qu'ils payaient toutes les taxes, mais que l'État ne faisait rien pour Mbuji-Mayi et sa population. En fait, ils payaient 4 %, en empochant 96 % ou 24 fois les moyens de développement dans les coffres de Kinshasa ! Et ainsi de suite. Les ressources futures de la *Miba* furent détournées au nez et à la barbe des élites et de toute la population au profit de *Sengamines*[61] : 54 millions de carats de diamants des mines alluviales de Senga-Senga et Katshia et de la kimberlite de Tshibua, Ndaye, Tshikasa et Kakongo. Personne pour voir et dire que la cité mythique de Mbuji-Mayi n'avait plus que les rejets des anciennes alluvions à recycler pour y dénicher des pierres plus petites avec des projets faillis, à l'exemple d'*Emaxon* de Brother (Bro) et de rares et vaines injections de dollars gouvernementaux.

C'est comme si des richesses naturelles appartenaient à des gens qui n'en sont pas toujours riches : que ce soit naturellement ou traditionnellement.

Cela se passait cinquante années après « l'article 15 » !

À se souvenir !

Le monde entier au chevet

Comment des gouvernants peuvent ignorer ce qu'est un État ? Le leur ?

« La colonisation belge avait pris fin en 1960, non à la suite d'une guerre sanglante de libération, mais pour honorer le droit des peuples à disposer d'eux-mêmes. Jamais ce pays dit indépendant n'a eu les moyens de défendre sa souveraineté ou son territoire. Par exemple, tous les avions qui le survolent respectent son espace aérien alors qu'il n'a jamais eu de

[61] Acquise par *Société Anhui Congo d'investissements miniers (SACIM).*

chasseurs ou de missiles pour les intercepter ou les détruire. C'est le droit international qui fournit au pays les bataillons de soldats et les équipements militaires qui lui manquent[62]. »

Il fut un temps où l'on mettait des pays sous tutelle. Ce statut est désormais politiquement incorrect. On fait mieux et plus propre : le droit et les organismes internationaux, une sorte d'éthique des puissants envers les plus faibles, etc. On rhabille parfois la tutelle en missions de l'ONU.

« L'ancienne colonie unique de la Belgique avait bénéficié des meilleurs atouts. Si un pays devait émerger, parmi les tout premiers, c'était bien celui-là ! Mais en moins d'une semaine, le jeune État versa dans l'anarchie et la violence. En moins de deux semaines fut lancée l'Opération des Nations Unies au Congo (ONUC) qui mobilisera près de vingt mille *Casques bleus* dont 126 payèrent de leur vie. Le pays de tous les espoirs était devenu celui de tous les problèmes et de toutes les calamités. Les forces onusiennes se retirèrent après quatre ans[63]. Il y eut des rébellions d'inspiration *socialiste.* Che Guevara[64], qui avait rejoint le maquis du *prédécesseur*, le quitta en avouant l'échec du mouvement révolutionnaire. »[65]

Au temps de l'ONUC de 1960, le secrétaire général, le suédois Dag Hammarskjöld établissait ses quartiers à Léopoldville/Kinshasa. Avec la nouvelle mission MONUC, c'est le Conseil de Sécurité qui y venait chaque année.

C'est le monde entier qui venait au chevet du Congo.

« Le fait que cette présence internationale, qui n'avait duré que quatre années sous l'ONUC, se poursuit depuis vingt ans

---

62 M. Yabili, *Deux saisons*…, op.cit.

63 De 1960 à 1964, l'ONUC avait coûté 400 millions USD valant, en USD constants, 2,898 milliards, contre 1,489 milliards USD annuels de MONUC.

64 Che Guevara,op.cit.

65 M. Yabili, *Géant*, op.cit.

démontre à lui seul la haute gravité de la situation, non pas tant du pays que de ses dirigeants : quelque part, ces gens ne veulent pas réellement de soins et de guérison. »

À ne pas oublier.

Tentation de « tutelle » chinoise

Membre permanent du Conseil de Sécurité, la Chine avait une place en vue, parmi les quinze délégués qui descendaient chaque année à Kinshasa. Mais elle avait systématiquement gardé un profil bas.

Depuis 2000, il y avait eu huit missions : deux, accompagnées par le chef de la représentation de la Chine, deux d'absences remarquées, et quatre voyages avec de simples ambassadeurs, conseillers ou agents d'ambassade. Et, en marge de ces missions, il n'y avait que quatre déclarations, plutôt évasives. Cette indifférence diplomatique fut à peine auréolée par le décès d'un Chinois de la MONUC[66] et l'attaque de la villa de Bemba où seront piégés des diplomates, dont le *camarade* ambassadeur chinois.

En 2005, le camarade Cheng Jingye avait accompagné la mission en Afrique centrale du 4 au 11 novembre. En 2006, une année cruciale pour la RDC, la Chine n'avait même pas participé au voyage sur le processus électoral du 10 au 12 juin. En 2007, le représentant permanent et ambassadeur Wang Guangya a fait partie de la mission du Conseil de sécurité à Addis-Abeba, Khartoum, Accra, Abidjan et Kinshasa, au mois de juin.[67]

---

[66] Mission des Nations Unies au Congo, devenue MONUSCO en 2010.

[67] Les autres missions : en 2008, l'ambassadeur Liu Zhenmin a accompagné la mission à Djibouti (concernant la Somalie), au Soudan, au Tchad, en RDC et en Côte d'Ivoire, du 31 mai au 10 juin. En 2009, le Conseiller Long Zhou a

Sur le plan financier, la Chine annonça l'effacement de la dette extérieure congolaise pour 28 millions USD en 2002, et pour 37 millions en 2007. Les 35 ans[68] d'interventions financières au Congo totalisaient 277 millions USD en projets, dons et prêts : 87 millions de prêts sans intérêts et 124 millions de prêts avec intérêts dont la moitié était destinée aux télécommunications[69] et 60 millions à une fabrique d'eau de table.

La Chine vanta 13 missions médicales composées de 378 soignants. Mais en réalité, 360 Chinois avaient œuvré de 1993 à 1998, et il n'y avait eu que 18 soignants en neuf années ! Elle parlait aussi des étudiants boursiers, mais qui n'avaient été que 5 à 8 unités par an, entre 1985 et 2003. Ensuite, 11 étudiants de 2004 à 2006, et 23 autres en 2007. Elle parlait bruyamment d'une cinquantaine de fonctionnaires formés en Chine ! Etc.

Le *FOCAC*[70] (*Forum de Coopération Chine-Afrique*), lancé à Pékin en octobre 2000, permit des financements légers, l'annonce de la construction de deux écoles primaires et secondaires à Kisangani[71] et à Ngiri-Ngiri-Kinshasa, ainsi que l'envoi de 300.000 à 400.000 USD de lots d'antipaludéens et d'une clinique anti-malaria[72].

La Chine recyclait toujours le « vieux » *Palais du Peuple*, et le *Stade des Martyrs,* toujours inachevé par manque de la

---

représenté la Chine auprès de *l'Union africaine*, au Rwanda, en RDC et au Libéria. En 2010, la Chine ne participa pas à la mission du 13 au 16 mai 2010.

68 http://cd.china-embassy.org/fra/jylx/t572022.htm.

69 37,4 millions USD à *Huawei Technologies* et 36,7 millions à *China International Telecommunication Construction Corporation* (CITCC), une filiale de *China Telecom,* chargée d'installer une ligne de libre optique.

70 http://www.focac.org/eng/

71 *École de l'Amitié Sono-Congolaise* : 500 élèves, 9.600 M² 1,6 million USD.

72 Ouverte en avril 2010.

partie hôtelière[73]. Mais après Pékin-2005, le discours devait porter sur les infrastructures[74].

Junior annonça lors de son dernier meeting électoral au parc de la *FIKIN*[75] à Kinshasa :

« Je construirai 1.000 kilomètres de routes bitumées par an, du Nord au Sud, d'Est en Ouest[76] ».

En 2006, la Chine livra un hôpital de 6 millions USD.

« Le Chargé d'affaires a.i. de Chine en RDC, Zhu Liying, a remis le mardi 6 juin 2006, entre les mains du vice-Président Yerodia Abdoulaye Ndombasi, les clés du complexe hospitalier de Ndjili, don du gouvernement chinois à la RDC. Le Chargé d'affaires de Chine a exprimé la volonté de son pays de poursuivre sa coopération avec la RDC, en ce moment historique où le peuple congolais va se prononcer par un vote pour se choisir ses dirigeants ; il a souligné l'amitié entre les deux pays. Le ministre des Affaires étrangères et de la Coopération internationale, Ramazani Baya, a indiqué que, pour lui, cette occasion privilégiée constitue la preuve d'une coopération agissante et exemplaire à l'image des liens multiformes, tissés au cours des ans entre la RDC et la Chine. Il a souligné que la construction de cet hôpital illustre l'engagement du peuple et du gouvernement chinois aux côtés du peuple congolais en même temps qu'elle traduit la volonté de la Chine de participer activement à la solution des problèmes sociaux auxquels se trouve confronté le peuple congolais. Le Vice-Président, quant à lui, s'est félicité qu'en quinze mois après avoir présidé la cérémonie de pose de la première pierre, la

[73] Respectivement 42 et 38 millions USD.

[74] La même ingérence chinoise sera manifestée aux élections de 2011 et 2018.

[75] Aire d'expositions annuelles, avec un parc d'attractions et de restaurants.

[76] *Présidence de la République 2006-2010 ; 5 chantiers, état d'avancement des travaux.* De juin 2006 à juin 2010, on avait réhabilité 72 km de voiries ; 42 km étaient en travaux. Les nouvelles routes bitumées totalisaient 110 km.

Chine est parvenue à doter la RDC de l'hôpital le plus moderne construit jusqu'à ce jour dans le pays. Il a salué la coopération Sud-Sud de la Chine qui fait le mieux pour aider d'autres nations amies du Sud à se développer, avant de dire en chinois : « vive l'amitié entre le peuple chinois et le peuple congolais ». L'hôpital de Ndjili est réalisé avec un don de 48 millions de Yuan provenant du gouvernement chinois ; il occupe une superficie de 7.838 m2 et 150 lits, avec des équipements médicaux complets[77]. »

Beaucoup de *bla-bla*... L'hôpital ne fonctionnait pas !

« Dans le passé, la RD Congo avait reçu d'autres fournitures chinoises qui n'étaient pas *politiquement correctes.* Ainsi, Mobutu avait acheté des équipements militaires dont les plus visibles furent des camions « dix roues », à deux essieux arrière qui avaient causé de nombreux accidents mortels à travers tout le pays. Mobutu avait aussi acheté des « orgues de Staline » pour sa garde personnelle, la *Division Spéciale Présidentielle,* formée par des Israéliens. Mais en périodes de tension politique, ces lanceurs de roquettes à tubes multiples étaient pointés sur les quartiers de populations civiles désarmées ! »

La Chine ne posait ni des questions ni des conditions. Les échanges commerciaux se payaient strictement comptant, sous prétexte de souveraineté et de non-ingérence…

D'autres interventions chinoises étaient bien pernicieuses et insidieuses. Grâce à *ZTE* et à *Huawei Technologies*, des firmes en symbiose avec les services secrets chinois, le *Réseau National de Transmission à fibre optique* et ses terminaux pouvaient fournir des *oreilles à* Pékin.

---

[77] Ambassade de Chine
http://cd.china-embassy.org/fra/xw/more /t257071.htm

ZTE[78] avait vendu des téléphones munis de puces et de logiciels chinois… Dix ordinateurs avaient été remis à la direction des sports universitaires. D'autres ordinateurs et des standards téléphoniques avaient été donnés au ministère des Affaires étrangères.

Et *last but not least*, Pékin avait installé le système Internet de la Présidence de la République congolaise !

Le loup avait été invité et logé dans la bergerie…

À ne jamais oublier !

Tentation de « tutelle » des Occidentaux

En ces années sombres qui menaient le pays vers la lumière, les *Occidentaux* étaient regroupés dans le *CIAT*[79]. Ils étaient naïfs et conciliants, jusqu'à juger acceptable une présidence du pays « sur mesure », avec 30 ans d'âge minimum. La formule, qui avait le mérite du compromis, avait oublié que chaque âge nécessite des vertus pour se comporter et agir. On avait négligé de vérifier si les habits pour la haute fonction avaient été taillés pour un jeune dont l'impétuosité et les débordements risquaient d'être exacerbés par l'impréparation à la plus haute fonction. Il ferait sauter, comme de simples boutons-poussoirs, les attributions de chaque institution. Le risque d'un nouvel enlisement était réel ; mais ce risque avait été pris dans l'inconscience joyeuse de sortir d'une longue transition, débutée le 24 avril 1990[80], de la kyrielle de guerres et des amas de ruines.

---

78 Rachetée par *Orange*, obligée d'opérer avec des équipements chinois.

79 *Comité International d'Accompagnement de la Transition*, un groupe d' ambassadeurs essentiellement occidentaux, mais comprenant aussi la Chine.

80 Ce jour-là, Mobutu mit fin à la gestion de l'État par le parti unique MPR (*Mouvement Populaire de la Révolution*) dont on était membre, à la naissance.

« Les *Occidentaux* du *CIAT* avaient un grand levier et beaucoup de visibilité grâce à leurs apports financiers et matériels. Et surtout un savoir-faire. Leurs analystes et chercheurs, parfois fort compétents, avaient été déployés partout au Congo, sur le terrain et dans les institutions. Certains, *lanceurs d'alerte* organisèrent des fuites salutaires pour la transparence[81]. Mais leurs travaux furent sabotés par le pouvoir ou gelés par opportunisme politique par leurs organisations. À cause de cela, la coopération échoua[82]. Néanmoins, ces contacts avec les réalités avaient produit des masses de renseignements que le nouveau pouvoir pouvait exploiter, si jamais il en avait la volonté politique. Ce pouvoir pouvait aussi compter sur des experts congolais et leurs pistes de solutions alternatives[83] parfois brillantes, souvent idéalistes et théoriques, mais aptes à être revigorés par les données de terrain des experts étrangers. »

Le 15 novembre 2006, Javier Solana, haut représentant de l'Union européenne, Louis Michel, commissaire européen pour le développement, Paul Wolfowitz, président de la *Banque Mondiale*, et Jean-Marie Guehenno, secrétaire général adjoint de l'ONU, se réunirent à Bruxelles.

Ils déclarèrent solennellement ceci :

« Nous avons convenu de travailler avec les donateurs bilatéraux afin de mobiliser l'appui pour le nouveau gouvernement congolais et, après consultation avec ce gouvernement, nous développerons des mécanismes flexibles appropriés en vue de poursuivre notre engagement et d'assurer une coordination effective de l'appui au développement du pays. »

---

81 *Rapport de la Commission Lutundula ; Panel sur les activités du Rwanda ; Mapping sur la violation des droits humains. Etc.*

82 Théodore Trefon, Op. Cit

83 P. Ntumba, *Reconstruire la RDC : quel leadership pour quelle société,* Muhoka,2012 ; Georges Nzongola-Ntalaja, *Faillite de la gouvernance et crise de la reconstruction nationale au Congo-Kinshasa*, Icredes,2015.

Pour les *Occidentaux,* quel que soit l'élu, c'est le Congo qui gagnerait les élections, il bénéficierait d'une pluie d'aides financières multilatérales. Ils voulaient ancrer les nouvelles institutions et les rendre crédibles avec au moins une action sociale « visible ». De grand éclat :

« Kinshasa sera la vitrine du Congo réformé. Un don de centaines de millions de dollars servira à éliminer les poches noires, les pannes et les délestages électriques immédiatement et avant la fin 2007. »

Kinshasa, la « ville poubelle » deviendrait une « ville lumière » ! De quoi fournir à l'élu, quel qu'il fût, un tremplin pour une pérennité au pouvoir.

D'autres chiffres plus importants circulaient :

« 3,5 milliards USD[84] vont être mobilisés par les *Occidentaux*[85] pour aider à réhabiliter les infrastructures portuaires, aéroportuaires, ferroviaires et routières, les huit turbines du barrage hydroélectrique d'Inga dont cinq sont à l'arrêt et trois marchent à 20 %[86]. Etc. »

Et la Chine ? Face aux milliards en dons des *Occidentaux*, Pékin avait, généreusement, promis, pour 2007, une « aide d'urgence à la reconstruction » de seulement 2,5 millions USD. Et cette générosité fut un prêt ![87]

À ne pas oublier.

Mais l'immensité et l'urgence des besoins de la RD Congo justifiaient de recevoir de tout le monde :

---

[84] Le 30 novembre 2007, les bailleurs de fonds se sont engagés à verser 4 milliards USD sur trois ans (réunion à Paris du *Groupe Consultatif sur la RDC*).

[85] La *communauté internationale* incluait la Chine qui s'en désolidarisait.

[86] Ancien 1er ministre sénégalais Moustapha Niasse, un médiateur de la crise.

[87] Protocole de mai 2007 à Kinshasa avec l'ambassadeur Wu Zexian (ACP).

« Il appartenait aux Congolais de coordonner les propositions extérieures et de les actionner dans leur propre programme, vision et méthodologie à long terme. Ce cadre existait effectivement. »

À se souvenir aussi.

Les « cinq piliers » des Occidentaux

Tout médicament est un poison qui guérit grâce à un bon dosage ! Le malade qui reçoit une prescription peut-il s'insurger contre le médecin qui lui impose des conditions, parfois pénibles, pour la prise des médicaments ? Oui sans doute, lorsqu'il y a abus. À l'exemple d'une femme stérile à qui le guérisseur proposait un accouplement ; c'était inacceptable. Ainsi la question n'est pas qu'il y ait des conditions. Mais leur nature.

Les aides des *Occidentaux*[88] à la reconstruction de la RD Congo étaient assorties de « conditions ». Il fallait les identifier, en évaluer l'opportunité et l'utilité, et les dépouiller d'abus et de nocivité éventuels.

Ces *Occidentaux* avaient proposé depuis 2001 de nouvelles solutions[89] avec des enquêtes sur la pauvreté dans des villages et provinces, visant à favoriser un développement durable en l'espace d'une génération[90].

---

[88] Terme générique qui inclut aussi la Chine, sauf quand elle joue *solo*. Sont exclus, les ressortissants de ces pays et leurs entreprises, en général, offshores.
[89] 2001-2003 *Document Intérimaire Stratégies de Réduction de la Pauvreté* (DSRP-I) ; 2003-2005 *Document Final des Stratégies de Réduction de la Pauvreté* (DSRP-F).
[90] 25 ans.

« Il est certainement instructif de voir à quoi ressemblaient les Documents de Stratégie de la Croissance et de Réduction de la Pauvreté pour les onze provinces[91]. »

C'étaient des propositions. Le Congo *n'était pas obligé*[92].

« En effet, chaque pays doit mobiliser ses propres intelligences et énergies, soutenues par une *volonté politique* véritable et constante à prévenir, apaiser ou guérir des crises, organiser son territoire, nourrir, vêtir et alimenter sa population, l'éduquer et la protéger contre les maladies, les intempéries et les prédateurs internes et externes, les insérer dans la compétition et les échanges internationaux, etc. »

Pour avoir financé la pacification, l'élaboration et la mise en place de nouvelles institutions politiques et administratives et économiques et sociales congolaises, les *Occidentaux* auraient pu être tentés d'abuser du pays affaibli, mais riche. On les en a soupçonnés. On les en a accusés.

« Finalement, il sera établi que les *Occidentaux* n'avaient jamais demandé ou obtenu, en échange de leurs exigences de pacification, de bonne gouvernance et de croissance, des intérêts financiers ou des avantages commerciaux ou des richesses naturelles. Pas une forêt, pas une mine pour la *Banque Mondiale*, le *Fonds Monétaire International*, la *Banque Africaine de Développement* ou les autres *Partenaires Techniques et Financiers (PTF)*. »

Quelles étaient ces conditions ? Les Occidentaux visaient « la réduction de la pauvreté et la croissance » avec l'*Initiative des Pays Pauvres Très Endettés (iPPTE)* de 1997. Les dettes accumulées, devenues insoutenables et impossibles à rembourser, et empêchant tout développement,

---

[91] Cellule d'appui politologique Afrique Caraïbes (CAPAC) http://www.capac.ulg.ac.be/DSRP.html

[92] Parodie du roman de Ahmadou Kourouma *Allah n'est pas obligé*- Le seuil

étaient répertoriées, consolidées et étalées sur des dizaines d'années en autant d'annuités « soutenables » qui étaient incluses dans le budget de dépenses de l'État, mais sans plus gêner les finances du pays.

À partir de 2005 s'ajouta *l'initiative d'allégement de la dette multilatérale (iADM)* visant à effacer la dette elle-même. Mais indirectement : le pays affecte l'échéance annuelle à ses propres dépenses de santé, d'éducation et de réduction de la pauvreté ». Et au lieu de payer les arriérés aux créanciers extérieurs, les remboursements annuels reviendraient à la population du pays débiteur.

« La RDC avait même obtenu que des salaires de fonctionnaires soient considérés comme des dépenses de réduction de la pauvreté. Est-ce que payer les salaires des enseignants est une condition abusive, à rejeter ? »

Pour la période 2007-2011, la thérapie *occidentale* reposait sur « cinq piliers » : 1° promouvoir la bonne gouvernance et consolider la paix par le renforcement des institutions ; 2° consolider la stabilité macro-économique et la croissance ; 3° améliorer l'accès aux services sociaux et réduire la vulnérabilité ; 4° combattre le VIH/SIDA et 5° promouvoir la dynamique communautaire.

« La première année était celle d'un *Programme d'actions prioritaires au développement (PAP).* Dans les deux années qui suivaient, la RD Congo obtiendrait l'effacement de 90 %[93] de sa dette extérieure, et serait éligible à de nouveaux financements importants. Les « cinq piliers » et leurs modalités étaient consignés dans un *Document de la Stratégie de Croissance et de Réduction de la Pauvreté (DSCRP)*[94], validé, en juillet 2006, par le

---

[93] Le *Club de Paris* regroupe *Banque Mondiale*, *Fonds Monétaire International* et *Banque Africaine de Développement.* Les créanciers privés forment le *Club de Londres.*

[94] Un deuxième DSCRP couvrira la période 2011-2015.

gouvernement de Transition[95]. Le *DSCRP* bénéficia de 14 milliards USD en ressources internes et de 7 milliards de ressources externes.[96] »

Par ailleurs, un *Cadre stratégique d'Assistance-Pays (CAP)* regroupant 18 partenaires au développement accompagnait ces « cinq piliers » du *DSCRP*. La Chine était du nombre ; elle participait aux réunions[97].

Ces « conditions » des *Occidentaux* (dont la Chine) avaient été approuvées, étape par étape, depuis 2001, par les pouvoirs successifs, à la tête de la RD Congo. Et Junior, une fois élu en 2006, s'empressa d'intégrer le *DSCRP* dans son programme d'investiture :

« (Il faudra) renverser les paramètres de la pauvreté en chantier de prospérité. Il s'agira d'engager les travaux de réhabilitation des infrastructures des voies de communication, notamment les routes, les chemins de fer, les voies navigables, les ports et les aéroports, ainsi que les projets agricoles d'envergure, la réforme du système éducatif, l'accès à l'eau potable et à l'électricité, les structures des soins de santé et l'habitat[98]. »

Plus important : la nouvelle Constitution avait innové. Ce n'était plus le chef d'État, mais « le Gouvernement, sous

---

[95] Le document adopté le 31 mai 2007 par le Conseil d'administration conjoint de la *Banque mondiale (BM)* et du *Fonds monétaire international (FMI)*.

[96] Programme gouvernement (2007-2011).

[97] Email adressé à l'auteur par le Country Director de la *BM* à Kinshasa.

[98] Le programme électoral « *Mes 100 propositions pour un Congo Nouveau - Mon nouveau contrat avec le peuple congolais* », traitait de quatre thèmes majeurs 1° consolidation de la paix et de la nation 2° restauration de l' État et de son autorité 3° relance de l' économie (infrastructures, énergie et eau, mines, agriculture, industrie, portefeuille, relations économiques, internationales et commerce extérieur) et 4° lutte contre la pauvreté et les inégalités sociales (santé, éducation et recherche scientifique, habitat) emploi, salaires et sécurité sociale, tourisme et environnement, culture et sport.

l'impulsion du Premier ministre, qui est le maître de la conduite de la politique de la Nation[99] ».

À cet égard, le programme du gouvernement (2007-2011) scella les cinq piliers et le *DSCRP*, très explicitement :

« La programmation financière à court terme consiste notamment à rationaliser les appuis financiers internes et externes pour asseoir véritablement le DSCRP comme cadre de référence des interventions du Gouvernement et des partenaires en vue d'atteindre le point d'achèvement qui conditionne l'accès aux avantages liés à l'allégement du fardeau de la dette et à des prêts bonifiés par des taux d'intérêt dits *concessionnels.* »

Mais par manque d'érudition ou de vision, le gouvernement avait fait du *DSCRP* l'objectif unique et final de son action. C'était simpliste et fort réducteur des besoins, des capacités réelles et des possibilités de saisir des opportunités nouvelles.

Y compris celles qui viendraient de Chine…

Le *DSCRP* n'était qu'un élément de la nouvelle discipline budgétaire visant des réalisations obligatoires et garanties par le service théorique de la dette. Le pays pourrait accomplir au-delà, davantage et dans d'autres domaines. Seul ou avec des partenaires extérieurs. La seule restriction était de ne plus reprendre des endettements insoutenables.

À retenir.

Les « cinq chantiers » congolais

L'*élu* s'appropria des cinq piliers du *DSCRP,* et les rhabilla en *« cinq chantiers »* :

---

[99] Article 91.

« Le Congo d'aujourd'hui, ce n'est pas celui de 1960. Il y a *Cinq Chantiers* : d'abord les infrastructures (routes, rails, ponts) ; il faut que les régions soient reliées les unes aux autres, que les gens puissent circuler. Ensuite, la création d'emplois, qui passe par les investissements. Aujourd'hui moins de 5 % de la population travaillent dans les secteurs formels, une partie dans l'informel et les autres sont au chômage. Troisième chantier : l'éducation. Écoles primaires, secondaires, universités, tout est à reconstruire. Quatrième chantier : l'eau et l'électricité. Et puis la santé. Voilà les *priorités des priorités.* Il faut évidemment insister sur la transparence dans la gestion de l'État. Bref, il faut remettre de l'ordre[100]. »

Mais ces *Cinq Chantiers* ne contenaient pas tous les cinq piliers du *DSCRP.*

« Les chantiers d'infrastructures, emploi, énergie et agriculture relevaient du pilier N° 2 (consolider la stabilité macroéconomique et la croissance). Les chantiers eau, éducation, santé et habitat provenaient du pilier N° 3 (améliorer l'accès aux services sociaux et réduire la vulnérabilité). Trois piliers étaient oubliés : le n° 1 : promouvoir la bonne gouvernance et consolider la paix par le renforcement des institutions, le n° 4 : combattre le VIH/Sida et le n° 5 : promouvoir la dynamique communautaire. »

Pour cacher la méprise, une « note de présentation » et le « Programme Commun » du Gouvernement de Coalition[101] ont rhabillé les *cinq chantiers* dans deux des cinq piliers.

---

[100] Colette Braeckman *Le Congo va surprendre* – Le Soir – novembre 2006

[101] Selon D.Munsala Buakasa,www.congoforum.be/fr/nieuwsdetail.asp ?subitem=1&newsid=177580&Actualiteit=selected « En 2011,le DSCRP-2 voudra promouvoir une croissance robuste et inclusive, créatrice d'emplois décents, particulièrement pour des jeunes, et respectueuse de l'environnement. La DSCRP2 comportera 4 piliers : 1° renforcer la gouvernance et la paix ; 2° diversifier l'économie, accélérer la croissance et promouvoir l'emploi ; 3° améliorer l'accès aux services sociaux de base et renforcer le capital humain

« L'œuvre tronquée des Occidentaux deviendra un slogan associant la Chine en vue d'un second mandat, alors que le premier venait de débuter. »

De telles erreurs et rafistolages le marqueront.

À se rappeler.

Incompréhension et rupture

La Bible raconte l'histoire merveilleuse de la création de l'homme et de la femme dans un monde paradisiaque. Mais Adam et Ève fautèrent ; ils allaient peupler la terre avec la lourde punition de gagner leur vie à la sueur du front. Actuellement, le travail n'est plus un châtiment divin, mais un droit universel que l'on réclame avec cris !

Sur papier, la nouvelle RD Congo serait merveilleuse aussi. Mais il y a peu de naissances sans douleur. Ce fut le cas de l'enfantement de la nouvelle constitution. Le projet prévoyait l'âge minimal de 45 ans pour être président de la République ; le candidat devait être diplômé d'études universitaires, posséder un certificat de moralité, un casier judiciaire vierge, une attestation médicale, et n'avoir pas été mêlé à des crimes économiques ou de sang. Mais à sa candidature, Junior n'aurait eu que 35 ans ; il n'était pas non plus évident qu'il remplirait les autres conditions d'éligibilité. Violents, ses délégués menacèrent de quitter les travaux, de saborder la Transition et de reprendre la guerre. Une survivance du « conglomérat d'opportunistes et d'aventuriers » ? Devant cette menace, l'âge minimal fut rabaissé à 30 ans, adaptés « sur mesure » à Junior.

---

et 4° protéger l'environnement et lutter contre les changements climatiques ». « L'objectif du DSCRP 2 sera de créer 900 000 emplois chaque année pour les jeunes. Comme la population double tous les 23 ans, comment organiser les grandes villes et les sociétés », dit le ministre du plan, Olivier Kamitatatu.

"Cette personnalisation des règles de la *Troisième République*[102] a plombé les ailes de l'État de droit. Avec ce coup de force et un pouvoir aux mains de gens qui avaient fait la connaissance du pays et de ses habitants en pointant une arme dans leur direction, le doigt sur la gâchette, il n'y aurait jamais d'avancée paisible, durable et irréversible. Ils ne connaissaient que leurs impulsions. Avec eux, tout pouvait arriver ou recommencer. Le pays pouvait être dépouillé. Anéanti…"

Certains le verront calculateur ; il était souvent gaffeur.

Pour adopter la nouvelle constitution, il fallait un référendum. Et pour participer à ce scrutin, il n'avait ni acte de naissance ni carte d'identité ; il présenta un passeport délivré le 9 mai 2003, valable trois ans. Avec cela, il obtint une carte d'électeur, le 24 octobre 2005. En se portant candidat à la présidentielle en 2006, alors qu'il signait tous les textes de loi, souvent adaptés à son profil, il ne savait pas que « ne pouvaient être candidats que ceux qui étaient porteurs réguliers de la carte d'électeur » ! Il apprit par une plainte en justice qu'il était interdit aux militaires de s'inscrire sur les listes électorales et, ainsi, de se porter candidats. Il s'éveilla et signa, dans la précipitation, un « décret » par lequel il acceptait sa propre démission de l'armée. Du rafistolage ! Malheureusement, le décret relevait de l'ancienne constitution qui exigeait une décision du conseil des ministres qu'il n'avait ni sollicitée ni obtenue. La démission était nulle et ne pouvait rétroagir pour valider la carte d'électeur du 24 octobre 2005 et sa candidature. Comme dans un cauchemar, le Parquet, « à ses ordres », se rangea du côté de l'État de Droit et demanda sa disqualification du scrutin. Il fut repêché *in extremis* par les juges, au prix de subtilités et acrobaties de procédures, pour qui la réclamation était réservée aux seuls candidats.

---

[102] Énumération des constitutions successives de 1964, 1967 et 2006.

Ils étaient 32 concurrents. Mais aucun ne demanda la disqualification.

"L'anecdote illustra l'incompétence des équipes de Junior, ainsi qu'une culture de l'oralité et de l'improvisation, de colmatage et de rafistolage, d'impulsivité et de violence face à la lâcheté des autres prétendants."

Plus tard, Junior n'accepta pas les résultats du premier tour de scrutin qui le mettaient en ballottage avec le vice-président Jean-Pierre Bemba.

Le 21 août 2006, 14 ambassadeurs membres du *Comité International d'Appui à la Transition (CIAT)* se trouvaient dans la résidence Bemba. Informé, Junior quitta Kinshasa et ferma son téléphone.

Il fit bombarder la villa avec les diplomates dedans. Sans sommation. Il y avait là le chef de la MONUC et les ambassadeurs d'Afrique du Sud, d'Angola, de Belgique, du Canada, du Gabon, des États-Unis, de la France, du Royaume-Uni, de la Russie, de la Zambie et de la Chine ! Ils durent se réfugier dans la cave. Dans le jardin, un hélico de Bemba fut pulvérisé. Les diplomates furent exfiltrés par un convoi blindé de l'ONU.

« C'était sans doute la première fois dans l'Histoire qu'on bombardait des ambassadeurs. Pire, viser des représentants du secrétaire général et des membres permanents du Conseil de Sécurité de l'ONU était une impulsive déclaration de guerre… *mondiale.* »

Ainsi commença la nouvelle ère des réformes et de la reconstruction. Dans une insoutenable et fatale irresponsabilité impunie. Une rupture et une incompréhension avec l'éducation universelle de bonnes manières en société, de bonne gouvernance, d'enjeux et d'intérêts réels d'un pays.

À se souvenir aussi.

Des mendiants et des affamés de richesses

Les choses allaient, enfin, bouger ! Jean-Pierre Bemba, vice-président de la Transition, avait perdu le deuxième tour des élections présidentielles.

Brother (Bro) avait réalisé un triple coup de maître avec les Chinois. En associant *China Metallurgical Group Corporation (MCC)* dans la riche mine de cuivre *KOV*. En les maintenant minoritaires dans le projet minier. En leur faisant prendre l'engagement qu'ils le financeraient à 80 %.

Bro fut invité au mariage de Junior. En marge, Bro obtint des droits sur *Mukondo*, un riche gisement en Cobalt.

« L'exploitant de *Mukondo* fut appelé pour rencontrer Junior. Ils se mirent d'accord dans des circonstances mystérieuses, en sorte que Bro paya 60 millions USD pour la montagne de cobalt et son concentrateur. Il paya aussi environ 8 millions ; soit pour le compte du Zimbabwe soit pour la campagne électorale au Congo…[103] »

Plusieurs avaient vécu la fin de la transition politique :

« En pleine campagne électorale, l'ONG Global Witness a affirmé que la province du Katanga est plus que jamais pillée ! « La corruption remonte au niveau national, jusqu'au président ». Malgré cette accusation grave répétée à Kinshasa même, il n'y a jamais eu de démenti de la part de la Présidence. Bien au contraire, *l'Alliance pour la Majorité Présidentielle (AMP)* a défié l'opinion publique en nommant comme trésorier Frangin

[103] http://www.zwnews.com/issuefull.cfm?ArticleID=17045

(Fra) dont le nom est cité dans le monnayage de contrats léonins au détriment du Trésor public. Même Olivier Kamitatu et Christophe Lutundula dont dépendait l'examen du rapport parlementaire sur le "business de guerre" ont rejoint l'*AMP*, démontrant par l'absurde que les contrats et les arrangements décriés resteraient en force et garantiraient leur survie politique. Il y a, au grand jour, une alliance objective entre les élus et les bénéficiaires des contrats à caractère économique. Désormais, la survie économique des uns dépend de la survie politique des autres. Les enjeux financiers sont de taille, et se traduisent par une écrasante puissance financière, au détriment du jeu démocratique ».[104]

De son côté, Frangin (Fra) fut élu député national.

« Au parlement, on n'entendra guère le député Fra. Il recueillera mystérieusement 67 % d'opinions favorables ; le plus grand score ! auprès du public[105]. Comme quoi, le personnage avait bâti une puissance de l'ombre qui pouvait faire fléchir des sondages d'opinion. Si pas davantage. »

Mais devenu membre du Législatif, Fra était désormais interdit d'initiatives, décisions et actions gouvernementales. De plus, le nouvel Exécutif était désormais chapeauté par un Premier ministre, chef de gouvernement et « maître de la conduite de la politique de la Nation ».

L'*État parallèle* de Fra serait hors-la-loi. Mais pas si vite ! Pour eux, la victoire électorale était une conquête totale et sauvage du pouvoir. De tous les pouvoirs et de toutes choses du pays. Pour cela, le clan vainqueur se donnait toutes les *mains libres*.

---

[104] V. Ngoy http://www.congoindependant.com/ampenza.htm

[105] En raison « de grandes œuvres qui resteront gravées dans la mémoire des habitants de Pweto (sa ville natale), et de tous les Katangais qui trouvent en lui un bâtisseur » - Sondage Les Points, *Le soft International* Nr 1060, 2010.

« Sans obstacles ni contestations, ils organisèrent l'appropriation et le partage des *profits divers* du pays. À cause de cela, l'Histoire les tiendra pour seuls responsables et à jamais coupables des *pertes diverses* de la RD Congo. »

Vieux, lui-même avait parlé, à propos d'anciens proches, de « conglomérat d'opportunistes et d'aventuriers assoiffés d'argent, foyer de médiocrité, enclins à la course effrénée, à l'enrichissement rapide, à la rapine, au pillage ».

C'est à leur propos que Platon avait écrit :

« Si des mendiants et des gens affamés de biens personnels arrivent aux affaires publiques, persuadés que c'est de là qu'il faut faire main basse sur le bien, il n'en est rien, car le gouvernement devenant objet de combats, une telle guerre étant domestique et intestine les perd eux-mêmes aussi bien que le reste de la cité[106]. »

C'est ainsi que sans prétention philosophique ou idéologique, dix ans plus tard, certains diront de la RD Congo :

« Ce n'est pas un État, mais un système d'enrichissement personnel »[107].

Des échos du *conglomérat* de 1996 ou du *réseau des élites* dénoncé par le Panel de l'ONU ou de l'*État Parallèle* !

---

106 Platon (427- 347 av JC) - *La République* - livre VII, 521a- http://plato-dialogues.org/fr/tetra_4/republic/philgouv.htm.
107 Alexander De Croo, ministre belge, septembre 2017.

L'idée géniale de mai 2007

Les 80 premiers jours

Les premiers pas d'un bébé apportent de la joie à toute la famille, même s'il est, lui-même, surpris et apeuré, ou qu'il tombe en pleurant. On sait qu'il se relèvera et qu'il aimera marcher, voire courir. Tout seul !

« Ce n'est pas le cas pour un pays. On n'en remet pas le sort à des gens qui ne savent même pas encore marcher par eux-mêmes. Quelle folie de le faire ! Tout un peuple ne peut servir de jouet d'enfant ou de terrain d'apprentissage « par essai et erreur » ou d'expérimentation ou encore d'escabeau pour se hisser sur un trône, ni de tapis pour s'essuyer les pieds avant de s'y installer. »

C'est la raison d'être des institutions. La RD Congo s'en était donnée de nouvelles en 2006.

Junior, au pouvoir, avait connaissance du besoin des réformes. C'est même lui qui les avait signées. Il électrisa le pays en proclamant « la récréation, finie » ! Il avait juré de respecter la constitution et de la faire respecter.

Mais il n'avait pas de pouvoir exécutif et il devait attendre l'installation des députés et d'un gouvernement. Quoique le futur Premier ministre fut désigné *informateur*, une semaine avant l'investiture présidentielle[1], sa nomination et son installation traînèrent près de trois mois.

Au cours de cette longue attente, le gouvernement sortant fut sommé d'expédier les affaires courantes[2].

Il se passa ainsi 80 jours sans gouvernement[3]. 80 jours pendant lesquels Junior exerça un pouvoir absolu. Non

---

[1] 30 novembre 2006.

[2] Directeur de cabinet, digitalcongo.net/article/3948411.12.2006.

[3] Ce record de 80 jours sera largement battu en 2019, avec 225 jours.

seulement immérité, mais surtout sans partage ni reddition des comptes[4].

Cette période de 80 jours était suffisamment longue pour installer un véritable *État Parallèle,* et ancrer des habitudes étonnamment inhabituelles et une confusion des institutions qui allaient empoisonner durablement la vie politique et l'imaginaire collectif.

« *Junior* se croyait tout permis pour avoir obtenu une légitimité par les urnes, alors que les élections n'avaient été qu'un aspect de la reconstruction nationale, encore fragile et inachevée[5]. »

Très rapidement, certains observateurs s'interrogèrent :

« En vertu de quel mandat, en quelle qualité, des experts de la Présidence de la République s'immiscent-ils dans d'autres institutions. Ceci n'est pas de bon augure pour un État qui se veut démocratique…[6] »

Effectivement, des initiatives impulsives étaient parties dans tous les sens.

C'est au cours de ces 80 jours que débuta l'insurrection des Tutsis dans les Kivu, laquelle s'enlisera rapidement .

À cause de la gestion directe de cette crise par Junior.[7]

---

[4] La critique la plus acerbe vint du ministre belge Karel De Gucht.

[5] La transition de 2003 à 2006 avait, en plus des élections, quatre autres objectifs restés en souffrance : 1° la réunification, la pacification, la reconstruction du pays, la restauration de l'intégrité territoriale et le rétablissement de l'autorité de l'État sur l'ensemble du territoire national 2° la réconciliation nationale 3° la mise en place des structures d' un nouvel ordre politique et 4° une armée nationale, restructurée et intégrée.

[6] Germain Kadima - *Le Phare* - 27 janvier 2007.

[7] La Communauté Internationale avait fait intégrer les différents groupes armés, par une opération appelée « brassage ». Mais Junior inventa une formule de « mixage » où les éléments tutsis côtoyaient les autres Congolais en obéissant exclusivement à leurs officiers tutsis et en menant des opérations de pro-

Pendant les 80 jours, les dépenses dites de « souveraineté » explosèrent. La *Cour des Comptes,* qui auditera[8] les sorties de fonds en période de gestion directe et autocratique, entre le 1er décembre 2006 et le 28 février 2007, conclura[9] à une grave mégestion des finances publiques.

Pendant 80 jours, le pouvoir suprême de Junior s'exerça pleinement, sans les bras et les garde-fous institutionnels qui n'étaient pas encore en place.

« On avait fait l'erreur de ne voir que la légitimité issue des élections alors que Junior la plaçait au-dessus des lois et des obligations à servir la République, à commencer par les fondamentaux des nouvelles institutions. »

Seul maître à bord après Dieu, Junior coupa les contacts avec les représentants des pays dont les actions et les fonds avaient aménagé le climat politique et les mécanismes légaux qui l'avaient porté au pouvoir.

« Son ennemi : le Comité International d'Accompagnement de la Transition (CIAT). »

Cela inspira à certains l'impertinente de l'insulte :

« Ce n'est pas parce qu'un président est élu démocratiquement que le pays est le sien. C'est le pays de tous les Congolais… Les aides extérieures au gouvernement visent une gestion démocratique au service de tous les citoyens, et pas seulement une petite élite.[10] »

---

tection de leurs congénères tutsis. Cette *armée dans l'armée* empoisonnera l'Est du pays en rébellions successives du *CNDP* de Laurent Nkunda et *M23* de Jean Bosco Ntanganda, alliés évidents du Rwanda.

[8] À la demande du ministre du budget, en mai 2007.

[9] Février 2008.

[10] Karel De Gucht, *Le Vif*, avril 2008.mediacongo.net/show.asp?doc=9061

Ruée sur les infrastructures et les mines

Pendant ces 80 jours, seul Pékin fut informé de la possibilité d'échange des infrastructures contre des ressources naturelles. L'information ne sera révélée qu'en 2008[11]. Cet incontestable *délit d'initié* augura la concurrence déloyale des Chinois dans les marchés publics. Ils prirent les devants avec des *agressivités* commerciales et financières[12].

Entre mars et juin 2007, Kinshasa devint la destination des marchands d'infrastructures chinoises. Ils proposaient tout et n'importe quoi.

En février, Fra fit, à l'insu de tout gouvernement, un voyage pirate, à Pékin, via l'Afrique du Sud, l'Indonésie, Hong Kong et Shanghai[13]. On en entendra parler.

En mai 2007, *la Nouvelle société de bois Yang Shushan Sprl* promit d'électrifier la province de l'Équateur. Créée en 2001, l'entreprise avait déjà obtenu de manière irrégulière, en 2005, un vaste domaine forestier. Elle proposait maintenant de construire une ligne électrique entre les villes de Bandundu et de Mbandaka, et un barrage hydroélectrique sur la rivière Ruki, alors que pareil ouvrage n'aurait pas eu d'ancrage rocheux, ce qui l'aurait rendu fort onéreux. Elle proposa aussi une centrale solaire[14].

Une dizaine d'hommes d'affaires chinois présentèrent[15] des projets en matière de santé, d'éducation, d'énergie,

---

[11] Communiqué de *China Railway Group Ltd* à la bourse de Hong Kong-2008.

[12] En 2007, *China Railway* avait placé 5,5 milliards USD pour son introduction aux bourses De Hong Kong et de Shanghai.

[13] Brochure des 5 ans du *BCPSC*.

[14] En 2009, l'entreprise chinoise a été introduite sur le marché boursier libre de *Euronext* sous le nom de *New Star Worldwide Holdings Limited*, dirigée par le même Yang Shushan, avec une valeur boursière de 75 millions EUR.

[15] *Groupe China-Africa* - Août 2007.

d'environnement, de routes, d'hôtels, de logements et de cimenterie.

Ils demandaient 5.000 hectares à Kinshasa, pour construire des habitations. Ils offraient aussi la réhabilitation de la route Matadi-Kinshasa qui venait, pourtant, d'être réalisée par d'autres Chinois, au moyen de fonds de la *Banque Mondiale (BM)* !

Un autre groupe chinois proposa la reconstruction de quatre quais du port de Matadi pour 51 millions USD, dont 20 proviendraient de la *BM* !

Grande était la montagne des projets des gens de Chine. On avait même parlé d'un prêt chinois d'un milliard USD pour la construction de centrales électriques, la production d'eau et la réhabilitation du chemin de fer entre Kinshasa et Matadi. Des propositions taillées sur mesure pour *Sinohydro Corporation.*

La *Compagnie Nationale Chinoise des Transports, des Ponts et Chaussées (CNTCPC)* [16] fut la plus entreprenante. Elle était déjà présente au Congo où elle avait gagné le marché *BM* de la route Bukavu-Kasongo. *CNTCPC* avait aussi une expérience en Afrique. Elle avait été chargée d'établir des variantes du projet angolais de 2 à 3 milliards USD pour le « Cabinda Link » :

« ce serait un pont de 20 km, large de 30 m, avec une travée centrale de 1.200 m suspendue à 47 m au-dessus des eaux de l'embouchure du fleuve Congo. L'ouvrage relierait par route la ville angolaise d'Oyo à l'enclave de Cabinda. Sur ses 260

---

[16] En anglais: *China Road and Bridge Corporation.*

kilomètres, un tronçon congolais de 119 km passerait 7 mètres au-dessus de la ville de Moanda[17] ! »

En avril 2007, *CNTCPC* signa le premier *protocole d'accord* sur les infrastructures[18], avec le ministre des Infrastructures, des Travaux Publics et de la Reconstruction[19].

Le Chinois ferait les études de faisabilité pour une autoroute reliant l'aéroport de N'Djili à la ville de Kinshasa. En juin 2007, *CNTCPC* proposa l'expropriation de maisons le long de la future autostrade[20]. Le Chinois étudierait aussi la réparation des rues de la ville de Bukavu et des 34 kilomètres la reliant à l'aéroport de Kavumu. S'ajouterait la construction de 90 km de la route Bukavu-Kamanyola-Uvira et de 200 km entre Kasongo et Kindu.

Ce premier protocole était riche en enseignements. D'un côté, la priorité donnée au Sud-Kivu traduisait l'absence d'un plan de reconstruction national. De ce fait, des projets seraient détournés pour avantager les régions d'origine des négociateurs et décideurs congolais[21]. D'un autre côté, le protocole d'accord était unilatéral : si jamais les travaux étaient confiés à une autre entreprise, la RD Congo rembourserait tous les frais engagés par les Chinois. Par ailleurs, les travaux dépendaient d'un financement incertain, à négocier par les gouvernements congolais et chinois.

Côté mines, *China Railway Engineering Corporation (CREC)* se manifesta à nouveau en mars 2007 avec le même

---

[17] En 2010, le *Cabinda Link* semblait échapper aux Chinois, l'Angola s'étant adressé aux Japonais. Depuis, le projet est resté dans les tiroirs.

[18] Historiquement, le premier protocole d'accord chinois, non exécuté, fut conclu le 31 octobre 2001 avec *China Yuanwang (group) corporation (CYC).*

[19] Qui sera intégré dans un autre projét plus important, en septembre 2007.

[20] Fin 2017, on reparlera de cette voie rapide de 20 Km, sans concrétisation.

[21] Le ministre signataire était originaire du Sud Kivu et n'avait pensé qu'à cela. Ce régionalisme sera le fil conducteur du *contrat du siècle.*

vice-président de sa filiale *COVEC*. Cette fois, Min Guowei précisa :

« la Chine est le deuxième consommateur de cuivre avec trois millions de tonnes, mais elle n'en produit que 500.000. C'est pourquoi *COVEC* investira 300 millions USD dans ses deux projets miniers en partenariat avec *GCM, COMILU* et *MKM*, pour produire annuellement 20.000 tonnes de cuivre et 1.500 tonnes de cobalt. »[22]

Ces chiffres mirobolants cachaient le fait que la grande société *CREC* n'avait pas d'expertise minière. Sa toute première exploitation, à Changfulong Gold Mine, en Mongolie n'allait démarrer qu'en 2008. Mais ces débuts ne tempéreront pas ses voracités minières en RD Congo.

À l'époque, la filiale *COVEC* était déjà installée sur Leopards Hill Road, à Lusaka, capitale de la Zambie. Elle pourrait passer la frontière, venir au Katanga et y mener l'activité habituelle de BTP[23] sous les casquettes interchangeables des filiales et des sous-traitants de *CREC*.

Mi-2007, le modèle *COVEC* de 2006 avec *GCM*, inspira la *China National Machinery and Equipment and Export Corporation (CEMEC)*.

CEMEC promit un prêt de 75 millions USD à la diamantaire congolaise *MIBA*, pour exploiter le chrome et le nickel dans les concessions de Kabeya Kamwanga (Kasai Oriental) et de Kuiza, Nkonko et Lutshiatshia (Kasai Occidental). Le prêt servirait aussi à relancer la production de diamants pour atteindre 7 à 8 millions de carats par mois, à réparer des

---

[22] Entre 2012 et 2019 la Chine investira 8 milliards USD dans le cuivre.

[23] En Zambie, *COVEC* avait commencé en 1986 un complexe gouvernemental dont le chantier a été interrompu, puis confié à un autre entrepreneur chinois.

routes et des voies ferrées et à porter à 18 mégawatts la capacité de la centrale électrique de Tshiala[24].

Nul doute que l'important minier chinois et vrai professionnel, la China *Metallurgical Group Corporation* (MCC) allait, elle aussi, frapper fort. Plus que jamais engagée sur le joyau de cuivre, KOV. Aux côtés de Bro.

Des ailes chinoises pour un gouverneur de province

China Metallurgical Group Corporation (MCC) était la « clé de voûte », cette pierre centrale qui est plus solide et qui retient toutes les autres, du projet fabuleux de Bro, à la mine de cuivre et de cobalt *KOV*.

MCC devait réaliser l'investissement minier chinois le plus important, sans financement ni jumelage avec des infrastructures. Elle paierait en cinq années 80 % des 1,3 milliard USD[25] et installerait une raffinerie moderne du type SX-EW[26] qui serait opérationnelle dans les deux ans.

Au niveau international, cet engagement chinois avait favorisé le lancement spectaculaire en bourse de *Nikanor*.

« *Nikanor Plc* était détenu à 72 % par des investisseurs Israéliens : Benny Steinmetz (36 %), the Gertner family (20 %) et Bro (16 %). Malgré les apparences, le véritable pilote était Bro, par la vertu de ses implications en RD Congo. Au point de frustrer les actionnaires minoritaires. »

En RD Congo, le « bon climat des affaires » arraché par l'usage disproportionné de la force lors du massacre de

---

[24] On ne parla plus du projet *CEMEC*. Les gisements de chrome et de nickel seront simplement promis à la société d'assurance-crédit *SINOSURE*.

[25] 650 millions pour l'usine de raffinage, 400 pour la mine de *KOV*, 150 pour l'achat de camions-bennes de 220 à 300 tonnes, 78 pour le dénoyage.

[26] Extraction par solvants et électrolyse *(Solvent Extraction/Electro Winning)*.

Kilwa-2004 permit à Mos, le protégé *cousin ethnique* de Frangin (Fra) de revendre aux mêmes Australiens pour 61 millions USD[27] les droits de *GCM* sur le gisement de Kinsevere. En 2007, le pactole lui donna des ailes politiques et le fit élire député national, député provincial et gouverneur de la province du Katanga.

Mos était un homme pressé, fougueux comme un cheval non dressé et prêt à sauter toutes les barrières, il disait gérer la province comme une entreprise privée.

«En réalité, la province fut plutôt son *entreprise personnelle.* Sans budget, ni conseil d'administration, ni commissaire aux comptes."

La province du Katanga était sa *seigneurie locale.*[28]

Volubile, il électrisait son entourage[29] :

« Dans l'énorme villa avec courts de tennis qu'il a rachetée à son richissime frère, Soriano Raphaël Katebe Katoto, défile le gotha financier du monde. Des Anglo-saxons chaussés de Timberland et habillés en kaki et portant képi avec sac à dos... Au resto italien... il déboule, fait le tour, serre, sourire en coin, amicalement toutes les mains. Il y est invité par des Anglo-saxons... Il se déplace en *Lincoln Navigator* et expose dans son parking le vaisseau amiral, l'américaine *Lincoln* style show-biz, capable de glisser treize personnes dans le luxe et le confort absolus. Mais il a aussi deux rutilantes *Mercedes* série S année

---

[27] Informations jamais démenties. La *Gécamines* avait « loué » à *Mining Company Katanga (MCK)* du *gouverneur* du Katanga un gisement de 1.600.000 tonnes de cuivre pour un million USD. La mine a été apportée à une association dont *MCK* obtint 30% du capital. MCK s'empressa à revendre 25% pour 61 millions USD. Dans le film *Katanga Business*, de Thierry Michel, le flamboyant *gouverneur*, et néo-riche, se déclare « pauvre Congolais», parce que « d'autres ont gagné des milliards !».

[28] Deuxième discours présidentiel à la Nation, 13 décembre 2008.

[29] Février 2007 http://www.lesoftonline.net/pages/phil.php?id=1004

rétro, un *Hummer* modèle SUV qu'il dit appartenir à ses trois enfants, tous des garçons… Il y a jusqu'à quinze bêtes de route alignées dans son seul parking recouvert de tuiles vertes… »

Son bolide, pareil à celui de Bro, rencontra aussi la Chine.

Le 23 février 2007. Une demi-douzaine d'Anglo-saxons étaient venus spécialement d'Afrique du Sud, à Kolwezi. Des journalistes et Kenneth Macleod, de la société commerciale de Mos, la *Mining Company Katanga (MCK)*. À 14 heures, le bruit de la pluie abondante fut submergé par le tonnerre d'applaudissements saluant la signature du premier contrat de sous-traitance locale avec un investisseur chinois : *MCC !* Les travaux de terrassement de la future raffinerie de KOV avaient été accordés de gré à gré à *MCK*. Pour la bagatelle somme de 30 millions USD. Mos présida en personne la cérémonie. Il pavoisait :

« C'est une vraie bénédiction pour le gouverneur que je suis d'avoir une nouvelle raffinerie de cuivre, l'une des plus grandes au monde ! »

La cérémonie fut immortalisée par une photo montrant Mos, son représentant dans *MCK*, Kenneth MacLeod[30], et le représentant de Bro, J. Leslie de *Nikanor*. Mais bizarrement, les Chinois de *MCC* avaient été discrets. Quoique fort suspect, cela ne dégonfla pas la fête.

Frimeur et flamboyant, Mos n'exerçait pas encore de fonctions à la tête de la province et ne disposait d'aucune prérogative légale, Il annonça 50 milliards USD d'investissements miniers, dans « sa » province, pour les années à venir. Tout était nickel. Mos critiqua les autres

---

[30] Martin Creamer miningweekly.co.za/article.php?a_id=102989 – mars 2007.

investisseurs, des « criminels ». Il leur ordonna de terminer la construction de leurs usines dans un délai de 6 à 12 mois[31].

Napoléon d'Afrique

La Flamboyance de Mos provenait de l'élection de Junior qui rassurait et donnait des ailes à tous ceux qui avaient spéculé en période préélectorale. Tous avaient attendu cet avènement avant de commencer à réaliser quoi que ce soit. Tous, sauf un seul : « Napoléon » !

« À l'époque, les activités minières se limitaient à la cueillette des minerais ou à l'appropriation des contrats et titres miniers, des gisements et installations, en vue de les revendre. L'installation d'un pouvoir élu allait apporter une énorme plus-value. Tous étaient en *stand-by* et misaient sur Junior. Ils remettaient des fonds de campagne, par complicité ou contrainte nourries par les perspectives de gains et par la consolation de contribuer à la *démocratie* ![32]

La seule action notable fut le lancement sur le site minier, le 27 juin 2006, de *Kamoto Copper Company (KCC)*, une cérémonie qui fit bondir l'action de *Katanga Mining Limited (KML)* de un à cinq USD. La bonne affaire ! De plus, *KCC* avait une mine, des usines et de l'alimentation électrique. De quoi donner des envies à *KOV* et à Bro ! »

Napoléon s'était lancé tout seul, sans filet. Il était casse-cou, un pilote de rallye automobile qui avait couru sur les routes sinueuses du Bas-Congo avec des concurrents déloyaux qui payaient les passeurs de bacs pour bloquer les adversaires. Un atypique aussi : un Blanc, mais Africain !

---

[31] http://www.miningmx.com/mining_fin/652687.htm

[32] Nestor Kisenga , L'art de piller, op.cit. p. 57.

Inélégant dans des costards, le Rhodie[33] était à l'aise en brousse et continuait à manger le *foufou* de maïs de son enfance. Il n'avait aucun lien ni idée de vivre en Europe, avec des « non-Africains ». Son habileté en affaires l'avait mené à la tête de près de 150 entreprises en transport routier, construction, assemblage automobile, domaines touristiques, dans une douzaine de pays d'Afrique. On l'avait surnommé le « Napoléon d'Afrique »[34]. Il s'attaqua au marché automobile sud-Africain et Mandela le plaça sur la liste des ennemis de la RSA. Il s'attira des malheurs.

Vieux fut ébloui par Napoléon (Nap), alors âgé de 39 ans. Il l'appela « mon fils ». Il lui céda en gestion un tiers des installations de *Gécamines* (*GCM)* [35] et le nomma directeur général du reste de l'entreprise publique. On décrypta ces décisions irréfléchies de Vieux, comme autant de rémunérations indirectes de l'appui militaire du Zimbabwe. Mais en 1999, le secteur minier était en grande crise ; même Dieu n'aurait pas fait de miracles. L'habile Rhodie spécula des ventes de cobalt, à terme, mais à un prix plus élevé que les cours *LME*[36], en déprime temporaire. C'était risqué, mais les prix remontèrent ! Trop tard ! Cela n'arrangea pas Vieux qui ne palpait que du cash ; de plus, il avait besoin de liquide pour les dépenses de guerre. Pour Vieux, si des marchandises voyageaient sans paiement immédiat, c'est que Nap était un voleur. Un grand voleur ! Sur ses instructions, Frangin (Fra) recruta Rootman pour récupérer les cargaisons de cobalt[37]. Fra revendit le métal moins cher que les cours déjà fort bas. Et Fra ne paya pas le Sud-Africain. Cela entraîna un cycle de

---

[33] Zimbabwéen blanc descendant des Rhodésiens du Sud.

[34] Muller Conrad (dit Billy) Rautenbach.

[35] *Central mining group corporation Sprl,* filiale de *Ridgepointe overseas developments limited.*

[36] London Metal Exchange.

[37] Fra revendra le tout à perte.

saisies contre l'État et la perte, en 2004, du jet Falcon-50 9Q-CPK de *Gécamines (GCM)*.

De son côté Napoléon perdit sa haute fonction et son activité minière à *GCM*. Il perdit son empire d'affaires en Afrique et le *bicorne* qui l'aurait coiffé ! Mais il gagna beaucoup en mauvaise réputation et en sanctions internationales. Il a dû s'enfoncer dans un enfer qui aurait conduit bien d'autres au suicide.

À cause de ses relations coupables avec Vieux, Nap fut épinglé par l'ONU comme l'un des pilleurs du pays. Mais, par la suite, il fut aussi l'un des rares accusés à être blanchi par l'ultime rapport du Panel sur le pillage. Qu'est-ce que Nap avait dit ou montré aux experts de l'ambassadeur égyptien Mahmoud Kassem ? Des révélations sans doute ! Par la suite, la commission Lutundula avait maintenu ses nouveaux contrats miniers, alors que tant d'autres avaient été recalés. Ces investigations ne pourraient tromper. Est-ce que Napoléon avait été un authentique entrepreneur ? Dans des limites acceptées de fine habileté géniale, parfois roublarde ?

Une anecdote.

Pour faciliter son retour aux affaires en RD Congo, on lui avait demandé une enveloppe qui aurait tissé une grosse et grossière ficelle. Il refusa l'offre de sauvetage avec son éthique : « est-ce qu'après cela, je pourrais regarder mes enfants dans les yeux ? »

Une démonstration.

Début 2006, Napoléon (Nap) avait fondu tous ses intérêts[38] dans le groupe, coté en Bourse, *Central African Mining & Exploration Co*. On apprit que le « pouvoir » n'aurait pas

---

[38] *Boss Mining Sprl*, de *Central Africa Mining and Exploration C° (Camec).*

perçu sa part habituelle sur ce genre de transaction et aurait été offensé, en période électorale. Mi-2006, Brother (Bro) racheta les usines[39], utilisées par Nap ainsi que 50 % de la mine de cobalt Mukondo ; l'autre moitié revenant à Nap. Bro avait les faveurs du pouvoir qu'il aurait aidé à faire élire[40] ; il voulut encaisser les revenus du cobalt, sans participer aux charges. Imprévisible, Nap abandonna la mine de cobalt. En représailles, Bro chassa Nap des usines (électricité et concentrateur). Nap ne pouvait plus rien produire. Napoléon était cuit !

Stratège, Napoléon (Nap) réagit de manière inattendue. Il renonça à la production de faibles teneurs et se lança dans une nouvelle usine de raffinage. C'était une triple folie : la technologie était nouvelle, on était en pleine incertitude politique qui fait fuir les investisseurs et c'est Bro qui occupait la centrale électrique proche. Nap fit tirer une ligne et livrer un énorme transformateur par le plus gros cargo à atterrir à Lubumbashi. Au bout de neuf mois seulement, il eut une usine flambant neuf. La première unité, après *GCM*, à produire du cuivre cathode à 99,9 %. La première, à électroraffinage chimique SX-EW[41]. Il donna du travail à des sous-traitants locaux, fit bâtir une cité, fondue dans la forêt katangaise de Miombo et qu'on appela « Billyville ».

Napoléon avait investi « seulement » 150 millions USD qui lui permettaient de réaliser, dès le premier mois, un chiffre d'affaires de 13,8 millions USD en cathodes de cuivre et en carbonates de cobalt, et un cash-flow positif[42].

L'exploit était insolent et piétina la horde de fourmis rouges et carnassières des miniers qui, pour revendre leurs contrats

[39] Kababankola Mining Company (KMC), à Kakanda.
[40] 8 millions USD selon www.zwnews.com/issuefull.cfm?ArticleID=17045.
[41] Solvent Extraction/Electro Winning (Extraction par solvants et électrolyse).
[42] Andrew Groves, CEO de CAMEC

et permis, jouaient la montre et le chantage, des complaisances et de la corruption. Pourquoi ce Zimbabwéen n'avait pas attendu de garanties politiques et se permettait de construire et d'organiser sans désemparer ? Et montré que les hésitations et les clauses spéciales des miniers étaient abusives et leurs contrats, léonins. CQFD !

Voilà qu'à Kolwezi, Mos n'avait d'y eux et de paroles que pour *KOV* et Bro et les millions USD qu'il en gagnerait. Il avait déjà montré sa capacité d'agir comme *homme de main*, à la tête des manifestants opposés à ce qu'on enquête sur le massacre de Kilwa et qu'on indemnise les victimes. Allié inconditionnel de Bro, il diabolisait les autres, à commencer par Nap. Avait-il gagné la bataille ou seulement un combat, contre Bro ?

Le cuivre d'Afghanistan

Avec la cérémonie de Kolwezi, le Katanga était-il devenu le centre du monde ? Parfois, de vraies histoires sont tellement extraordinaires qu'on s'en frotterait les yeux et les oreilles comme pour mieux déguster des *scenarii* de films d'aventure, avec du suspense et des rebondissements.

À des milliers de kilomètres de Kolwezi, dans les contreforts montagneux de l'Himalaya, un autre pays avait été en guerre et organisait sa reconstruction. Très riche, comme le Congo, en ressources minières diverses et inexploitées.

C'était l'Afghanistan. Il y avait là une réplique du KOV congolais. Le *Katanga* afghan se nommait *Logar*. Et *KOV*, la mine d'*AYNAK*. Le gisement, découvert en 1974, renfermait pas moins de 13 millions de tonnes de cuivre. Il fut l'objet de forages par les Soviétiques en 1979.

Au même moment où Mos et *Nikanor* pavoisaient sans *China Metallurgical Group Corporation (MCC)*, en

Afghanistan, *Jiangxi Copper Co* et la même *MCC* obtenaient la mine d'*AYNAK*. Pour trente années !

Les Chinois avaient été préférés à cinq concurrents :

Strikeforce, du groupe russe *Basic Element Group*, le consortium *Kazakhmys*, dont le siège est à Londres, le canadien *Hunter Dickinson* et même l'américaine *Phelps Dodge*, engagée à Tenke Fungurume, au Katanga.

MCC s'était engagée à investir 3,5 milliards USD. Comme au Congo, ce serait l'investissement chinois le plus important de l'histoire afghane.

MCC allait ériger, avec 400 millions USD, une centrale électrique de 400 mégawatts, fonctionnant au charbon pour alimenter la mine. 200 mégawatts d'électricité excédentaires serviraient à la province du Logar et à la capitale Kaboul. Une ville serait également construite à proximité pour accueillir les mineurs. *MCC* allait aussi construire une voie ferrée reliant le port fluvial d'Haïratan, dans le nord de l'Afghanistan, à la ville de Torkham, à la frontière avec le Pakistan.

MCC emploierait 3.000 personnes au début des travaux. À terme, 10.000 emplois seraient créés.

MCC allait extraire, à l'horizon 2012, 200.000 tonnes de cuivre par an.

MCC et *Jiangxi Copper Co* allaient verser 400 millions USD de royalties par an au gouvernement afghan.

Certes il y avait des similitudes entre les deux scandales géologiques et les richesses inexploitées, mais il y avait de grandes différences entre la RD Congo et l'Afghanistan !
Tout d'abord, la transparence à l'extérieur du pays. En 2006, Kaboul avait organisé un appel d'offres internation-

al et fait concourir 13 compagnies de Chine, de Russie, d'Australie, du Kazakhstan, de l'Inde et des USA. Le choix de MCC venait d'une présélection de 9 finalistes. L'autre différence était que les mines afghanes n'étaient pas documentées, au contraire des gisements congolais, dotés de bases de données géologiques. Ce qui aurait rendu plus attractif le gisement congolais. Ensuite, la mine afghane était directement et entièrement et financée par les Chinois. Quatrièmement. Il y avait de la transparence à l'intérieur du pays. Le projet AYNAK avait été débattu. Tout le contraire de l'opacité congolaise.

« Fazelullah Mojadeddi, député de la province de Logar, avait insisté sur la nécessité que « des experts afghans étudient à nouveau le contrat d'exploitation de la mine de cuivre d'AYNAK, afin que soient préservés les intérêts du pays… Car selon la Constitution, une fois sa teneur évaluée par des experts nationaux, le contrat devait être adopté par le Parlement ». Évoquant les risques environnementaux liés à l'exploitation de cette mine, il a mis en garde : « les villages alentour risquent la destruction, et la compagnie chinoise n'a fourni, de ce point de vue, aucune garantie. » Modjadeddi a également suggéré au gouvernement et à la compagnie que les mineurs soient recrutés au sein de la population locale. Il estima par ailleurs que les sommes qui seront dues à l'État par la société chinoise devront transiter par la banque du Logar, en vue d'augmenter le bilan commercial de la province. Toutes les routes de la province devraient être reconstruites ou réparées. Il a également insisté sur la création d'un aéroport international dans la province. Enfin, il a averti : « si le gouvernement ne tient pas compte des exigences des habitants du Logar, ceux-ci bloqueront l'exploitation de la mine. »[43] »

Avec pareilles différences, *MCC* pouvait choisir où s'installer pour le cuivre. Dans les deux pays, ou en RD Congo seulement ou, uniquement, en Afghanistan.

[43] *Afghan Voice Agency (AVA)*, nawaaye-afghanistan.net/spip.php?article5251

Mais il y avait une autre différence de taille. La spéculation de Bro et de ses compères de *Nikanor*. Ils avaient fait supporter au Chinois 80 % des investissements, tout en le maintenant minoritaire à *KOV*.

Combien de temps Brother (Bro), le jeune loup aux crocs acérés, allait leurrer le vieux Dragon chinois, *MCC* ?

Débarquement des traders

Mars 2007. Ce mois, comme tous les autres mois, 45.000 Congolais mouraient des conséquences de la pauvreté et des violences, selon *International Rescue Committee.* L'ONG préparait sa cinquième enquête[44]. Les quatre premières études avaient estimé à 3,9 millions de personnes le nombre de morts directes et indirectes survenues depuis 1998 du fait de la guerre, laquelle se révéla comme la plus mortelle depuis la Deuxième Guerre mondiale.

« IRC a calculé, non pas les morts de violence de guerre, mais la mortalité qui excédait le taux habituel. Alors que l'Unicef avait retenu pour 1997 un taux de mortalité de 1,3 ‰, l'IRC a trouvé 3,5 ‰ dans les régions de l'Est et 2,0 ‰ dans l'Ouest, ce qui donnait un taux national de 2,2 ‰. Pas loin du double de la normale, ou près de 2000 morts par jour, entre août 1998 et novembre 2002, qui seront amenés à 1000 victimes. Mais en 2008, l'étude *la surmortalité au Congo (RDC) durant les troubles de 1998-2004* des démographes belges, A. Lambert et L. Lohlé-Tart, se basant sur le recensement électoral de 2006 et l'espérance de vie de 42 ans au lieu de 60 ans, dans les provinces en paix, conclura que la surmortalité résulterait davantage du régime Mobutu que de la guerre rwandaise qui n'aurait causé *que* 183.000 morts[45]. »

---

[44] Quatre études de 2000 à 2005. 5e étude de janvier 2006 à avril 2007.
[45] Marcel Yabili, *Vraiment Congo, une tribu,* Mediaspaul, *2015,* p 102.

Mars 2007, à Kinshasa. La mort était dans la rue. Après la victoire électorale de Junior ce fut celle par armes lourdes. Jean-Pierre Bemba, élu sénateur, fut délogé aux tirs de canon de chars pilotés par des Angolais[46], dans les rues et en plein jour, faisant des milliers de civils traumatisés et plus de 300 morts.

« Le prétexte était de désarmer la garde de Bemba. Mais comme elle était encerclée, il aurait suffi de les assiéger ! Et selon la leçon du Moyen-Âge, ils auraient rapidement été à court d'eau et de vivres et ils se seraient rendus ! »

Réfugié à l'ambassade d'Afrique du Sud et, aussitôt, menacé par un mandat d'arrêt pour « haute trahison », Bemba quitta le pays pour le Portugal. Ce fut un des épisodes les plus symboliques de Junior, à savoir la violence et l'usage de la force et du recours disproportionné à la force.

« Ses douze ans au pouvoir se termineront dans le sang de manifestants pacifiques qui réclamaient les élections. »

Mars 2007, à Phoenix, USA. Fin de parcours pour *Phelps Dodge Corp.* par coïncidence, et comme si cela avait été prémédité pour coller au calendrier politico-minier congolais. L'auguste firme, créée en 1834, était devenue l'une des compagnies minières « major », spécialiste de cuivre et de molybdène, dotée des gigantesques mines de Morenci en Arizona, de Grasberg en Papouasie et de Cerro Verde au Pérou. Elle venait de quadrupler son champ d'exploitation avec *Tenke Fungurume Mining (TFM),* en RD Congo ; une héritière des perversions de Vieux en 1997 et du dépouillement de *Gécamines (GCM)* en 2005. C'est ce géant qui se vend à *Freeport-McMoRan Copper & Gold Inc.* pour 29,5 milliards USD. L'acquéreur n'est pas un minier, mais

[46] Intervention militaire reconnue, en 2018, par le président angolais Lourenço.

un trader *boursicoteur*. Cela le marquera[47], ainsi que les autres traders à venir.

Les Chinois ne sourient plus jaune

Mars 2007, à Kolwezi. À deux mille kilomètres. La violence était venue d'ailleurs. De Chine. Subitement, la foudre tomba sur *KOV*. C'était anormal pour la saison.

Un mois à peine après le lancement en fanfare de la construction de la raffinerie de cuivre, l'une des plus grandes au monde. De quoi consulter le féticheur du village voisin sur l'origine et la responsabilité de l'éclair qui avait déchiré un ciel bleu et sans nuages, sous un soleil éclatant, dans un coup de tonnerre assourdissant et retentissant en roulements incessants et terrifiants. C'était sorcier !

Les Chinois ne sont pas des Japonais, aux courbettes et gestes de politesse. Ils n'ont même pas de sourires jaunes : *MCC* se retira de KOV. Brusquement et avec fermeté [48]!

Sans les Chinois, ce fut la panne sèche pour l'univers des affairistes qui gravitaient autour de Bro, le magnifique. Leurs désillusions furent celles de *la laitière et le pot au lait*[49] dont les perspectives de profit s'étaient évanouies brutalement avec la chute et le bris du récipient. Ils ne pouvaient pas croire à une telle catastrophe. Mais *MCC* avait bel et bien quitté *KOV*. Définitivement[50].

Moins d'une année après y être entré le fracas de la plus importante capitalisation lors du lancement d'une cotation ![51]

---

[47] En 2016, *TFM* sera revendu à des traders Chinois.
[48] http://www.miningmx.com/mining_fin/734308.htm
[49] Fable de Jean de la Fontaine.
[50] Africa Confidential Vol 48 N°11, 25.05.2007. *MCC* réapparaîtra en 2008.
[51] *Nikanor Plc* (ex GEC) sera absorbé par *KML*, la mine voisine de Kamoto.

KOV était mort-né ? Brother (Bro) devait rebondir, tenter de ressouder ou ouvrir de nouvelles routes.

Eureka : une idée géniale !

Après l'orage sur Kolwezi, Frangin enleva ses habits frais de député national ; il quitta subitement Kinshasa pour la Chine. Mais passer des semaines à Pékin était déprimant. La profondeur du paysage urbain est réduite par l'épaisseur de la pollution ambiante. Les hôtels sont froids à cause des lumières et des dorures agressives. On ne peut même pas se détendre au restaurant : à peine commandés, les repas sont servis ; il faut quitter la table et rentrer en chambre. On souffre de solitude. Cela aide à réfléchir.

« On manque d'argent ; on a l'abondance des minerais », répétait Vieux :

« pour financer les interventions de ses alliés dans la guerre civile. Cette vision avait débouché sur le pillage et les contrats léonins, dénoncés par le Panel de l'ONU. »

L'avenir était aux infrastructures. Et à une passerelle entre les Congolais en besoins et les Chinois à l'affût ! Ceux-ci avaient fait des propositions dès 2001 avec *China Yuanwang Group Corporation (CYC)*, gagné dès 2002, avec *Sinohydro,* les premiers marchés financés par les bailleurs de fonds internationaux. Ils avaient été constamment présents comme *China Railway*, de 2003 à 2006.

Maintenant, ils s'agitaient à travers la RD Congo.

CNTCPC avait exploré sa propre éligibilité aux fonds de *China Development Bank (CDB).* Directement et par le biais de la société de crédit-bail *China Export and Credit Insurance Corporation* (*SINOSURE).*

De leur côté, *Sinohydro* et *China Railway*, comme entreprises étatiques de *la première classe*, pourraient obtenir de l'*Export-Import Bank of China (Eximbank)* un montage financier pour la réalisation d'ouvrages et l'exploitation de ressources naturelles congolaises :

« la banque paierait immédiatement les travaux, mais se ferait rembourser avec les revenus de l'exploitation des richesses naturelles. *Eximbank* finançait déjà la majorité des infrastructures chinoises en Afrique. Elle était la seule institution autorisée par Pékin à accorder des prêts bonifiés et non commerciaux dits *concessionnels* compatibles avec les normes *occidentales* du *Club de Paris*[52] et de l'*OCDE.* »

Comme des guérilleros

Que des individus s'autorisent à réécrire la feuille de route nationale et internationale d'un gouvernement souverain était prétentieux. Et transgressif. Cela s'appelle « usurpation de pouvoir ». C'était aussi criminel :

« Depuis 2006, prendre le risque de négocier des accords qui pourraient être mal ficelés et auraient « pour conséquence de priver le pays et ses habitants de tout ou une partie de leurs propres moyens d'existence tirés des richesses naturelles » pouvait être considéré comme un acte de *pillage*, qualifié de *crime de haute trahison.*[53] »

De plus l'idée *géniale* de Frangin (Fra) visait les infrastructures. Celles-ci ne recouvraient qu'un des *cinq chantiers,* qui avaient amputé trois des *cinq piliers* du *DSCRP* concocté avec les *Occidentaux*. Cela ferait des dégâts !

---

[52] *BM, FMI et Banque Africaine de Développement (BAD).*
[53] Articles 56 et 57 de la Constitution congolaise de 2006.

« Toute initiative devait s'intégrer dans le programme gouvernemental, ou l'améliorer, ou tenir compte des termes de référence de la reconstruction de la RD Congo, en sauvegarder l'enracinement légal et populaire et en poursuivre inlassablement les réalisations durables. Un des éléments fondamentaux était le partenariat avec la Communauté Internationale, ces *Occidentaux* dont faisait partie la Chine. »

Le *DSCRP* ne menottait pas les décideurs institutionnels :

« La RD Congo pouvait, bien entendu, élaborer et appliquer ses propres programmes, recourir à des experts congolais. Mais ces esprits brillants ne furent pas consultés ; ils auraient sans doute suggéré la même exigence *occidentale* de bonne gouvernance, qu'ils appellent *leadership*.[54] »

Ces simples vérités, comme toute vérité, dérangeaient Fra.

À Pékin, il ne pouvait plus lire *le petit livre rouge* de Mao, comme l'avait fait Vieux. Mais certaines techniques de guérilla maoïste pouvaient inspirer, pour Kinshasa.

Un nommé « Yves » lança dans « *Le Libre Débat* », une salve de trois grenades qui explosèrent dans les colonnes d'un journal en ligne[55], proche de Junior.

Yves parlait de « milliards de dollars provenant des Chinois et qui tourmentaient les *Occidentaux* »[56]. En réaction, ces gens parleraient de *péril jaune* pour effrayer les jeunes États africains et les éloigner de la coopération chinoise.

Pour Yves, « le rude combat tournera à l'avantage de la Chine »[57], parce que l'Occident n'a pas abandonné ses vieilles méthodes et attitudes, dont le paternalisme, la ruse et

---

[54] P. Ntumba; G. Nzongola, Op.cit.
[55] digitalcongo.net.
[56] http://www.digitalcongo.net/article/43509.
[57] http://www.digitalcongo.net/article/43521.

la suffisance. Yves conclut que « la revanche chinoise était en marche »[58], grâce à leur culture supérieure et au génie créateur qui leur avaient permis de réaliser le « miracle chinois ».

Le gigantesque monument de Mao qui trône sur la place Tiananmen indique que Pékin peut toujours verser dans une subversion qui risque de déstabiliser un pays :

« incontestablement, la RD Congo n'était pas prisonnière des propositions et de l'accompagnement des *Occidentaux*.

Il y a de nouvelles institutions pour décider et amender.

Voilà que trois mois à peine après l'adoption du programme du gouvernement, Frangin (Fra) incitait à cracher dessus. On poussait un pays fragile vers l'inconnu et la découverte d'un nouveau destin, né de la diabolisation des uns et des louanges de la Chine. Appartenait-il à des individus de tout remettre en question ? De réduire les enjeux de la reconstruction de la RD Congo au miroitement du « miracle chinois » en Chine ? Comme si Pékin y serait parvenu sans se plier aux mêmes exigences *occidentales*, de bonne gouvernance et de respect des institutions ? La Chine ne s'était jamais préoccupée des problèmes du Congo et n'avait jamais proposé de solutions durables, tels l'effacement de la dette extérieure ou la consolidation des facteurs macroéconomiques, le développement à la base ou la réduction de la pauvreté. Les infrastructures seules pourraient-elles remplacer les *cinq piliers* du *DSCRP* ? »

Ceux qui avaient recruté Yves appartenaient au « réseau des élites », des survivants au Panel de l'ONU aux manières du « conglomérat d'opportunistes et d'aventuriers ».

[58] http://www.digitalcongo.net/article/43516.

« Ils étaient des miliciens *maï-maï* du troisième millénaire. Des invincibles mystiques. Les balles qu'on leur tirerait se transformeraient en eaux. »

Nullement perturbé, Frangin (Fra) affirmera plus tard :

« Notre horizon s'élargissait. La perspective changeait. Confrontés à une culture, un mode d'affaires à l'antipode de ce que nous connaissions, nous nous sommes mis à apprendre un vrai Nouveau Monde. Tout était, avec les Chinois, dans une autre mesure… Les dimensions, les manières, les critères, les procédures et les absences de procédures, tout était différent. Il nous fallait comprendre le nouvel univers et retrouver l'agilité et la flexibilité nécessaires pour nous y adapter [59] ».

Autant qu'une guerre, la guérilla sera totale et implacable.

Persona non grata

Électrocuté par le coup de foudre sur *KOV*, Brother (Bro) fut pris de convulsions. Il s'agita dans plusieurs directions.

Dès le mois de mai 2007, Bro concocta un consortium pour sortir *Nikanor* de la Bourse de Londres *AIM*[60]. Cette sortie pouvait favoriser des transactions non transparentes et dont on n'aurait pas à répondre à la demande du premier petit actionnaire écervelé. Et il se passera des choses opaques et inimaginables[61]. *Nikanor* fut emballée dans *RP Capital* qui s'associa à la firme de trading *Glencore Plc* pour former le consortium *Cosaf Limited* [62].

---

[59] Katumba, Op.cit. pp 195

[60] *BusinessFinanceNews* ww.iii.co.uk/news/?type=afxnews&articleid =6043735&subject =companies&action=article

[61] Suite du récit.

[62] Regroupant *Nikanor Plc, RP Capital Partners Cayman Islands Limited*, et la firme de trading *Glencore International AG.*

Glencore venait d'acquérir l'exclusivité des ventes de la voisine *KML* pour dix ans et ambitionnait de commercialiser les productions minières des autres. La renommée du *trader* donna de la valeur spéculative aux projets. Et Bro[63] finit par acquérir 16 % de *KML*.

Le même mois de mai 2007, Napoléon (Nap)[64] vise *KML*. Le minier n'avait pas évolué d'un pouce malgré sa présentation en fanfare en juin 2006. Nap acquiert en cachette 22 % du capital, ce qui pousse *KML* à initier une pétition pour tenter de l'empêcher Nap de prendre davantage. Puis, *KML* lui demande de faire une offre publique d'achat (OPA) de la totalité du capital, plutôt que de le grignoter petit à petit. En juillet, on apprend que Nap préparait une OPA sur *KML* pour 600 millions GBP[65]. D'autres miniers sont aux aguets : *First Quantum Minerals, Glencore International AG, Xstrata Plc et Anglo American Plc.*

Fin août 2007, Nap annoncera une OPA *hostile* de 1,5 milliard USD pour acquérir *KML*. Il en résulterait une « masse critique » pour produire, chaque année, 250.000 tonnes de cuivre et 20.000 tonnes de cobalt et pour bénéficier d'un grand pouvoir sur les marchés internationaux des métaux.

Ce sera le pas de trop ! Quelques heures à peine après l'annonce de l'OPA hostile, la RD Congo prétendra avoir découvert des irrégularités dans le permis d'exploitation minière de Nap. Le titre sera aussitôt rétrocédé à *Gécamines (GCM)*. L'investissement admirable de Nap était torpillé !

« *Boss Mining* fut la première victime d'escroquerie minière, avant *First Quantum Minerals* ; tous deux furent visés par les

---

[63] Par *RP capital*
[64] Par *CAMEC* dont Napoléon possède officiellement 8 % du capital.
[65] Livres Sterling, près de 800 millions USD.

deux frères Fra et Bro. Le Parquet congolais évoquait l'ordre public pour décider à la place des juges d'annuler un titre minier et de faire investir un autre titulaire. »

Début septembre, Nap jettera l'éponge et retirera l'OPA.

On en arrivera là parce que le « conglomérat » considérait que Napoléon (Nap) était *insolent* et irrespectueux. En juillet 2007, la perspective d'un *raid* sur *KML* avait rappelé que Nap était recherché par la justice sud-africaine[66].

En *homme de main*, Mos tenta d'interpeller, de menotter et d'expulser Nap vers Johannesburg devant les caméras de la télévision : « Je l'ai conduit moi-même à l'aéroport où son passeport a été cacheté avec la mention « persona non grata » pour qu'il reste à jamais en dehors du Congo. Cet ordre de Kinshasa que j'ai exécuté moi-même »[67], dit-il.

Ces péripéties et violences se déroulaient en marge de *l'idée géniale* de Frangin, à Pékin. *KML* était une chasse gardée ! Pourquoi et pour qui Napoléon avait été *dégagé* ?

Besoin du vernis officiel

Frangin (Fra), ce fidèle des fidèles à Vieux et à Junior, avait, depuis dix ans, ses propres fidèles[68]. Hommes de l'ombre, notamment, Moïse Ekanga Lushyma[69] ; celui-ci fut du premier voyage secret à Pékin[70]. Mais pour concrétiser l'idée de génie, il fallait élargir le cercle.

---

[66] Napoléon résoudra son contentieux avec la Justice de la RSA.

[67] miningmx.com

[68] Katumba, Op.cit p. 176, 196.

[69] Pasteur de l'*Église du Sang Précieux* et patron du *Bureau de coordination et du suivi du programme sino-congolais* (*BCSPC*). Élu sénateur en 2019.

[70] Selon Ekanga, l'équipe serait partie de Kinshasa le 25 février 2007 (donc avant et en dehors du gouvernement) en passant par l'Afrique du Sud, Hong-

En juin 2007[71], le vice-ministre congolais des Mines fit un voyage exploratoire d'une semaine en Chine pour rencontrer les entreprises qui participeraient à « un montage financier ». Sans autre précision.

C'était une anomalie. En effet, au même moment, le gouvernement avait lancé le 11 juin 2007, les travaux de la Commission de *révisitation*[72], pour réexaminer les contrats miniers. Il avait interdit de nouvelles négociations minières. Ce vice-ministre-là n'avait pas sa place en Chine.

En août 2007, le ministre des Travaux publics et des Infrastructures vint à Pékin rencontrer le ministre du Commerce Bo Xilai. En deux jours, les 16 et 17 août, il signa trois accords de « financement des infrastructures au Congo, par l'exploitation de ses ressources minières » : avec *Sinohydro*, *China Railway (CREC)* et *Eximbank.*

C'étaient deux autres anomalies. Le *troc* des infrastructures contre des mines n'était pas dans le programme du nouveau gouvernement. Et même, le ministre, acquéreur des travaux, avait un chéquier en blanc pour des achats en Chine, sans liste, sans mandat gouvernemental et sans la participation des autres ministères concernés : finances, budget, mines, plan, portefeuille, environnement…

Subitement, un nommé Clément Vidibio leva un pan du *manteau d'invisibilité*[73] dans un langage totalement nouveau, sur le même site internet, proche de Junior[74] :

Kong, l'Indonésie et Shanghai. *BCPSC: 5 ans au service de la reconstruction et de la modernisation de la RDC,* 2013.

[71] Chronologie de Pascal Airault, *Les dessous de l'offensive chinoise en RD Congo,* http://www.jeuneafrique.com/Article/LIN30097lesdeognocd0/.

[72] Commission créée le 20 avril 2007.

[73] Dans la série de Harry Potter de la Britannique J. K. Rowling.

[74] http://www.digitalcongo.net/article/45543.

« Les ressources naturelles incommensurables qui attisent les convoitises du monde sont à tort considérées comme des chasses gardées d'une certaine puissance du monde. Elles sont, pour le peuple congolais et son gouvernement, des gages suffisants pour solliciter aux nations émergentes les partenariats dont ils ont besoin afin d'arracher ce pays à la pauvreté et au sous-développement endémique… »

Jusque-là on ne pouvait craindre que la colonisation *subie.*

« Il fallait une guerre pour se libérer des chaînes coloniales économiques. Plus tard, des observateurs empressés parleront de la deuxième indépendance de la RD Congo[75]. »

Selon la *théorie des exoplanètes,* la répétition de l'anomalie sur de mêmes faits pourrait révéler, un jour, une réalité.

« En exobiologie et en astronomie, la méthode de trafic planétaire nécessite au moins trois années d'observations pour valider l'existence et la taille d'une exoplanète. »

On se trouvait devant une anomalie. Vidibio parlait de climat et de campagne de guerre. Mais pourquoi une guerre ? La paix retrouvée et la reconstruction faisaient concourir tout le monde, en dépit de différences de méthodes et de rythmes, pourvu que la RD Congo soit gagnante.

Ceux qui avaient inspiré Vidibio lui avaient soufflé des idéologies révolues ; celles de *paléorévolutionnaires.*

[75] Colette Braeckman, *Vers la deuxième indépendance du Congo,* Le cri, 2009.

Le syndrome de Wade

Le fantôme de Vieux

Avoir du génie est admirable. Extra ! Mais cela ne suffit pas toujours : c'est bien une jolie femme, mais c'est mieux qu'elle ait bon caractère ! Il existe ainsi de *bons génies* et de *mauvais génies*. On souhaite aux premiers de revenir, mais parfois, les seconds surgissent sans prières ni invitation. Avec l'horreur foudroyante d'un cancer métastasé. Vieux n'était pas totalement mort en 2001. Et, au même moment où Frangin (Fra) était accaparé et mobilisait pour les Chinois, des dieux rappelèrent brutalement qu'ils avaient aussi embarqué Vieux, et son lourd héritage !

En ce mois de septembre 2007, le quadriréacteur immatriculé CLK était au nom de Vieux. Les organismes de l'aviation internationale et les assureurs n'avaient pas remarqué que le propriétaire du *zinc* était mort depuis six ans. Ils avaient autorisé le Boeing 707-138 à voler pour l'aéroport sud-africain de Lansenia, près de Johannesburg. Là où le luxueux Falcon-50 9Q-CPK de *Gécamines (GCM)* avait été saisi et vendu aux enchères, à très vil prix[1]. À la suite d'une grave trahison des gens du « conglomérat » qui avaient laissé les juges considérer que cet aéroplane de l'entreprise minière appartenait à la RD Congo, condamnée par jugement 20 millions USD. Par la suite, le créancier insatisfait demanda d'autres saisies dans plusieurs pays européens, et jusqu'à Hong Kong. À Kampala, il anticipa la créance de Kinshasa en cas de paiement de dédommagements[2]. Le CLK avait parqué sur le même tarmac des déboires de *GCM.* Très imprudemment, on l'avait oublié. Mais Frans Rootman n'avait pas oublié ; il demanda et on lui accorda la saisie du 707-138, pour 30 millions USD. Il avait encore beaucoup de haine, de petit raciste Sudaf, pour Frangin (Fra) que Vieux

[1] 2,5 millions USD pour une valeur minimale de 10 millions USD.
[2] Décision de la Cour Internationale de Justice du 19 décembre 2005.

avait mandaté pour la traque du cobalt que Napoléon (Nap) aurait volé.

Le « City of Hobart »

Dix années auparavant, en mai 1997, Jean-Raymond Boulle jurait : « jamais de la vie ! Nous n'avons jamais donné d'argent à Vieux. Il a simplement le droit d'utiliser notre avion ! »[3] Pourtant, son entreprise *American Mineral Fields Industry (AMFI)* avait obtenu de Vieux, le plus abusif, le plus extraordinaire et le plus inimaginable cadeau minier. Mais pour Vieux, le seul plaisir extatique de se prélasser dans un avion valait toutes les richesses de la RD Congo et des générations futures et l'autorisait à commettre le plus grand crime économique de tous les temps. Tout simplement, parce que Vieux avait rêvé des avions qu'il ne pouvait qu'observer du sol, sans jamais y monter. Peu après, en 1997, on lui livra, avec déférence, un triréacteur : « avec respect, Monsieur le président, il est à vous ! » Devenu soudainement agile comme un jeune homme, Vieux grimpa et, découvrant la chambre à coucher, il s'y roula et se mit à sautiller, comme si c'était un trampoline, sur le lit aux dorures du B727 présidentiel. Le commandant Mukandila venait de le lui amener de Brazzaville, après un saut de puce d'un tarmac à l'autre, d'une rive à l'autre du fleuve Congo. Courageux, le pilote avait refusé de rejoindre Mobutu, l'obligeant à fuir de Gbadolite à bord d'un avion-cargo. L'humiliation ultime et majestueuse, la vraie déchéance du « roi »[4] qui disposait du palace volant, désormais le jouet de Vieux. Celui-ci ressentit une jouissance orgasmique capable de faire monter la tension et de faire perdre la tête, avec des risques d'AVC. Il n'avait jamais éprouvé la jouissance divine des généraux romains descendant la Via Appia au milieu de foules adoratrices et en

---

[3] Déclaration de *AMFI* à Georges Michèle, l'Express, mai 1997.
[4] « Mobutu, le roi du Zaïre », film de Thierry Michel, 1999.

délire. La seule fois où il s'était mis en transe, c'était le 17 mai 1997 lorsqu'on lui annonça par téléphone satellitaire que ses troupes entraient à pied dans la capitale. Alors, il cria se mit à crier si fort qu'il faillit s'étrangler[5] avec le fil invisible de la liaison téléphonique. À l'aéroport de N'djili, il hurlait : « c'est bon ça, être Président ! C'est bon d'être chef d'État ! »

Vieux ne pouvait pas valoir ou faire moins que Mobutu. Le triréacteur B727 était en excellent état, mais il lui fallait le quadriréacteur, le Boeing 707 racheté à la compagnie portugaise TAP et transformé en avion présidentiel, mais il était inutilisable[6]. Il voulait le même, et il l'eut ! C'était le « City of Hobart » ! Le 707-138, de la série de fabrication Nr 17702 était un vieux zinc livré en 1959 à l'australienne Quantas. Racheté par la Britannique Eagle Airways en 1968, il fut rebaptisé « Phoenix ». Et à l'exemple de l'oiseau mythique, l'avion allait renaître de ses cendres pendant 40 ans dans des compagnies de tous les continents, accumulant les immatriculations VH-EBG, G-AWDG, N600JJ et N707KS[7]. En 1968 Laker Airways l'avait transformé en un charter de 158 sièges. L'avion fut acquis par Vieux, ou quelqu'un le lui avait offert. Il fut immatriculé CLK[8]. On en réaménagea l'intérieur.

En 1998, juste avant de rompre avec ses mentors, ce qui déclenchera la guerre, l'avion avait amené Vieux à La Havane, via Loanda, avec dans le salon en « L », l'ambassadeur de Cuba à Kinshasa et quelques enfants-

---

[5] James Kabarebe dans *L'Afrique en morceaux : la tragédie des grands lacs*, film documentaire de Peter Chappell et Jihan El Tahri, 2002.

[6] L'avion fut démantelé après 15 ans de stationnement à Lisbonne. Le cockpit et un moteur se retrouvent dans un musée portugais de l'aviation.

[7] Historique sur www.adastron.com/707/qantas/VH-EBG.htm.

[8] « LK », pour Laurent D. Kabila.

soldats, *kadogos*, bercés et endormis. Parmi ceux-ci, le futur assassin de 2001. C'est cet avion qui était saisi en 2007.

Le Congo est « mauvais »

En plus du quadriréacteur CLK, Vieux avait un hélico blanc qui stationnait sur la colline du Palais de Marbre à Kinshasa. En *stand-by*. La seule fois où il lui fut utile pour une urgence, ce fut pour un petit saut pour la civière de Vieux à un kilomètre plus bas, aux cliniques Ngaliema. Ensuite, on l'évacua en avion sur Harare pour soi-disant des soins intensifs. Le peuple fut appelé à prier, non pour son âme, mais pour sa guérison. Le lendemain était le 17 janvier, date anniversaire de l'assassinat de Lumumba en 1961. C'est ce jour symbolique qu'on annonça, enfin, la mort de Vieux, comme pour lui faire partager la couronne de Patrice Emery Lumumba, l'icône de l'idéologie *éronnée*[9] de « nationalisme » viscéral, jusqu'au sacrifice suprême. Des funérailles grandioses furent organisées pour celui qui était mort le 17 janvier. Mais les années suivantes, la RDC commémorait deux assassinats : celui de Lumumba le 17 janvier, précédé la veille par celui de Vieux. On n'a jamais dit au peuple qu'on lui avait menti en 2001, que Vieux était bien mort le 16, que c'est un cadavre qui avait été héliporté et, dans une mise en scène hollywoodienne, transporté et hébergé à Harare avec un retour à Kinshasa via Lubumbashi, au Katanga. Celui qui avait menti sur la libération du peuple disparut lui-même sur un autre mensonge au peuple.

Si Rootman n'avait pas été payé, c'était parce que le « système » de Vieux ne s'y prêtait pas. Un système qui ne connaissait pas de limites pour la tromperie et la fourberie.

---

[9] Il s'agit plutôt de « patriotisme ». Le nationalisme est honni comme responsable de la Première Guerre mondiale.

« Pourtant, ne pas payer ses dettes équivaut à *voler* le créancier. Et lorsque ce dernier est poussé à la faillite, c'est comme le tuer ; c'est commettre un meurtre ! »

Cette « éthique » était bien variable. Modulable ! Il y avait des investisseurs et « amis » étrangers et Blancs qu'on préférait, parfois, à des Congolais, Noirs.

Un des compatriotes de Vieux avait investi dans l'usinage de produits de qualité internationale. Avec des commandes régulières, pour autant qu'elles aient été payées, il pouvait concurrencer les fameux prix chinois.

Un jour, l'industriel fit des importations de matières premières ; les fournisseurs étrangers lui avaient fait crédit parce qu'il bénéficiait d'une « surface financière » qui lui épargnait la catégorie 7, le rang[10] des pays le plus à risque. Il croyait dans l'opération et les fournisseurs le suivirent aveuglément. Il avait eu une commande de Vieux ; une commande de la présidence de la République ! Une commande sans aucun risque. Parce que « à ce niveau-là, on paie immanquablement » !

Erreur ! L'État ne le paya jamais. Par mensonge !

Au retour de la Banque Mondiale (BM), des fonds furent alloués à la RD Congo pour payer les dettes intérieures de l'État, et relancer la production. La créance du Congolais fut auditée et certifiée. Mais Kinshasa demandait très officiellement de renoncer, par écrit à 75 % de la créance, d'accepter un paiement de 8 % dans l'immédiat et le restant plus tard[11]. L'industriel refusa.

---

[10] Office National du Ducroire belge.

[11] Ceux qui avaient renoncé et accepté les 8% ne reçurent jamais le solde de 17%.

Un soir, Frangin (Fra) rencontra conversa des délégués du groupe qui avait réalisé le montage financier du paiement par Brazzaville de la dette d'électricité de 45 millions USD[12]. Par hasard, ils parlèrent du Congolais. Fra connaissait très bien la personne et le cas. Il avait d'abord eu l'opportunité de payer la dette publique avec le tiers des recettes publiques prélevées par la province du Katanga. Des dizaines de millions USD dont l'opacité avait ému le Fonds Monétaire International[13], et qu'empochait Vieux, à la faveur de la guerre. C'est Fra qui gérait ces avoirs logés à la *Banque Commerciale du Congo (BCDC)*.

Par la suite, Fra bénéficia des meilleures introductions pour régler le problème par un simple coup de téléphone. Qu'il ne donna jamais ! Mais deux fois où il téléphona, ce fut pour couler l'industriel. Celui-ci avait gagné un marché des Nations Unies. Kinshasa le fit écarter pour le remplacer par un ami, un étranger, un Blanc. Mais à la livraison, l'ONU refusa de réceptionner la marchandise parce qu'elle n'était pas conforme. L'ami était ruiné ! Aussitôt, on le recommanda auprès du cousin ethnique de *Fra*, Mos. Celui-ci paya sans sourciller et, il se remboursa en saturant le marché local. L'industriel congolais, concurrencé, fut étranglé une nouvelle fois. Et il ferma son usine.

À ses visiteurs d'un soir, Frangin (Fra) dit : « c'est vrai… sa créance est impayée… Pourtant, l'État a de l'argent. Pourtant les affaires à ce Congolais sont à l'arrêt. Il est ruiné […] La RD Congo est mauvaise et cruelle. Nous l'avons tué, le pauvre […] Le Congo est mauvais ! »

Après tant de largesses pour Brother (Bro) et d'autres « amis » Blancs, Frangin continuait, après Kilwa-2004, à

[12] Voir supra , p 96..
[13] Voir supra, p 34.

laisser massacrer d'autres Congolais, Noirs. Selon une sorte de code éthique probablement inspirée par Wade.

Des royalties pour Wade

Dakar. « Jeune d'Afrique et de la Diaspora, si un jour tes pas te portent au pied de ce monument, pense à tous ceux qui ont sacrifié leur liberté ou leur vie pour la renaissance de l'Afrique ». Ce message aurait été difficilement *audible* après avoir gravi 198 marches, s'il n'y avait pas eu un musée, un village d'artistes, et des boutiques, théâtres, salles de cinéma, restaurants, studios, galeries d'art. Une aire de repos, de loisirs et de recettes d'argent.

C'est là que le 4 avril 2010, le président Abdoulaye Wade, crâne dégarni et paraissant plus vieux que ses 74 ans, commémora le cinquantenaire de l'indépendance du Sénégal, en présence de 19 chefs d'État. Presque autant de nations, en nombre, qui hébergeaient des monuments de propagande, bâtis par *Mansudae Overseas Projects.* Avec 27 millions USD, le Coréen du Nord avait réalisé le nouveau point culminant de la ville Dakar : une famille de 53 mètres de bronze et de cuivre avec l'homme tenant dans ses bras l'enfant qui pointe vers le devant et le haut, vers un avenir radieux et la femme qui indique l'arrière et le bas, vers un passé tourmenté. Dans son discours, le président sénégalais plaida pour « mettre en place les États-Unis d'Afrique ». Sa tête rase ruminait d'autres choses.

Comme les Pharaons d'Égypte, Wade avait pensé à sa survie. Mais on ne faisait plus de pyramides ni de sarcophages plaqués or. Alors il pensa à s'accrocher au pouvoir[14], dix ans à peine, après avoir blâmé les Zaïrois, ces « *gens qui manquent de la culture démocratique !*[15] »

Il pensa aussi à la nouvelle pyramide : « le Monument de la Renaissance africaine ». C'est lui, Wade, qui avait eu l'idée du projet pharaonique. Il avait gardé la passion pour cette idée-là. C'était lui : le géniteur de la chose gigantesque. C'était la chose à lui ! On appelle cela « propriété intellectuelle ». C'est prévu par la loi. Et nul ne devrait être au-dessus des lois ! Surtout pas lui, Wade !

Et Wade décida qu'il encaisserait, lui et sa descendance, 35 % des recettes générées par la visite du monument[16]. Et il nomma son fils Karim Wade président de la fondation chargée de la gestion du site.

Selon la pensée de Wade, lorsqu'on a eu une idée ou seulement un parcours personnel, comme employé, élu ou même usurpateur, et qu'on occupe et exerce des fonctions liées à ces idées, on en devient propriétaire, avec les vertus de *usus, fructus et abusus*[17].

«C'était fondamentalement malhonnête et farfelu. Même président, Wade était un commis de l'État. Il avait fait le serment constitutionnel de « consacrer toutes (mes) forces à défendre les institutions constitutionnelles, l'intégrité territoriale et l'indépendance nationale, de ne ménager enfin aucun effort pour la réalisation de l'unité africaine ». L'idée du monument était celle de « tous (mes) efforts » et de « l'unité africaine ». Et

---

[14] Candidat controversé à un troisième mandat, il échoua en 2012.

[15] Médiation des Accords du Palais de Marbre, entre Mobutu et les opposants, au lendemain des pillages de 1991. Nommé Premier ministre, Étienne Tshisekedi ratura l'acte de son serment constitutionnel, et Mobutu le révoqua.

[16] Critiqué, Wade prétendra que ses gains seraient consacrés à la construction d'écoles, non « seulement au Sénégal, mais dans toute l'Afrique, parce que ce monument n'est pas celui du Sénégal, mais de l'Afrique ». Dix ans plus tard, on n'aura pas encore entendu parler de ces écoles !

[17] Usage, produits et disposition (jusqu'à la destruction) de ce qu'on possède.

même, la propriété intellectuelle n'oblige pas à tout monnayer, à n'importe quel prix. Si Jésus et Mahomet avaient exigé des royalties, jamais les Évangiles et le Coran n'auraient survécu aux siècles ! »[18]

Pour certains pervers, le pouvoir suprême était « leur » chose ; et cette-chose-à-eux s'exerce sur toutes les choses. Ce pouvoir qui permettrait de tout faire, de tout donner et de tout prendre aussi, c'est le « syndrome de Wade » !

Des eaux du Fleuve pour Israël

Adepte avant la lettre du *syndrome de Wade,* Vieux entretenait et répandait la *culture du caillou* ; on pouvait donner tout ce qui peut être ramassé. Mais l'idée était contraire la sagesse populaire qui enseigne qu'il y a des limites à tout !. Personne n'aurait jamais imaginé ni osé toucher au fleuve Congo. Cet imposant cours d'eau a donné le nom au pays. La convergence de ses affluents en symbolise l'unité territoriale. L'union pour la puissance et la richesse se reflètent dans son débit et ses potentialités en hydroélectricité. De plus, les eaux n'appartiennent pas à la seule RD Congo ! Mais à tous les pays du bassin du Congo, parce que les eaux de surface, souterraines et fossilisées communiquent et sont régies par des conventions internationales. Mais Vieux avait donné les eaux du Congo !

On raconte qu'en 1961, déjà, Antoine Gizenga et les Lumumbistes, regroupés à Stanleyville[19], avaient pensé à brader les ressources hydrologiques à leurs alliés et à détourner les eaux vers le Soudan et l'Égypte. Comme si le Nil, plus long que le fleuve Congo, n'existait pas !

---

[18] Dans la constitution congolaise de 2006 (article 74), le président jure « de ne (me) laisser guider que par l'intérêt général ».
[19] Kisangani.

Plus tard, en 1965, les mêmes lumumbistes de Stanleyville, dont Vieux[20], avaient planqué de l'or au Soudan[21], une fortune publique non retrouvée ni restituée après 50 ans.

Dans les années 1990, un ministre et prince koweïtien, visitant Kinshasa, découvrit le Stanley Pool et sa vaste étendue d'eau douce. Il demanda à Mobutu : « cela coûte combien ? » Ensuite, ce fut Mouammar Kadhafi, autoproclamé « roi des rois traditionnels » qui pensa à alimenter le lac Tchad et la nappe phréatique libyenne avec les eaux du fleuve Congo [22]! Mais à chaque fois, Mobutu esquiva les sollicitations.

Tout changea avec l'arrivée de Vieux. En 1999, il avait suffi que le président namibien Sam Nujoma, qui rêvait des eaux congolaises, en fasse la demande pour qu'un marché secret soit conclu. Même côté namibien, à part Sam Nujoma, par ailleurs, suspecté d'indélicatesses financières, le gouvernement de Windhoek n'était au courant. Vieux accorda à la société namibienne *Western Trade Corporation Pty Ltd (Westrac)* les droits de construire et d'exploiter des pipelines pour amener les eaux du fleuve Congo jusqu'aux aux régions namibiennes arides. *Westrac* conçut deux projets d'adductions d'eau appelés « Okapi Pipelines », en association avec des intérêts congolais, inconnus du gouvernement congolais, mais connus de Vieux lui-même et avec *Sapphire Aqua Corporation (SAC)* sise en Floride. Le tout bénéficierait de l'expertise de *Gulf Interstate Engineering (GIE)* et de *Boyle Engineering Corporation (Boyle)*.

---

[20] Rebelles « Simbas ». Conseil national de libération, dirigé par Gaston Soumialot, Christophe Gbenye et Laurent-Désiré Kabila.

[21] On parle d'un total de 36,6 tonnes d'or fin , 37 kilos de diamants de joaillerie et 66 défenses d'éléphant. www.lesoir.be/art/sur-la-piste-du-fabuleux-tresor-des-simbas_t-20060103-00440U.html, 2006.

[22] Fabien Gombo, *la guerre de l'eau du lac Tchad,* http://rpcfrance.canalblog.com/archives/2010/12/03/19773121.html, décembre 2010.

Un premier aqueduc appelé « Congo Cross-Border Water Pipeline Project » (CWPP)[23] devait pomper 25 mètres cubes par seconde de Moanda à Walvis Bay et une bretelle pomperait 100 mètres cubes par seconde sur 1000 km jusqu'au Delta de l'Okavango. Ce projet CWPP devrait bénéficier du financement de l'Allemagne, du Japon et de la Chine. La deuxième conduite de 2000 km amènerait 25 mètres cubes/seconde d'eau, de Lisala à Port Soudan sur la mer rouge. Et de-là, jusqu'en Israël !

Selon Vieux, « l'intention du Congo est de donner cette eau gratuitement, en un geste humanitaire en vue d'alléger les tensions politiques dangereuses causées par la rareté de l'eau et ainsi favoriser la paix mondiale. En particulier, le Congo veut aider la Jordanie et surtout Israël après la restitution des hauteurs du Golan à la Syrie ». Le projet pharaonique de Vieux se planta avec la balle qui le tua.[24]

Douce trahison entre amis

Vieux n'avait pas que des eaux à donner ! Il avait aussi de l'amitié. À donner à sa façon. Parfois avec des Belges.

Au lendemain de son débarquement, en 1997, Vieux avait reçu comme « cadeau de bienvenue » des deux Belges : des centaines de pick-up 4X4 de la marque japonaise Toyota, débarquées à Durban en Afrique du Sud. Les mêmes qui avaient donné, dix ans auparavant, en 1987, la victoire à

[23] *CWPP legal and institutional implications*, T. Elijah Ngurare www.dundee.ac.uk/cepmlp/car/html/car5arti10.htm

[24] Le projet ressuscita en 2004. La *communauté de développement des pays de l'Afrique Australe (SADC)* avait demandé à la RDC de transférer une partie des eaux du bassin du fleuve Congo vers d'autres pays de la SADC frappés de sécheresse. Jean-Pierre Bemba qui conduisait la délégation congolaise demanda des études sur l'écosystème et l'environnement et de commencer par les eaux du Zambèze et d'autres cours d'eau d'Afrique australe.

l'armée tchadienne d'Hissène Habré sur les chars libyens, en caracolant à travers les sables du Sahara. Les deux hommes d'affaires, l'un de Kinshasa, l'autre de Lubumbashi, étaient les plus fortunés au Congo. La photo du charroi sur les quais sera l'image de marque de l'entreprise de logistique qui achemina le matériel.

Lorsque la guerre s'installa de nouveau, la diplomatie belge se fit entreprenante, suggérant la reprise des aides financières internationales si Vieux abandonnait ses liens militaro-financiers avec le Zimbabwe. En 1999, Vieux nomma un Belge comme président de *Gécamines (GCM).*

Vieux reçut Louis Michel à Kinshasa. Puis, par amitié, il suivit le ministre belge à Lubumbashi. Il lui téléphona le soir, au moment où Louis Michel savourait une chorale qui chantait *la Congolaise* et *la Brabançonne*, au Cercle Hellénique. Vieux lui communiqua son numéro de cellulaire, en lui promettant une nouvelle ère de relations belgo-congolaises avec des contacts directs au sommet.

Vieux avait aussi d'anciens amis, de sa *longue marche*.

Peu après le déclenchement de la Seconde Guerre civile d'août 1998, les troupes rebelles rwandais et Tutsi menacèrent de prendre Kinshasa. Yerodia Addulaye Ndombasi, alors directeur de cabinet à la présidence de la République, passa à la télévision pour inciter la population à se défendre contre les troupes d'invasion rwandaises et à les traiter comme un « virus, un moustique et une ordure à écraser avec détermination et résolution ! » Comme quoi, on s'attaquerait à des Tutsi et il fallait « écraser ces vermines ». Cet appel patriotique avec des accents de xénophobie et rappelait les harangues de la Radio TV Libre Milles Collines (RTVLMC) incitant au génocide de 1994, au Rwanda. Il y eut une chasse *au faciès* devant des reporters internationaux qui diffusèrent de par le monde des images de suppliciés du collier, par un pneu enflammé autour du cou. Les images d'un homme, jeté du haut d'un pont d'où il fut aussitôt abondamment mitraillé, furent particulièrement médiatisées. On aurait cru une scène de film, mais elles étaient d'une horreur insupportable pour des images d'actualité.

Quelques semaines plus tard, douze personnes, dont cinq de nationalité belge, portèrent plainte à Bruxelles contre Yerodia pour « crimes contre l'humanité et crime de génocide », parce qu'il avait décrit les ennemis Tutsi comme des « microbes, de la vermine qu'il fallait éradiquer avec méthode et résolution ». Ces propos n'étaient pas fort différents de ceux de George W. Bush qui affirmera, six mois après les attentats du 11 septembre 2001, sa volonté de combattre jusqu'au bout le terrorisme. Il demandera aux gouvernements, partout dans le monde, de l'aider à faire disparaître les « parasites » terroristes qui menacent leur propre pays et la paix du monde ».

Le juge d'instruction belge Damien Vandermeersch[25] émit un mandat d'arrêt international contre Yerodia. La RDC saisit la *Cour Internationale de Justice* de La Haye pour annuler l'ordre de l'appréhender, parce qu'il était devenu ministre des Affaires étrangères et qu'il jouissait désormais de l'immunité diplomatique !

Mais le soir du 20 novembre 2000, la veille de la plaidoirie ultime à La Haye, Vieux opéra subitement un remaniement ministériel qui visait spécialement Yerodia. Celui-ci quittait le ministère des Affaires étrangères, à portée diplomatique et internationale, pour devenir ministre de l'Éducation nationale, à portée locale. Yerodia était nu, dénudé par Vieux et désormais bon à être arrêté et extradé.

[25] http://www.ulb.ac.be/droit/cdi/fichiers/MandatVdm.html

À l'audience du lendemain, et sans qu'on ne sache comment Bruxelles avait été informée du remaniement ministériel nocturne à Kinshasa, les avocats de la Belgique avaient été *briefés* ! Était-ce par la fameuse liaison directe au téléphone cellulaire de Vieux ? Les défenseurs de la Belgique rapportèrent immédiatement au tribunal la grande nouvelle et ses conséquences sur le procès ; ils demandèrent qu'on annule la demande de la RD Congo parce que Yerodia ne bénéficiait plus d'immunité. Mais par une énorme surprise et contre le bon gré de Vieux, la juridiction internationale maintint la plainte congolaise, poursuivit le procès et paralysa le mandat d'arrêt !

Quelle mouche avait piqué Vieux pour qu'il tente de livrer à la Belgique Yerodia, son camarade de maquis de 1965 ?

Des voleurs et des braves

Le renforcement, par traîtrise, des ennuis du ministre Yerodia était prévisible. Vieux était imprévisible, en amitié.

Bien auparavant, Étienne Litho Mobuti (avec un « i ») et oncle maternel de Mobutu avec un « u » avait bénéficié d'un financement[26] pour acquérir les grands élevages de bovins sur les hauts plateaux des Kundelungus. Le jour où il s'y rendit, il visita un enclos de veaux superbes. Il demanda au fermier combien de petits faisait chaque vache : « Un veau, patron ! », répondit le Blanc. Litho explosa de colère : « Un seul petit ? Vous me trompez, car je viens de Lubumbashi où j'ai visité une porcherie et là-bas, la femelle fait six porcelets ! Vous êtes un voleur ! Je vous vire. Je vous expulse du Congo ! »

Désormais, il y avait Vieux. Il rencontra des Belges aussi.

---

[26] Publié au journal officiel, mais jamais remboursé.

Le fameux « horum omnium fortissimi sunt Belgae ! »[27] avait précédé « Aperire terram gentibus »[28] qui a marqué les chemins de fer congolais. Le rail complétait et valorisa les 15.000 km de routes fluviales et lacustres. Mais les guerres d'Angola et du Zimbabwe avaient enclavé le Katanga, déséquilibrant les coûts des minerais avec, comme effet collatéral, la baisse de la rentabilité, la désorganisation et l'étranglement inéluctable de *Gécamines (GCM).*

La « vache à lait » du pays était la principale cliente des chemins de fer *SNCZ*[29] qu'elle rémunérait à des tarifs exagérés afin que la richesse minière finance l'accès des populations et des autres opérateurs économiques aux 4007 km du réseau ferroviaire. *SNCZ* s'effondra piteusement.

Un Belge[30] apporta l'idée d'isoler les parties malades, de laisser les voies et les installations fixes à la société étatique, mais de confier la gestion commerciale du transport à une entreprise privée qui paierait la facilité de trafic.

Le Belge avait des idées, certes, mais pas d'argent[31] ! Certains conclurent qu'il était un faux investisseur, un voleur. En 1995, ses idées incongrues furent qualifiées de « pillage ». Mais c'était une vision avant-gardiste.

---

[27] De tous les Gaulois, les Belges sont les plus braves, Jules César in *Commentaires sur la Guerre des Gaules*

[28] « Ils ont ouvert cette terre à l'Humanité », monument des pionniers du premier chemin de fer Matadi-Kinshasa, en 1898.

[29] *Société Nationale des Chemins de fer Zaïrois*, devenue *SNCC* pour Congo.

[30] Patrick Claes.

[31] Selon le slogan du président français Valéry Giscard d'Estaing: « on n'a pas de pétrole, mais on a des idées », 1976.

« Dans les années qui suivirent, l'Europe fera rouler des convois sur des voies ferrées d'autres compagnies et traverser plusieurs pays et continents, sur 10.000 km[32]. »

En moins de deux ans, la société privée *SIZARAIL* relança progressivement le transport ferroviaire par pragmatisme : marketing auprès des clients méfiants, des navettes pour le transport public à Lubumbashi, effet d'entraînement sur l'économie en recourant aux fournisseurs locaux de biens et de services. Etc. En 1997, Vieux chercha à consolider le bastion de Lubumbashi ; le Belge aurait accompagné le train de soldats depuis Kamina. En guise de reconnaissance, Vieux annula l'agrément de *SIZARAIL.* Ce coup de plume signa aussi la mort de *SNCZ* qui ne se relèvera plus.

Mais la saga du Belge a démontré qu'on ne devait pas désespérer de ce pays. Il avait réalisé un grand coup de *génie* en état de faiblesse. C'était une démonstration :

« Avec leur Histoire, les Congolais pourraient bien contenir *le défi de la tentation coloniale* chinoise avec *le pari du génie* dans la faiblesse ![33] »

En deux ans, le Belge avait payé de sa personne. Infatigable, surmené. Il avait engagé son honorabilité pour amener des capitaux, contracter des emprunts, des crédits de fournisseurs ; il avait des factures et du personnel payé convenablement. Cette comptabilité étrangère à l'entreprise publique *SNCZ.* Le Belge avait l'argent et la signature pour honorer les engagements de *SIZARAIL.* Il annonça qu'il s'exécuterait, *pour son honneur.* Et il le fit.

Mais Vieux lorgnait le pactole de SIZARAIL ; il entra dans une colère noire et il arrêta « le Belge, le voleur ». On le

---

32 Premier train de marchandises Chongqing (Chine)-Anvers (Belgique), 2011.

33 M. Yabili, *Le géant*, op.cit.p 222-223.

transféra à Kinshasa où il fut détenu pendant des mois dans une cave abjecte, insalubre et traumatisante. Aucune diplomatie occidentale ne vola à son secours. Un jour, on lui offrit de l'exfiltrer. Quoique malade et souffrant, il refusa d'être évadé en disant : « je préfère mourir ici, je ne suis pas un voleur ! »[34] Comme au temps de César, il était un « brave ».

Mais la *bravoure*, face à Vieux, fut aussi congolaise.

La formule magique « 68-32 »

Lors de leur rencontre à Kinshasa, le ministre belge Louis Michel avait fait des promesses à Vieux, et avec un clin d'œil complice, il lui suggéra de clarifier ses relations militaro-affairistes avec Harare.

Le soir même, Vieux révoqua la convention de Napoléon (Nap), le Zimbabwéen. La décision était en l'air depuis cette soirée où Vieux, trônant seul dans un angle de son immense living, renvoya Napoléon en rongeant les dents : « vous êtes un voleur ! Mais vous restez mon fils ! »

Nap essaya de rencontrer à nouveau Vieux et de s'expliquer. En vain. Une nouvelle fois, il espérait une audience, mais son Falcon fut cloué au sol. La tour de contrôle n'autorisait pas le décollage pour Kinshasa. Le passager-propriétaire débarqua pour se détendre et, sans complexe, il s'assit à même le sol, à l'ombre de l'aile. C'était cela Napoléon (Nap) ! Africain, quoique Blanc. Lorsqu'il avait soif, il demandait un Coca qu'il buvait à la bouteille, après en avoir essuyé le goulot avec un pan de sa chemise. Sa simplicité ne le privait pas d'exploits sportifs sur les routes sinueuses de l'*East African*

[34] Patrick Claes fut libéré et, dix ans plus tard, il était revenu un temps à Lubumbashi, acclamé par les travailleurs qui firent grève pour qu'il reste diriger.

Safari. Ni de chance au golf, pour réaliser un « hole in one »[35] !

Le voyage du Falcon de Nap fut annulé parce que l'aéroport de Kinshasa avait été ébranlé par de fortes explosions. Croyant à une attaque, Vieux s'y précipita, traversant les rues désertes de la ville en brandissant un fusil-mitrailleur. Il avait bricolé des bombes artisanales qu'on balançait à l'aveuglette par les portes des avions. Un crime de guerre ! Les munitions fermentées avaient explosé et détruit une partie de l'aéroport de Ndjili.

« Plus tard, ce sont des passagers d'un vol d'Iliouchine qui furent basculés dans le vide quand la porte arrière s'ouvrit accidentellement. Ensuite, ce fut la destruction d'un dépôt de munitions au camp Kimbelbe à Lubumbashi, celle de l'usine d'explosifs de Afridex, près de Likasi. Etc. »

On n'a jamais établi la liste ni le bilan des dégâts, pertes matérielles et humaines causées par l'improvisation et l'extravagance de Vieux.

Napoléon avait emporté dans la poche de son pantalon kaki, un bout de papier tiré du contrat léonin qui lui avait accordé le tiers de Gécamines (GCM), à l'étonnement et à l'indignation de tous. Ce n'était même pas lui qui l'avait signé. Il était déterminé à laver l'accusation de vol. Dans ses moments de déprime, il se voyait balancer le texte au visage de Vieux, lui criant en anglais : « Look at this ! Regardez ça ! C'est moi qui ai inventé ça ? Que Gécamines avait 32 % et que j'avais 68 % ? Que dans les 68 % il y avait vous-même ? Que je devais vous remettre ce qui revenait à *GCM* ? Le verser à votre compte bancaire en Île Maurice ? Qui a écrit ce numéro de compte ? Etc. »

[35] Exploit rarissime de placer la balle en un coup.

Plus tard, Napoléon (Nap) sera lavé des accusations de pillage par le Panel de l'ONU. Dans le calme et la fraîcheur du parc du domaine de l'UNON[36], sur une colline de Nairobi, l'ambassadeur Kassem et ses experts avaient pris le temps de faire une moisson extraordinaire de déclarations, témoignages et documents liés au pillage de la RD Congo qui avait été initié par Vieux. Des comptes rendus indiquaient que Frangin (Fra) présidait des réunions dans des entreprises publiques pour s'assurer, bien après la mort de Vieux, qu'on honorerait financièrement les clauses cachées, notamment la formule magique de partenariat « 68-32 ». Vieux n'était pas mort ! Il avait laissé un héritage. Des réminiscences du *syndrome de Wade* !

Il a « tuer »[37] Gécamines

Originaire de la province du Katanga, Vieux incarnait la fierté, l'orgueil et les mythes de ses richesses minières. C'est pour s'opposer à la sécession katangaise que Vieux avait intégré la première milice de « jeunesses »[38], en septembre 1960. Il n'en sortit plus jamais, et avec les besoins et le temps, ses activités politiques et armées s'accompagnaient de commerce et de trafic. Et d'argent !

Vieux fut en quête de billets verts tout le long de sa *longue marche* sur Kinshasa, d'octobre 1966 à mai 1997. Il signa sans désemparer des accords miniers avec, notamment *Barrick Gold, First American Diamond, Horsham Corporation, Anglo Gold Ashanti* ou *Métalor.* Etc. Une *war business*, qualifiée de pillage par le Panel de l'ONU.

[36] United Nations Office at Nairobi. (Antenne de l'ONU à Nairobi)

[37] Parodie de Omar m'a tuer, France 1991. Célèbre affaire de Maître J. Vergès.

[38] Jeunesses Balubakat de Jason Sendwe opposé à Moïse Tshombe.

Lorsqu'il s'installa à Lubumbashi, en avril 1997, il était à 2000 km de la capitale et du pouvoir. Il fit diffuser à 22 heures 30 un communiqué sur la radio publique pour convoquer immédiatement le directeur général de *Gécamines (GCM)*. Il dévoila la portée de cette rencontre à une foule rassemblée dans un stade. « On m'avait toujours parlé de la *Gécamines, Gécamines* ! C'est quoi comme société ? Je n'y ai même pas trouvé des billets de banque ! Des dollars ! » Et il fut pris dans le tourbillon du plus grand pillage de tous les temps.

Une année plus tôt, en 1996, *Lundin Holdings* avait doublé tous les autres soumissionnaires[39] d'un partenariat 55-45 avec *Gécamines (GCM)* en proposant, comme *bonus,* un « pas-de-porte » ainsi que du développement agricole. Lundin reçut *Tenke-Fungurume Mining (TFM)* et le gisement de cuivre le plus riche au monde. L'accord prévoyait un pas-de-porte de 250 millions USD qui devaient servir à l'autofinancement, par *Gécamines*, de la relance de ses activités dans les mines et usines de Kolwezi. À terme, *TFM* et *GCM* auraient formé un pool produisant 600.000 tonnes de cuivre raffiné par an.

En avril 1997, Adolf Lundin accourut pour rencontrer Vieux à Lubumbashi, avec comme credo : « si vous voulez de gros gisements, vous devez aller dans des pays qui ne sont pas à la mode ! ». Même à bord de son jet personnel, il vanta « le bon sens pratique » de Vieux. « Ce qui aurait mis des mois, à Kinshasa, a été conclu tout de suite ». Il promit de verser un acompte de 50 millions de dollars américains sur les 250. L'argent fut versé en deux tranches. Sans profit pour *Gécamines*, mais pour Vieux. Lundin connaissait le risque. Il l'assuma.

---

[39] *Anglo American Corporation, Gencor – BHP, La Source Compagnie Minière, ISCOR Ltd.*

«Son intention n'avait jamais été d'investir directement. D'ailleurs, où aurait-il trouvé les 2 milliards USD, la technologie pour traiter les minerais sulfureux et très corrosifs de Fungurume ? Il attendrait son heure pour revendre le projet à un plus grand opérateur. Un « major » comme on dit dans l'espace des multinationales. 50 millions, pour geler le plus grand gisement du monde, cela valait le coup !"

Une compagnie canadienne avait son siège social, humble et en désordre, dans la salle à manger d'une maison des faubourgs de Little Rock, en Arkansas aux USA, auréolée par la proximité de la ville natale du 42e président des USA, William Jefferson Clinton. *American Mineral Fields Industry (AMFI)* avait été fondée en 1995 par Jean-Raymond Boulle, un sujet britannique d'origine mauricienne. Il disait : « c'est une manie : nous recherchons toujours le jackpot. En ce moment, il est au Congo ! »[40]

En 1996, AMFI entra en négociations avec *Gecamines (GCM)* pour former une joint-venture. Le dossier fut soumis à Kinshasa au moment où à l'autre extrémité du pays, Vieux venait d'ouvrir les hostilités. Comme Kinshasa lui préféra *Anglo American Corporation* et *Gencor*, Boulle choisit le camp de Vieux.

« D'abord à Goma, *AMFI* obtint l'exclusivité du commerce de diamant ainsi que des concessions minières, moyennant un million USD à titre de « taxes minières ». Ensuite, à Kisangani, l'exclusivité du commerce des diamants, moyennant une taxe journalière de 10.000 USD sur des achats de 100.000 USD par jour, fut accordée à *American Diamont Buyers*, une filiale d'*AMFI*. Par après, à Mbuji Mayi, *AMFI* rafla la production de la *MIBA* dont la multinationale sud-africaine *De Beers* avait le monopole de commercialisation. Vieux y arrêta 43 marchands Libanais qu'il libéra contre un paiement de 250.000 USD. »

---

[40] Georges Michèle, l'Express, mai 1997.

Lorsque Vieux vint s'installer à Lubumbashi, il avait été transporté à bord du jet de *AMFI.*

« AMFI mit son jet d'affaires à la disposition de Vieux[41]. C'est avec cet avion qu'il se rendit en Angola à Soyo d'où un hélicoptère le porta au navire sud-africain SAS Outeniqua, en rade de Pointe Noire pour son unique face-à-face avec Mobutu, sous la médiation de Nelson Mandela. »

Boulle amena à Vieux 30 investisseurs de haut rang dont *Goldman Sachs*, la *First Bank de Boston* et *Morgan Greenfell.* Il ne tarit pas d'éloges pour Vieux qui aurait été « compétent, précis, clair et honnête ».

« C'est un homme qui veut gagner la paix… Lorsque nous négociions, il étudiait attentivement chaque point de chaque contrat. Et, quand une question se posait, il faisait venir les archives de la *Gécamines*, avec laquelle nous avions signé un contrat que Mobutu voulait dénoncer. »

Finalement, *AMFI* conclut des accords pour un milliard USD, comprenant 200 millions pour l'exploitation des rejets de Kolwezi et l'extraction du cuivre et du cobalt, 30 millions pour une usine d'extraction de cobalt à partir de rejets de cuivre à Kipushi et 550 millions pour la mine souterraine de zinc de Kipushi[42].

---

[41] Lorsqu'un jour, Vieux réclama l'avion mis ne put en disposer tout de suite, il cloua l' appareil sur le tarmac de l' aéroport de Nd'jili pendant plusieurs mois.

[42] De son côté, l' Anglo American qui avait traité avec Kinshasa fin 1996, rappliqua et obtint de l'entourage de Vieux, et en double, les mêmes rejets de Kolwezi. Impuissant, Jean-Raymond Boulle se tourna vers les tribunaux et il réclama 3 milliards de dollars à une juridiction de Detroit aux USA. L' Anglo recula et conclut une entente pour une association 50-50 qui exploiterait Kolwezi, moyennant un chèque de 16 millions USD à *AMFI.* Plus tard, fatiguée du mauvais climat des affaires sous le régime de Vieux, l' Anglo American abandonna l'affaire à *AMFI.* La *De Beers* qui avait été dépouillée de son mar-

De braves Congolais

Tout ce tintamarre ne représentait que des accords de seconde main. Auparavant *AMFI* avait reçu extrêmement davantage, et sans bourse délier. En réaction, quelques « braves » Congolais au sein de *Gécamines (GCM)* furent tellement outrés et révoltés qu'ils firent reculer Vieux.

Il y avait d'abord l'Ingénieur. Vieux l'avait placé à la tête de Gécamines. L'entreprise étant moribonde, il proposa de la réanimer en produisant de l'hétérogénite, un minerai composite contenant 10 à 15 % de cobalt, et facile à extraire à moins de trente mètres de la surface du sol. L'idée fut aussitôt récupérée et travestie pour en faire l'exploitation principale avec des creuseurs-esclaves.

L'Ingénieur ne chercha pas à jouir de sa nouvelle fonction et à s'y accrocher en ayant peur d'être éjecté. Il se fit *lanceur d'alerte.* Il avait exécuté les ordres de Vieux pour transférer les paiements de Lundin ? Il s'arrangea pour que l'épisode ne tombe pas dans les oubliettes[43].

Par la suite, Vieux lui demanda de contresigner une convention minière connue de lui-seul. L'ingénieur fit semblant de se plier, mais à la surprise générale, il apposa à côté de sa signature la mention « sous réserve », ce qui enlevait de la valeur au contrat. Aussitôt, il se fit à nouveau *lanceur d'alerte* en dévoilant que la personne qui avait signé pour l'investisseur était un ministre et bras financier de Vieux. Il y eut des turbulences, mais l'Ingénieur obtint de renégocier la convention, en préservant autant que possible les intérêts de l'État et de *GCM.* Plus tard, l'Ingénieur fut

ché de diamants, ne se manifesta plus d' autant qu'on était entré dans les sables mouvants des « diamants de sang ». Et aucune compagnie minière « major » ne s'installera en RDC. À l'exception de Phelps Dodge, passée *Freeport-McMoRanInc* , qui remettra *TFM* à des Chinois en 2016.

[43] Il demanda à l'auteur d'en parler un jour, toujours.

ministre et à ce titre il devait signer une convention léonine ; il réunit *en aparté* ses collègues cosignataires pour attirer leur attention sur l'irrégularité de l'opération : « un jour, nous aurons à en répondre ! »

Par la suite, le Panel de l'ONU publia son premier rapport.

L'Ingénieur fut remplacé à la tête de *GCM* par un plus jeune. Le remplaçant dut également avaler des *couleuvres*. Vieux lui demandait de signer. Mais lui, il discuta avec l'investisseur pour lui démontrer les abus. À bout de bon sens et à court d'arguments, l'interlocuteur étranger lui dit qu'il en serait ainsi car c'était la volonté de Vieux !

Le remplaçant de l'Ingénieur se leva et frappa du poing la table des négociations, hurlant en anglais : « puisque vous insistez, alors, I GO BACK HOME[44] » !

Le décret présidentiel du millénaire

Qu'est-ce qu'il s'était passé avec *AMFI* ? Après avoir débarqué majestueusement à Lubumbashi du jet *AMFI*, Vieux eut la déconvenue de ne point trouver d'espèces sonnantes et trébuchantes à *Gécamines (GCM)*. Et Vieux renvoya l'inusable PDG Gabriel Umba Kyamitala. Peu après, il signa d'un coup de plume magique un « décret présidentiel » qui attribua à *AMFI* tous les minerais du Katanga, y compris toutes les mines GCM.

« Selon Robert Crem, les réserves minières au Katanga étaient estimées à 30 millions de tonnes de cuivre et 3 millions de tonnes de cobalt qui étaient évaluées à 100 milliards USD. Sans parler des autres métaux et minerais, étain, zinc, manganèse, germanium, rhénium, le sélénium, charbon. Etc. »

[44] « Je repars pour Lubumbashi ».

Vieux dut se rétracter après quelques semaines, sous la contrainte de « braves » ingénieurs congolais de *Gécamines*. Mais il avait commis le mal suprême. Il avait opéré le plus grand pillage, inimaginable, de tout le millénaire !

Avec *le syndrome de Wade*, tout était possible et autorisé, sans honte ni remord, ni aucune limite ou moralité. On pouvait tout donner ou remettre à qui que ce soit, n'importe comment, même au détriment du pays et des générations futures. Pourquoi pas, un jour, à la Chine ?

La décision de la juge

Le Boeing 707-138 avait été amené à Lanseria pour des réaménagements intérieurs. La société *FAAircraft* réalisa le *relifting* du 5 août au 25 septembre 2007 :

« La cabine était en vinyle blanc avec des tissus bruns. Le plafond a été repeint en crème de Suède clair, les cloisons ont été décorées comme de la peau de serpent et les sièges, recouverts de cuir plissé. Le tapis beige a été remplacé par de la laine bleu foncé. Tout l'intérieur a été refait en deux tons de couleur beige. Les anciens rideaux dorés ont été remplacés par des tissus aux motifs africains. La robinetterie de la salle de bains a été plaquée en or ».

Puis il y eut la saisie de Rootman, doublée, comme en 2004, par celle de *Executive Outcomes*. L'affaire bouleversa et déprima Kinshasa. La sœur jumelle de Junior accourut avec des outils de sauvetage. Elle apporta une déclaration du 19 septembre 2007 du directeur de l'*Autorité de l'Aviation Civile (ACC)* à Kinshasa, étrangement écrite sur le papier à l'entête du ministère des Transports sous Nr 416/DAC/TVC/SEC/687/2007. La lettre était accompagnée de la licence de l'*ACC* Nr 1027 du 28 mai 1998, indiquant Vieux comme propriétaire de l'avion.

Le 1er novembre 2007, l'avion redécolla de Lanseria. La sud-africaine Cynthia Pretorius avait jugé que « au vu des documents présentés, l'avion saisi n'appartenait pas à la RD Congo condamnée à payer Rootman. Il appartient à Vieux ». Ainsi, Vieux n'était pas mort !

« Le Boeing 707-138 volera avec un équipage de la compagnie Hewa Bora Airways, mais à raison de trois à six vols seulement par an. Ses plus lointaines destinations seront les Jeux Olympiques de Pékin, la Corée du Sud et l'Inde. En août 2010, l'avion sera amené à Miami pour une révision complète et très coûteuse pour un *zinc* de 50 ans, avec le placement de réacteurs de la nouvelle génération. Il quittera la Floride le 26 janvier 2013, repeint comme un *Dreamliner,* le Boeing 748, l'avion de ligne le plus moderne. Un énorme et indiscret « 707 », incliné, recouvrira sa queue. Une indiscrétion tapageuse pour une antiquité aéronautique, emblème du « vaisseau amiral » de Vieux[45]. »

Pour la succession biologique de Vieux, « notre père a versé son sang pour le pays ! Lorsque nous étions enfants, il répétait que c'était nous qui allions reconstruire le pays[46] ».

Sans préciser si ce serait avec ou sans *syndrome de Wade* !

---

[45] En 2019, Junior cèdera le pouvoir, mais pas l'avion de 60 ans d'âge qu'on lui reconnaîtra comme son bien personnel !
[46] Zoé Kabila, puiné de Junior, à Jeune Afrique, septembre 2016.

Le commencement

L'inégalité entre les nations

Clément Vidibio[1], sans doute commandité par l'idéologie et les méthodes de *paléorévolutionnaires*, faisait de la diversion. Une technique à la fois bienfaisante et malfaisante. Lorsque le médecin veut maîtriser un malade terrorisé par une injection, il lui frappe fort la fesse pour que cette douleur décrispe les muscles pour y enfoncer l'aiguille et injecter le médicament. Lorsque opère un pickpocket, il attire l'attention de la victime sur autre chose ou un autre côté que le sac ou les poches qu'il vide.

Vidibio pouvait vanter les richesses naturelles *incommensurables* de la RD Congo. Cela allait de soi. Mais il manquait de sincérité en prétendant que le pays était « une chasse gardée », autrement dit, une colonie des *Occidentaux*. Cela au moment où leur bradage le plus repoussant, sans honte et sans frein, au vu et au su du monde entier, créait des conditions d'une forme de colonisation *choisie* ! La seule « haine de l'Occident »[2] n'était ni une arme ni un bouclier ; elle exposait au pillage de toutes les nations, dont la Chine avec ses multiples bras et visages.

À Kinshasa, Vidibio avait provoqué des inquiétudes :

« dans le partenariat qu'il propose, Pékin est pratique, direct et vous offre ce que vous voulez. Vos conditions sont les siennes. Mais attention lors des négociations[3] : trop flexibles avec lui, on est perdant ! Même s'il est avéré que l'investisseur chinois peut s'accorder avec son partenaire en jouant sa partition, il n'est pas

---

[1] www.digitalcongo.net/article/45543.

[2] Jean Ziegler, *La haine de l'Occident*, Albin Michel, 2008.

[3] Pour ces négociations secrètes, *Africa Confidential* (Vol 48 - N° 20, 5 October 2007) donna le rôle clé au député national. Colette Braeckman du quotidien belge *Le Soir* indiqua que le ministre congolais des Infrastructures se rendit en Chine. Selon Jonathan Holslag et Ctrs dans *Chinese resources and energy policy - Sub-Saharan Africa – 2007* le ministre chinois des Mines aurait voyagé pour repérer des concessions de *GCM*.

moins vrai qu'il ne peut le faire que s'il y trouve parfaitement son compte… »[4]

Pour certains :

« on doit craindre les habitudes malsaines de certains conseillers qui pensent que le fait de travailler en qualité de collaborateurs du chef de l'État les transforme en super-experts. On l'a vu sous Mobutu… On le sent encore ![5]. »

Pour d'autres :

« la RDC n'est plus à la veille de l'indépendance, en 1960, pour prétendre qu'elle manque de cadres formés et d'experts capables de défendre sa cause dans des négociations internationales. Le problème des dirigeants congolais, c'est leur addiction à l'antipatriotisme bureaucratique. La problématique de la qualité des négociateurs est importante. Autrement, il est fort à craindre que la RDC n'ait structurellement choisi de se complaire dans l'approximation, dans l'à-peu-près. Là où les autres pays africains délèguent des experts, Kinshasa s'illustre souvent par des figurants, des néophytes, tout juste commissionnés pour voyager et percevoir les frais de mission. De là à deviner les liens de parenté biologique ou partisane avec les chefs, il n'y a qu'un pas vite franchi. »[6]

Au même mois de septembre 2007, fut édité le format de poche du célèbre essai de Jared Diamond[7]. Une seconde vie pour l'édition française parue en 2000.

Le géographe et biologiste américain expliquait que la supériorité de certains peuples sur d'autres nations n'était

---

[4] Clément Vidibio, www.digitalcongo.net/article/45543.
[5] Le Potentiel, *Le péril jaune,* 12 octobre 2007.
[6] *Le Potentiel,* 7 octobre 2010.
[7] *De l'inégalité parmi les sociétés: Essai sur l'homme et l'environnement dans l'histoire,* 1997, Gallimard,2000, Folio, 2007.

jamais innée. Certains facteurs, notamment la connaissance préalable des uns et des autres, étaient déterminants.

En Amérique, les Incas avaient une civilisation qui aurait pu les faire traverser l'océan et coloniser l'Europe. Mais la bataille de Cajamarca a illustré la colonisation des Indiens par les Européens plutôt que le contraire. Le 16 novembre 1532, une poignée de 168 Espagnols, 62 cavaliers et 106 fantassins, avaient défait 80.000 Indiens. Cela, parce que les conquérants étaient mieux informés sur les conquis, qui, eux, ne connaissaient ni le cheval ni l'épée en fer.

Lorsque l'idée de *génie* de Frangin (Fra) jaillit à Pékin, à Kinshasa, le gouvernement avait à peine 75 jours. L'idée et l'action étaient imprévues. C'était anormal !

« Et cette nouvelle anomalie pourrait contribuer à établir, un jour, une réalité cachée, selon la *théorie des exoplanètes.* »

À Kinshasa, on n'avait ni le cœur ni le temps pour connaître suffisamment leur propre pays, les *Occidentaux* et la Chine. Les trois acteurs des pages d'histoire qu'ils s'apprêtaient à écrire. Pourtant, ils avaient à leur disposition cinq années d'accompagnements d'experts et davantage d'années de programmes *occidentaux.* Savaient-ils que la Chine faisait partie du groupe honni de ces *Occidentaux* ? Que les Chinois eux-mêmes fondaient leur émergence sur le sérieux et le savoir, une éthique et une rigueur internes, même au prix du sacrifice de la démocratie et des droits humains ? Que savaient-ils des *Milobs* démasqués au Katanga ? Ou de la possibilité d'espionnage chinois au cœur des systèmes informatiques ?

Dans ce contexte, l'ignorance, l'aveuglement et la précipitation risquaient, à l'exemple des Incas du XVIe siècle, de favoriser une supériorité durable des Chinois, et de tous autres pays ou groupes organisés.

Kinshasa avait eu une traître imprudence de se livrer à une possible colonisation, parce qu'ils se sentaient omniscients, alors qu'ils n'avaient pas de connaissances. Leur vérité et leur efficacité provenaient de leurs propres flairs et impulsions. Ils n'avaient besoin ni d'expert national ou international ni de sinologue ou de sinophone pour les accompagner ou les assister en Chine. C'était connu :

« jamais les délégués de la RDC ne prennent la précaution de s'entourer de techniciens. Ce qui préoccupe les conseillers de la Présidence et les ministres, c'est les indemnités de mission. Ah ! Les pauvres ! » [8]

En face, Chinois s'étaient bardés d'experts et ils pourraient piloter les dossiers congolais. À leur guise ! Plus tard, ils pourraient même se dédouaner avec ce dicton africain qui énonce que « le serpent ne creuse pas de trou ; il se lobe dans le trou creusé par d'autres ! »

Les Chinois n'étaient pas obligés à de l'empathie envers des Congolais qui passeraient de la faiblesse à l'affaissement, puis de l'effondrement à l'anéantissement ! Ce ne serait pas la faute aux Chinois ! Eux qui ont pour gènes le « Yin et le Yang ». Et des arts martiaux enseignant que « la force vient aussi de la faiblesse de l'autre » !

Aussitôt, les hommes d'affaires de Pékin avaient foncé sur la RD Congo. Ils avaient avec des longueurs d'avance : ils avaient bénéficié de *l'intelligence économique*[9] des services secrets et des rapports des *Milobs* de la MONUC[10].

Une centaine d'experts de la *Beijing Shan Hai Tian Valuation and Consulting Company* voyagèrent pour évaluer

[8] Ben Clet, *Le Potentiel,* 12 avril 2008.

[9] Collecte d'informations économiques au moyen de sources accessibles : visites, colloques et conférences, revues, Internet, appels d'offres…

[10] *Le Géant,* op.cit. Des espions, découverts et chassés du corps de l'ONU.

le potentiel des gisements pour *Eximbank, Sinohydro et China Railway (CREC)*. Les résultats seront exploités par la *China EnFi Nonferrous Engineering Co. Ltd* en vue de fixer le niveau des investissements miniers.

Dans le même temps, d'autres explorations de cuivre et de cobalt se poursuivaient pour le compte de *China Development Bank*.

La société d'assurance-crédit, *China Export and Credit Insurance Corporation (SINOSURE)* lorgnait les gisements de chrome et de nickel des provinces du Kasaï qui avaient été promis à *CEMEC*.

Il y eut même des tractations secrètes sur les richesses forestières[11]. Très importantes pour la Chine qui importait d'Afrique 60 % de son bois, mais qui souffrait d'un déficit annuel de 118 millions de mètres cubes.

Trente-deux lignes

Le problème avec les essais et études sur l'Afrique et la R.D. Congo est qu'ils comportent souvent des erreurs tellement grossières qu'on est dégoûté d'en poursuivre la lecture. Si l'auteur se trompe sur ce qu'on connaît déjà, quel crédit lui accorderait-on pour ce qu'on ne connaît pas ? [12]

L'histoire de la RD Congo est une suite d'événements extraordinaires, étonnants et surprenants par des prolongements et des retournements que les analystes et spécialistes n'ont jamais pu prévoir ou même envisager et qu'ils sont toujours incapables de rapporter correctement.

---

[11] La réfection par les Chinois des routes Beni-Lubero-Butembo serait calqué sur les ressources en bois et minerais. www.benilubero.com.
[12] M. Yabili, *Le Géant,* op.cit.

C'est le cas de l'Indépendance de 1960 accordé dans un délai de seulement quatre mois, après un processus d'une année « sans tergiversation » et par la seule détermination personnelle du roi des Belges, Baudouin Ier. Personne ne raconte que la Belgique n'avait pas accepté la colonisation au lendemain du Traité de Berlin de 1885[13]. Ou que Bruxelles fut la seule métropole à avoir accordé l'indépendance sans tirer un seul coup de feu dans une guerre de libération.

C'est le cas des événements qui se bousculaient sans boussole ni thermomètre : l'assassinat de Lumumba en 1961, le coup d'État de Mobutu en 1965, les guerres Shaba I et II[14], les pillages de 1991 et 1993, l'invasion du pays en 1996 pour soi-disant le libérer. Etc.

Dix ans après le *pacte de sang* de 1996, un grand événement allait survenir. Davantage que les pays amis africains de Vieux, la Chine bénéficierait aussi des ressources naturelles. Alors que le pillage avait été dénoncé par le *Panel* de l'ONU et la *Commission Lutundula.* Alors que le nouveau Premier ministre se voulait vigilant à cet égard :

« le 22 février 2007, à l'Assemblée nationale, Gizenga promit de procéder à la relecture critique des partenariats avec les entreprises publiques et para-étatiques minières. »

La vigilance a été *by passée* par le « conglomérat » :

« c'est nous qui sommes allés vers les Chinois pour leur proposer d'entrer en négociation avec l'État congolais. Ce ne sont pas les Chinois qui sont venus nous dire qu'ils avaient besoin de cuivre[15] ! »

---

[13] Léopold II créa l'État Indépendant du Congo, sa deuxième couronne autorisée au « Roi des Belges ».

[14] En 1977 et 1978.

[15] Ministre Pierre Lumbi, devant le Parlement congolais, en 2008.

La nouvelle saga *géniale* sera racontée en 32 lignes.

« Salim Saleh… m'invita en Chine en 2007… On me présenta Monsieur Jobaï… L'accueil qu'il nous réserva et les horizons de coopération qu'il nous ouvrit dans tous les domaines étaient tout simplement fabuleux. C'est à partir de cette visite que prit racine l'aventure de notre coopération minière avec la Chine. Jobaï fit le tour du Congo en avril 2007… L'idée de faire écrire notre ministre des Finances au ministre du Commerce de Chine est retenue. Dans le mois qui suivit la signature, une délégation chinoise vint au pays et conclut *un fameux contrat*. »[16]

Le « contrat du siècle » !

C'était extraordinaire !

Comme dans un scénario époustouflant de Hollywood, le héros[17] ont on attendait la récompense par des hommages de la « patrie reconnaissante »[18] et des statues en or, serties de diamants, avait gardé le masque. Son récit, en seulement 32 lignes, était-ce de la modestie ? Ou de la parcimonie ? Ou encore de la dissimulation ?[19]

En septembre 2007, l'*idée de génie* de bien ou de génie du mal se concrétisait. Les événements se précipitèrent, aussi.

---

[16] Katumba, Op.cit. pp 196, 197.

[17] *Africa Confidential* Vol 48-N° 20, 5 Octobre 2007, Global Witness.

[18] À sa mort, en 2012, Fra sera admis, à titre posthume, dans l'Ordre National « Héros Nationaux» Kabila-Lumumba, au grade de Grand Cordon. Mais sans évocation du « contrat du siècle ».(Ordonnance n° 12/001 du 14 février 2012).

[19] Par exemple, il cite rarement Cong Mao Huai, dit Simon Cong, l'entremetteur des investisseurs chinois, connecté au plus haut niveau de l' État, selon *Africa Mining Intelligence* Nr 418, juin 2018.

Comme au cinéma, le décor était celui de 1996. Celui d'un nouveau pacte. En Israël, la fin d'une séquence filmée s'affiche, en hébreu : « c'est le commencement ! »[20]

Comme pour annoncer une nouvelle histoire. À suivre !

---

[20] La cérémonie de remise de diplômes universitaires à l'américaine s'appelle, non pas « fin des études », mais « commencement » !

Bibliographie

Arnot Frédérick S., *Bihe and Garenganze,* Wentworth Press, 2016.

Asadho, *Rapport sur les violations des droits de l'homme commises à Kilwa au mois d'octobre 2004,* janvier 2005.

Banque Mondiale, *Loan list as to 10 Nov 2017, Country DR Congo*, fichier Excell, inédit.

BCPSC *: 5 ans de reconstruction et modernisation de la RDC,* 2013.

Braeckman Colette, *l'homme qui répare les femmes,* Renaissance du livre, 2012.

Brautigam Deborah, *China Africa Blog,* https://deborahbrautigam.com/blog/

Burgis Tom, *The Looting Machine,* William Collins, 2016.

César Jules et Hirtius Aulus, *De Bello Gallico*, Livre VIII, *Commentaires sur la Guerre des Gaules,* 57-51 av. J.-C

Chappell Peter et El Tahri Jihan, *L'Afrique en morceaux : la tragédie des Grands Lacs*, film, 2002

Commissariat des Nations Unies aux Droits de l'Homme, *Rapport mapping sur les Violations des Droits de l'Homme en RDC*, 2010.

Conrad Joseph, *Au Cœur des ténèbres, 1899*

Daniel Vangroenweghe, *le sang sur les lianes, Léopold II et son Congo,* Didier Hatier, 1986 et Aden, 2010.

Diamong Jared, *De l'inégalité parmi les sociétés : Essai sur l'homme et l'environnement dans l'histoire,* 1997, Gallimard, 2000, Folio, 2007.

Dumont René, *L'Afrique noire est mal partie*, Editions du Seuil, 1962.

Elroy Claudia, *In search of the Power,* Penguin Books, London 1999.

Freedman Jim, *A conviction in question : the first trial at the ICC*, University of Toronto press, 2017.

French Howard Waring, *China's second continent*, Knopf, 2014.

Giraudo Alessandro, *Histoires des matières premières*, Bourin, 2017.

Gizenga Antoine, *Ma vérité et mes luttes,* L'Harmattan, 2011.

Guevara Che (Ernesto), *Journal du Congo : souvenirs de la guerre révolutionnaire,* Editions Mille et une nuits.

Hochschild Adam, *Les fantômes du roi Léopold, un holocauste oublié,* Belfond, 1998.

ICG, *Le partage du Congo, anatomie d'une sale guerre*, Nr 26, 2000.

Jansson Johanna, *Pambazuka News,* Jan 2010.

Joris Lieve, *Sur les ailes du dragon,* Actes Sud, 2014.

Katumba Augustin Mwanke, *Ma Vérité,* EPI, Nice, 2013.

Kisenga Nestor, *L'art de piller propre*, Congolobbying, 2016.

Llosa Mario Vargas, *Le rêve du Celte,* Gallimard, 2011.

Michel Thierry, *Mobutu, le roi du Zaïre*, film, 1999.

Michel Thierry, *Irrésistible ascension de Moïse Katumbi*, film 2013.

Moyo Dambisa, *L'aide fatale,* JC Lattès, 2009.

Musée Familial Yabili, *Chroniques numériques Rdciennes*, CD PDF.

Naipaul Vidiadhar Surajprasad, *À la courbe du fleuve*, Albin Michel.

Ntumba Philomène Makolo, *Reconstruire la RDC : quel leadership pour quelle société,* Muhoka, 2012.

Nzongola-Ntalaja Georges, *Faillite de la gouvernance et crise de la reconstruction nationale au Congo-Kinshasa*, Icredes, 2015.

Pairault Thierry, *Chine-Afrique*, blog https://www.pairault.fr/sinaf/

Péan Pierre, *Carnages.* Les *guerres secrètes des grandes puissances en Afrique,* Fayard 2010.

Péan Pierre, *Noires fureurs, blancs menteurs,* Fayard, 2005.

Platon, *La République*, livre VII, 427-347 av JC.

Trefon Théodore, *Réforme au Congo…*, L'Harmattan, 2009.

Trefon Théodore, *Congo la mascarade…,* L'Harmattan, 2013.

Van Reybrouck David, *Congo. Een geschiedenis (Congo, une histoire)*, Éd. De Bezige Bij, 2010 et Actes Sud, 2012.

Yabili Marcel, *2 saisons sans la 3e République*, Les Impliqués, 2017.

Yabili Marcel, *50.000 taxes*, Mediaspaul, 2016.

Yabili Marcel, *Au Grand Beau et Riche Pays*, Blog, over-blog.com/

Yabili Marcel, *Congoreading*, Blog, blogspot.com/

Yabili Marcel, *Je connais mon visage*, Mediaspaul, 2015.

Yabili Marcel, *Le géant d'Afrique, le géant d'Asie : histoire d'un combat méconnu,* L'Harmattan, Paris, 2012.

Yabili Marcel, *Noir Metallisé*, Newsletters.

Yabili Marcel, *Vraiment Congo, une tribu,* Mediaspaul, *2015,* p 102.

Ziegler Jean, *La haine de l'Occident*, Albin Michel, 2008.

LA TABLE

Avant-propos

Vieux

Le septième voyage

Une indifférence insolente

Je t'aime, moi non plus !

Le huitième voyage

La théorie des exoplanètes

L'idée géniale de mai 2007

Le syndrome de Wade

Le commencement

Structures éditoriales du groupe L'Harmattan

L'Harmattan Italie
Via degli Artisti, 15
10124 Torino
harmattan.italia@gmail.com

L'Harmattan Hongrie
Kossuth l. u. 14-16.
1053 Budapest
harmattan@harmattan.hu

L'Harmattan Sénégal
10 VDN en face Mermoz
BP 45034 Dakar-Fann
senharmattan@gmail.com

L'Harmattan Cameroun
TSINGA/FECAFOOT
BP 11486 Yaoundé
inkoukam@gmail.com

L'Harmattan Burkina Faso
Achille Somé – tengnule@hotmail.fr

L'Harmattan Guinée
Almamya, rue KA 028 OKB Agency
BP 3470 Conakry
harmattanguinee@yahoo.fr

L'Harmattan RDC
185, avenue Nyangwe
Commune de Lingwala – Kinshasa
matangilamusadila@yahoo.fr

L'Harmattan Congo
67, boulevard Denis-Sassou-N'Guesso
BP 2874 Brazzaville
harmattan.congo@yahoo.fr

L'Harmattan Mali
Sirakoro-Meguetana V31
Bamako
syllaka@yahoo.fr

L'Harmattan Togo
Djidjole – Lomé
Maison Amela
face EPP BATOME
ddamela@aol.com

L'Harmattan Côte d'Ivoire
Résidence Karl – Cité des Arts
Abidjan-Cocody
03 BP 1588 Abidjan
espace_harmattan.ci@hotmail.fr

L'Harmattan Algérie
22, rue Moulay-Mohamed
31000 Oran
info2@harmattan-algerie.com

L'Harmattan Maroc
5, rue Ferrane-Kouicha, Talaâ-Elkbira
Chrableyine, Fès-Médine
30000 Fès
harmattan.maroc@gmail.com

Nos librairies en France

Librairie internationale
16, rue des Écoles – 75005 Paris
librairie.internationale@harmattan.fr
01 40 46 79 11
www.librairieharmattan.com

Librairie l'Espace Harmattan
21 bis, rue des Écoles – 75005 Paris
librairie.espace@harmattan.fr
01 43 29 49 42

Lib. sciences humaines & histoire
21, rue des Écoles – 75005 Paris
librairie.sh@harmattan.fr
01 46 34 13 71
www.librairieharmattansh.com

Lib. Méditerranée & Moyen-Orient
7, rue des Carmes – 75005 Paris
librairie.mediterranee@harmattan.fr
01 43 29 71 15

Librairie Le Lucernaire
53, rue Notre-Dame-des-Champs – 75006 Paris
librairie@lucernaire.fr
01 42 22 67 13

www.ingramcontent.com/pod-product-compliance
Lightning Source LLC
LaVergne TN
LVHW011252061026
849535LV00005B/1236